진리로 영적인 눈을 열기 원하는 분들의 필독서

영적인 눈이 열리는 신비한 비밀

강요셉 지음

71종류의 영적인 비밀을 깨달아 알게 하는 책

영적인 것을 알아야 아브라함의 복을 받는다.
성도는 영의 눈을 띠여 영적인면에 박식해야 한다.

영적인 비밀은 성령께서 깨달아 알게 한다.

성령출판사

영적인 눈이 열리는
신비한 비밀

성령

들어가는 말

필자가 15년이란 세월동안 영적인 사역을 하다가 내린 결론은 크리스천들이 영적인 면에 취약하다는 것입니다. 예수를 믿고 성령으로 거듭난 성도는 엄연하게 영적인 사람입니다. 그런데 영적인 면이 열리지 않아 머리로 살아가는 지식적인 성도가 많습니다. 하나님은 영이십니다.

영이신 하나님과 교통해야 그분의 권세로 세상을 이길 수가 있습니다. 영적인 면이 열리지를 않아 예수를 믿으면서도 마귀에게 당하면서 살아가는 분들이 많습니다. 엄연하게 보이는 육적인 면과 보이지 않는 영적인 면은 다릅니다. 그런데 보이는 면만 가지고 판단하고 예수를 믿으니 하나님이 주시는 복을 누리면서 살아가지 못하는 것입니다.

하나님은 예수를 믿는 하나님의 자녀가 영의 눈을 열어 영이신 하나님을 바라보며 살아가기를 원하십니다. 하나님의 역사를 눈으로 보고, '레마'를 받으면서 살아가기를 원하십니다. 그러기 위해서 하나님은 크리스천이 예수를 믿고 성령으로 거듭나면 말씀과 성령을 통하여 영적인 눈을 여시는 것입니다.

그런데 영성훈련 대상자인 성도는 영적인 면에 무지하여

하나님의 깊은 뜻을 모르고 육적인 주관과 주장을 내세우면서 믿음 생활을 합니다. 하나님의 뜻을 바르게 알지 못하니 연단의 기간만 길어지는 것입니다. 성도는 말씀과 성령으로 영안을 열어 영적인 사고를 하면서 하나님의 인도를 받아야 합니다. 그래야 하나님의 자녀로서 하나님이 주시는 복과 권능을 사용하면서 살아갈 수가 있는 것입니다.

필자가 지금까지 성령사역을 하면서 크리스천들이 필히 알아야 될 영적인 신비를 모아서 한권의 책으로 집필을 했습니다. 이 책을 정독하면 영적인 비밀을 깨달음과 동시에 영적인 사고를 하면서 권세 있는 삶을 살아가게 될 것입니다. 영적인 면에 눈이 열릴 것입니다. 문제를 해결할 때 한 차원 깊은 영의 차원으로 원인을 찾아 근본을 치유하게 될 것입니다. 하나님의 말씀의 비밀이 보일 것입니다. 하나님이 주신 권능을 알고 삶에서 적용하며 살아갈 수가 있을 것입니다. 이 책을 통하여 많은 크리스천들이 영적인 면에 눈이 열려서 하나님과 친밀하게 지내기를 바랍니다.

주후 2014년 04월 10일

충만한 교회 성전에서

저자 강요셉목사.

세부적인목차

1부 성령의 역사

01장 예수를 왜 영접해야 할까요.

"예수를 주인(Lord)으로 믿지 않으면 구원이 없다!"명확한 진리입니다. 예수님을 믿으면 구원을 받는다는 이신득의(以信得義) 사상은 조금도 양보할 수 없는 절대 진리입니다(롬 3:28). 그러나 문제는 예수님을 믿는다고 할 때 '무엇'을 믿는지가 잘못되어 있었습니다.

교회 다니는 사람들은 누구나 예수님을 믿는다고 합니다. 그들은 예수님의 십자가 사건과 부활 사건을 믿는다고 합니다. 그리고 구약의 제사를 통해 이루어지는 죄사함의 원리(原理)를 믿는다고 합니다.

그러나 예수님을 믿는다는 것은 단순히 예수님께서 행하신 사건이나 죄사함의 원리를 믿는 것이 아닙니다. 로마서 10장 9절에 "네가 만일 네 입으로 예수를 주로 시인하며, 또 하나님께서 그를 죽은 자 가운데서 살리신 것을 네 마음에 믿으면 구원을 받으리라"고 하셨습니다. 무엇을 믿어야 하는가요? 믿는다는 것은 나의 죄를 위해 십자가에서 죽으시고 부활하신 예수님이 나의 '주인(Lord)'임을 믿는 것입니다.

왜 예수님을 주인(Lord)으로 믿어야 하는가요? 첫째는 예수님께서 죽으시고 부활하신 이유가 나의 주인(Lord)이 되시기 위해서이기 때문입니다(롬 14:7-9). 따라서 부활하신 예수님을 믿는다는 것은 예수님이 나의 주인이심을 믿는 것입니다.

둘째는 우리가 예수님을 믿는다고 할 때는 십자가에서 죽으실 뿐만 아니라 부활 승천하셔서 지금 하나님 보좌 우편에 앉아 계신 '온 우주 만물의 주인(Lord)이신 예수님'을 믿는 것이기 때문입니다(엡 1:20-22). 그러므로 예수님을 주인으로 믿는 것은 너무나 마땅한 것입니다.

셋째, 예수님을 주인으로 영접하고 믿어야만 그 사람 속에 성령이 임하시어 마귀, 귀신이 떠나가기 때문입니다. 성경에 기록된 충격적인 사실 중 하나는 마귀가 사람을 자기 집이라고 하는 것과 예수를 믿지 않는 사람들의 마음은 악령의 처소라는 것입니다(마 12:43-45). 따라서 내가 주인 된 죄를 회개하고, 예수님을 주인으로 영접할 때만 마귀가 쫓겨나고(마 12:28) 예수님이 내주(內住)하십니다.

그렇다면 예수님을 주인으로 믿는다는 것은 무엇을 의미하는가요? 그것은 마음 중심에 예수님을 주인으로 영접하는 것입니다. 즉 예수님이 실제로 나의 몸속으로 들어오시는 것입니다. 이 때 나의 주인이 '나'에서 '예수님'으로 바뀌는 기적 같은 사건이 일어나는 것입니다.

이것은 행위 이전에 마음 중심에서 나의 주인(Lord)이 바뀌는 것입니다. 또한 이것은 우리의 행위나 삶이 완전해야 한다는 의미가 아니라 예수님과 함께 십자가에 달렸던 강도의 고백처럼, 마음 중심으로 예수님이 천국의 주인이심을 알고 자신의 모든 것을 예수님께 맡기는 것입니다.

예를 들어 설명하면 이렇습니다. 몇 년 전에 아들이 영적인 문제가 생겨서 아들을 치유하려고 온 여 집사가 저에게 이런 말을 했습니다. 목사님 저는 교회를 십년이상 다녔고, 집사직분을 받은 지가 8년이나 되었는데 지금까지 성령세례를 받지 못했습니다. 우리 교회가 성령 충만한 교회라 예수 믿고 얼마 되지 않은 성도들도 다 성령으로 세례를 받고 방언으로 기도를 하는데 저는 지금까지 방언을 하지 못합니다.

그래서 제가 머리에 손을 얹고 성령님 이유가 무엇입니까? 하고 질문을 했더니 성령께서 감동하시기를 예수를 영접했는지 물어보라고 해서 혹시 예수님을 나의 주인으로 모시는 영접기도를 했느냐고 물었더니, 자신이 시집오기 전에 '남묘호랭객교'를 3년을 믿었는데 시집을 와서 보니 시댁이 전부 기독교를 믿고 교회를 나갔습니다.

그런데 시 어머니가 시집을 왔으면 시댁의 종교를 믿어야 되지 않겠느냐고 성화를 해서 가정의 평화를 위해서 교회를 다니다가 보니 집사도 되고 이렇게 시간이 흘렀다는 것입니다. 그래서 제가 예수를 영접시키고 기도를 했더니 성령세례가 임하고 방언이 터지고 치유가 되기 시작했습니다. 그러자 이 여 집사가 목사님 마음이 정말 편안하고 좋습니다. 감사합니다. 그러는 것입니다.

문제는 이렇습니다. 부인이 '남묘호랭객교'를 믿었다는 것입니다. 그런데 남자는 예수를 2대째 믿는 가정입니다. 그런데도 성령으로 세례 받고 충만하게 지내지 못하니까 '남묘호랭객교'를 믿는 여자를 집안에 들이니 가정이 풍비박산[風飛雹散]이 났다는 것입니다. 아들은 고등학교 1학년부터 정신적인 문제가 발생하여 사람구실을 못합니다. 둘째는 딸인데 정상이 아닙니다. 남편 사업이 되지 않아 하는 것마다 되지를 않는 다는 것입니다. 여 집사 역시 미용실을 하는데 손님이 없어서 빚만 자꾸 늘어 간다는 것입니다. 이제 문을 닫아야 될 지경에 처했다는 것입니다.

이 경우 여자가 믿던 '남묘호랭객교'의 영이 남편 가계를 완전하게 장악을 한 것입니다. 이렇게 가족 모두가 예수를 믿고 신앙생활을 해도 성령의 역사로 장악되지 못하니 이방신이 들어와 장악을 한 것입니다. 그러므로 말과 이론으로 신앙생활을 하면 육체가 있기 때문에 이방의 영이 집안을 장악할 수가 있다는 것입니다. 그러므로 제가 항상 이렇게 말하는 것입니다. 성령의 세례를 받고 성령으로 충만한 믿음 생활을 하라는 것입니다. 성령의 강한 역사가 가정을 장악하지 못하면 열심히 믿음 생활 하면서 불필요한 고통을 당할 수가 있다는 것입니다. 그래서 주일날이 중요하다는 것입니다. 성령의 강한 역사가 전인격을 장악해야 되기 때문입니다.

제가 여 집사에게 가정의 여러 가지 문제를 해결하려면 친정하고 관계를 끊어야 한다고 했습니다. 전화도 하지 말라고 했습니다. 전화로도 영의전이가 일어나기 때문입니다. 그랬더니 여 집사가 목사님! 성경에 부모를 공경하라고 했는데 그럴 수가 있느냐는 것입니다. 제가 주안에서 부모에게 순종하라고 했습니다. 집사님은 지금 친정아버지하고 주안에서 순종할 수 없으니 가정의 여러 문제가 해결이 되고, 집사님이 영적 자립을 할 때까지 관계를 끊는 것이 좋다고 했습니다. 그러나 강요는 아니니까, 성령의 감동에 따라 행동하라고 했습니다. 여 집사는 자신이 자신의 영을 지킬 수가 있을 때까지 조심을 해야 합니다. 물론 성령 충만한 신앙생활은 필수입니다.

이렇게 이방신을 섬기던 사람은 예수를 필히 영접을 해야 합니다. 그리고 성령으로 세례를 받고 성령으로 불세례를 받으면서 치유를 해야 합니다. 그래야 구원을 받을 수 있고 종전에 믿던 영들의 영향을 받지 않습니다. 그렇지 않으면 이방신의 영향으로 가정에 환란과 풍파가 찾아와 고통을 당하게 됩니다.

또 예수를 영접하지 않았음으로 구원을 받을 수가 없습니다. 더 상세한 것은 "영적인 궁금증과 명쾌한 답변"을 참고하시기를 바랍니다.

2장 내 인생의 주인은 누구인가요

하나님은 이렇게 말씀하십니다. "내가 그리스도와 함께 십자가에 못 박혔나니, 그런즉 이제는 내가 사는 것이 아니요, 오직 내 안에 그리스도께서 사시는 것이라. 이제 내가 육체 가운데 사는 것은 나를 사랑하사 나를 위하여 자기 자신을 버리신 하나님의 아들을 믿는 믿음 안에서 사는 것이라"(갈 2:20). 우리가 예수를 믿는 순간 나의 주인이 '나'에서 '예수님'으로 바뀌는 것입니다. 자신은 예수를 믿는 순간 십자가에서 죽고 부활하신 예수님으로 다시 태어난 것입니다.

하나님은 이렇게 말씀하십니다. "그리스도의 사랑이 우리를 강권하시는 도다. 우리가 생각하건대 한 사람이 모든 사람을 대신하여 죽었은즉 모든 사람이 죽은 것이라, 그가 모든 사람을 대신하여 죽으심은 살아 있는 자들로 하여금 다시는 그들 자신을 위하여 살지 않고, 오직 그들을 대신하여 죽었다가 다시 살아나신 이를 위하여 살게 하려 함이라. 그러므로 우리가 이제부터는 어떤 사람도 육신을 따라 알지 아니하노라. 비록 우리가 그리스도도 육신을 따라 알았으나 이제부터는 그같이 알지 아니하노라. 그런즉 누구든지 그리스도 안에 있으면 새로운 피조물이라 이전 것은 지나갔으니 보라 새 것이 되었도다"(고후 5:14-17).

그렇다면 예수님을 주인으로 믿는다는 것은 무엇을 의미하는 것입니까? 그것은 마음 중심에 예수님을 주인으로 영접하는 것입니다. 즉 예수님이 실제로 나의 몸속으로 들어오시는 것입니다. 이 때 나의 주인이 '나'에서 '예수님'으로 바뀌는 기적 같은 사건이 일어나는 것입니다.

이것은 행위 이전에 마음 중심에서 나의 주인(Lord)이 바뀌는 것입니다. 마음 중심으로 예수님이 천국의 주인이심을 알고 자신의 모든 것을 예수님께 맡기는 것입니다. 보통 예수님이 주인이라고 하면 자신이 뭔가 빼앗기고 손해 보는 것이라고 생각합니다. 왜냐하면 예수님이 나의 주인이라는 말씀을 이 세상적인 관점으로 접근하기 때문입니다.

그러나 이 세상이 어떤 곳인지, 그리고 예수님 안에 모든 보화가 있다는 것을 알게 되면 마귀가 지배하는 이 세상(요일 5:19)에서 예수님이 나의 주인이라는 사실은 최고의 축복임을 알게 될 것입니다. 이 세상에서 예수를 주인으로 믿는 자는 어떤 상황 속에서도 오뚝이처럼 일어날 수 있습니다(고후 4:8-9). 욥이 재물, 자식, 아내가 다 떠나고 몸에 병이 들었는데도 하나님을 찬양하며 다시 일어났던 것처럼, 내 생명, 재물, 모든 것이 다 떠나도 예수님을 주인으로 믿는 자는 오뚝이처럼 일어날 수 있는 것입니다.

그리고 예수가 주인(Lord)인 사람은 고린도후서 6장 10절 말씀처럼 '근심하는 자 같으나 항상 기뻐하고 가난한 자 같으나 많은 사람을 부요하게 하고 아무 것도 없는 자 같으나 모든 것을 가진 자'이다. 예수님 안에 모든 보화가 있습니다(골 2:3). 따라서 예수님을 주인으로 믿는 자는 모든 것을 다 가진 자입니다. 예수님 한분으로 만족을 얻으시기를 바랍니다.

인간 중심의 복음은 예수의 주(Lord)되심을 버리고, 예수님이 나의 죄를 위해 죽으시고, 부활하신 사실만 인정하고, 입술로 시인만 하면 구원받는다고 합니다. 그러나 온전한 복음은 예수님이 부활하셨다는 사실뿐만 아니라, 예수님이 나의 주인이라는 것을 믿는 것입니다(롬 10:9).

고린도후서 4장 5절에"우리가 우리를 전파하는 것이 아니라 오직 그리스도 예수의 주되신 것과 또 예수를 위하여 우리가 너희의 종 된 것을 전파함이라"복음을 전한다는 것은 예수의 주(Lord)되심을 전파하는 것입니다. 교회가 힘을 잃고 있는 이 시대, 우리 모두 사도 바울과 같이 오직 그리스도 예수의 주되심을 마음 중심으로 전파할 때 놀라운 부흥의 역사가 일어날 것을 확신합니다.

예수를 주인으로 모신 성도는 예수님에게 무엇이든지 물어보고 해야 합니다. 자기 마음대로 한다면 아직 자신이 주인된 사람입니다. 땅의 사람입니다. 마귀의 영향을 받고 있는 사람입니다. 진정으로 예수님을 주인으로 영접했다면 주인 되신 분에게 매사를 물어보고 행해야 합니다. 이스라엘 백성을 애굽에서 인솔하여 가나안을 향해가는 모세처럼 대소사를 예수님에게 물어보고 행해야 합이다.

우리가 영이신 예수님과 통하려면 주님과 같은 영적인 상태가 되어야 합니다. 예수님과 같은 영적인 상태가 되려면 성령으로 세례를 받아야 합니다. 성령으로 세례를 받고 성령으로 기도해서 성령으로 충만한 상태가 되어야 합니다. 예수님의 사정은 성령으로 알 수가 있기 때문입니다. "기록된바 하나님이 자기를 사랑하는 자들을 위하여 예비하신 모든 것은 눈으로 보지 못하고 귀로 듣지 못하고 사람의 마음으로 생각하지도 못하였다 함과 같으니라. 오직 하나님이 성령으로 이것을 우리에게 보이셨으니 성령은 모든 것 곧 하나님의 깊은 것까지도 통달하시느니라. 사람의 일을 사람의 속에 있는 영외에 누가 알리요, 이와 같이 하나님의 일도 하나님의 영외에는 아무도 알지 못하느니라" (고전 2:9-11). 예수님을 주인으로 모신 우리는 주님의 의중을 알기 위하여 성령으로 충만해야 합니다.

성령으로 모든 것을 알 수가 있기 때문입니다. 예수님을 주인으로 모셨으면 주인답게 대접을 해야 합니다. 모든 것을 주인인 예수님에게 물어보고 실행하는 습관이 되어야 합니다. 그래야 불필요한 고통을 당하지 않습니다. 예수님에게 물어보고 행해야 모든 일에 예수님의 보호가 있습니다.

더 상세한 영적지식은 "신령함과 권능을 개발하는 법"을 참고하시기를 바랍니다.

3장 예배는 영과 진리로 드려야 하나요

왜 하나님에게 예배를 드려야하느냐는 것입니다. 예배란 "예수 그리스도 안에서 자신을 계시해 주신 하나님과 그 하나님 앞에 뜨겁게 응답하는 만남의 현장"이라고 말할 수 있습니다. 즉 예배란 언제나 우리를 인도하시고, 찾아주시며, 구원해 주신 하나님의 놀라우신 사랑과 은혜에 응답하는 행위라고 말할 수 있을 것입니다. 예배를 통하여 하나님을 경배하고, 하나님으로부터 은혜와 사랑과 축복과 치유를 받는 것입니다. 예수를 믿는 성도는 예배를 통하여 하나님이 자신의 주인이라는 것을 증명하며, 경외하고, 하나님으로부터 복을 받는 시간입니다. 모든 것이 예배를 통하여 이루어지는 것입니다.

그렇기 때문에 사단이 인간에게 예배를 받으려고 하는 기를 쓰는 것입니다. 사단이 자신을 예배하게 하기 위하여 여러 가지 이해하지 못하는 일들을 일으키는 것입니다. 이방인의 제사, 무당 굿, 법당의 법회, 이방신들을 섬기기는 자들의 예배행위, 기우제, 고사 등등이 여기에 해당이 되는 것입니다. 예배는 이렇게 중요합니다. 그래서 하나님을 경외하고 주인으로 인식하기 위하여 매주 첫날(주님이 부활하신 날) 교회에 모여서 하나님에게 예배를 드리는 것입니다.

그러면 예배를 어떻게 드려야 하는지를 밝히 알고 행해야 합니다. 하나님은 이렇게 말씀을 하십니다. "아버지께 참되게 예배하는 자들은 영과 진리로 예배할 때가 오나니 곧 이 때라 아버지께서는 자기에게 이렇게 예배하는 자들을 찾으시느니라. 하나님은 영이시니 예배하는 자가 영과 진리로 예배할지니라"(요 4:23-24). 하나님만을 주목하는 예배, 하나님께 참되게 예배하는 것은 무엇을 의미합니까? 어떻게 드리는 예배를 가리켜 아버지께 참되게 예배하는 것입니까?

첫째, 하나님께 참되게 예배하는 자는 영으로 예배합니다. 영으로 드리는 예배가 무엇입니까? 우리가 이를 바르게 알기 위해서는 먼저 성경말씀을 바르게 알아야 합니다. 원래 헬라어 성경을 보면 24절에서 "하나님은 영이시니… 영으로 예배하라." 하는 구절의 '영'을 가리켜 '성령'(pneuma)으로 표기했습니다. 복잡하게 설명하지 않겠습니다. "하나님은 영이시니." 즉 하나님은 성령 하나님이십니다.

그러므로 "영으로 예배할지니라." 즉 성령 하나님으로 예배하라는 말씀입니다. 더 쉽게 설명을 드리면 '성령의 인도함 가운데, 성령님 안에서 예배하라.'는 것입니다. 우리가 믿고 잘 알고 있듯이 하나님은 삼위일체 하나님이십니다. 성부 하나님의 고유 사역은 창조사역(계획)입니다. 성자 하나님, 예수님의 고유 사역은 구원사역(이루심)입니다. 성령 하나님의 고유 사역은 인도, 지지의 사역(알게 하심)입니다.

성부 하나님이 이스라엘 백성들과 늘 동행하셨습니다. 성자 예수님이 임마누엘의 하나님으로 우리 가운데 임재 하셨습니다. 성령 하나님이 우리들과 세상 끝날 까지 함께 하십니다. 그러므로 하나님을 가리켜 성령님이라고 하는 것입니다. 그러므로 성령님의 감동 가운데 하나님께 예배하라는 것입니다.'성령님의 감동 가운데 드리는 예배'에 대해 설명을 드리겠습니다. 예배드리는 가운데 다른 생각이 나는 것, 성령님의 감동이 아닙니다. 마귀가 방해하는 것입니다. 예배드리는 가운데 마음 속 깊은 곳에서 솟아나오는 기쁨, 성령님의 감동입니다. 그렇게 성령님이 주시는 감화와 감동 가운데 예배드리라는 것입니다. 예배 찬송을 부르는데 주님의 은혜가 감사하여 눈물이 흐릅니다. 성령님의 감동입니다.

찬송을 크게 부르고 싶은데 주위 사람들이 신경이 쓰입니다. 성령님의 감동이 아닙니다. 사람을 의식하는 인본주의 행위입니다. 설교말씀을 들으면서 무엇인가 깨달음이 있습니다. 성령님의 감동입니다. 그런데 그 말씀을 가만히 생각해보니 많은 희생과 양보가 있어야 할 것 같습니다. 성령님의 감동입니다. 그대로 양보와 희생하라는 것입니다. 예수님이 주시는 은혜도 좋지만 내 것을 내려놓기가 싫습니다. 아깝습니다, 성령님의 감동이 아닙니다.

영으로 드리는 예배는 성령으로 드리는 예배, 성령님의 감동 가운데 드리는 예배를 뜻합니다. 우리 모두는 하나님을 예배할 때마다 영이신 하나님께 늘 성령의 감동 가운데 예배하는 성도들이 되기를 바랍니다.

영으로 예배하는 것과 또 어떻게 드리는 예배를 가리켜 아버지께 참되게 예배하는 것입니까? 둘째, 하나님께 참되게 예배하는 자는 진리로 예배합니다. '진리로 드리는 예배'의 뜻을 바르게 알기 위해서 역시 성경말씀을 바르게 알아야 합니다. 헬라어 성경을 보면 "진리로 예배할지니라."는 구절에서 '진리'는 헬라어 이 단어 역시 '진리'를 뜻합니다.

그런데 성경을 보면 '진리'라는 말이 유독 많이 나오고 있음을 볼 수 있습니다. 특히 구약성경의 잠언서에 '진리, 지식, 지혜'라는 표현이 많이 나옵니다. (잠 3:3)"인자와 진리가 네게서 떠나지 말게 하고 그것을 네 목에 매며 네 마음 판에 새기라" (잠 16:6)"인자와 진리로 인하여 죄악이 속하게 되고 여호와를 경외함으로 말미암아 악에서 떠나게 되느니라"기억하십시오. 구약성경에서 지식, 지혜, 진리는 하나님을 뜻합니다.

오늘의 본문인 요한복음을 보면 '진리'라는 단어가 아주 많이 나오고 있습니다. (요 1:14)"말씀이 육신이 되어 우리 가운데 거하시매 우리가 그의 영광을 보니 아버지의 독생자의 영광이요 은혜와 진리가 충만하더라" (요 1:17)"율법은 모세로 말미암아 주어진 것이요 은혜와 진리는 예수 그리스도로 말미암아 온 것이라" (요 3:21)"진리를 따르는 자는 빛으로 오나니 이는 그 행위가 하나님 안에서 행한 것임을 나타내려 함이라 하시니라"

어쩐지 '진리'가 예수님과 어떤 깊은 관계가 있는 것 같지 않습니까? (요 5:33)"너희가 요한에게 사람을 보내매 요한이 진리에 대하여 증언하였느니라" (요 14:6)"예수께서 이르시되 내가 곧 길이요 진리요 생명이니 나로 말미암지 않고는 아버지께로 올 자가 없느니라" 요한복음의 기자는 '진리'가 바로 예수님이라고 선언합니다. 그래서 예수님께서 이렇게 말씀하셨다고 증거합니다. (요 8:32)"진리를 알지니 진리가 너희를 자유롭게 하리라" 이제 '진리로 예배할지니라'는 말씀의 의미가 분명해졌습니다. 그렇습니다. 바로 '예수님으로, 예수님 안에서 예배하라'는 의미입니다. 사람이 주목받는 예배, 이는 진리로 드리는 예배가 아닙니다. 예수님이 드러나지 않기 때문입니다.

우스갯소리로 사람들의 귀를 즐겁게 하는 예배, 이는 진리로 드리는 예배가 아닙니다. 우리 주님의 이야기, 복음은 우스개 이야기가 아니기 때문입니다. 사람이 영광을 받고 갈채를 받는 예배 역시 진리로, 예수님으로 드리는 예배가 아닙니다. 진리로 드리는 예배, 예수님으로 드리는 예배, 예수님 안에서 드리는 예배는 오직 예수님만이 나타나는 예배입니다. 진리로 예배를 드리라는 말은 예수 안에서 말씀으로 드리라는 것입니다.

하나님은 영과 진리로 드리는 예배만 받으십니다. 하나님은 영이시기 때문입니다. 성령의 임재하에 영으로 예배를 드리기를 바랍니다.

4장 성령세례가 왜 중요한가요

성령이 아니고는 하나님의 뜻을 알 수가 없기 때문입니다. 하나님은 돌아가신 분이 아닙니다. 지금도 살아서 역사하시는 분입니다. 하나님은 성령으로 모든 것을 알게 하시고, 역사하십니다. 성령이 아니고는 아무것도 알 수가 없습니다. 살아계신 하나님과 통하기 위해서 성령을 실제로 체험해야 합니다. 그런데 일부 성도들은 성령을 이론으로 알면 되는 줄로 착각하고 있습니다. 성령은 살아계신 하나님을 알게 하시는 살아있는 성령입니다. 성령의 실체를 느끼고 알아야 합니다. 그래서 성령으로 세례를 받아야 한다는 것입니다.

목회자들은 성도들에게 무조건 성령으로 세례를 받아야 한다고 하지 말고 왜 성령으로 세례를 받아야 하느냐는 것을 알게 해야 합니다. 이것을 바르게 알고 성령으로 세례를 받으려고 해야 한다는 것입니다. 왜는 간단합니다. 예수님이 요단강에서 세례요한에게 물로 세례를 받은 다음에 성령으로 세례를 받으셨기 때문입니다. 성령으로 세례를 받고 성령의 이끌림을 받아 광야에 가셔서 마귀의 시험을 성령의 인도와 말씀으로 승리하시니 천사가 수종을 들고 그때부터 회당에서 말씀을 증거 하실 때 권능으로 귀신들의 정체가 폭로되었습니다.

성령으로 세례를 받으시기 전에는 그저 말씀만 전하셨으나 성령의 세례를 받고 말씀을 전하니 권능이 나타나기 시작을 한 것입니다. 마가복은 1장 27절은 이렇게 말합니다. "다 놀라 서로 물어 이르되 이는 어찜이냐 권위 있는 새 교훈이로다 더러운 귀신들에게 명한즉 순종하는 도다 하더라" 사람들은 다 놀라서 말했습니다. "이는 어찜이냐 권세 있는 새 교훈이로다 더러운 귀신에게 명한즉 순종하는도다" 예수님의 권세는 귀신의 순종으로 나타납니다.

그리고 예수님이 성령으로 세례 받는 것을 강조하셨기 때문입니다. "요한은 물로 세례를 베풀었으나 너희는 몇 날이 못 되어 성령으로 세례를 받으리라 하셨느니라"(행1:5). 몇 날이 못 되어 성령으로 세례를 받는 다고 말씀하십니다. 그러면서 이렇게 말씀하십니다. "오직 성령이 너희에게 임하시면 너희가 권능을 받고 예루살렘과 온 유대와 사마리아와 땅 끝까지 이르러 내 증인이 되리라 하시니라."(행 1:8). 우리에게 성령이 임하시면 예수님의 증인이 되어진다고 말씀하십니다. 어떻게 해야 주님의 증인이 되어질까 고심하고 애쓰는 것이 아니라, 성령이 임하시면 되어 진다는 것입니다.

예수님을 닮아가는 것이 우리의 노력으로 되어지는 것이 아닙니다. 성령이 임하시면 성령께서 우리를 예수님을 닮은 삶으로 만들어 가십니다. 우리가 애를 써가며 예수님을 닮아가려는 것은 율법의 신앙이고, 성령께서 예수님을 닮아가게 만드시는 것이 은혜의 삶입니다. 우리가 할 수 있는 일은 모든 일에 하나님만 인정하는 삶입니다.

우리가 바르게 알아야 할 것은 예수님을 닮아간다는 것은 예수님과 같은 권세도 포함이 됩니다. 예수님과 권세 있는 삶을 살면서 예수님의 지상명령을 순종하려면 반드시 성령으로 세례를 받아야 합니다. 성령으로 세례를 받은 다음부터 땅의 사람이 하늘의 사람으로 바뀌는 것입니다. 반드시 하늘의 사람으로 변해야 땅의 사람에게 역사하던 귀신이 떠나가기 때문입니다. 귀신이 떠나가야 자유 함을 찾을 수 있습니다.

　그래서 예수님 이렇게 말씀하시는 것입니다."믿는 자들에게는 이런 표적이 따르리니 곧 저희가 내 이름으로 귀신을 쫓아내며 새 방언을 말하며 뱀을 집으며 무슨 독을 마실지라도 해를 받지 아니하며 병든 사람에게 손을 얹은즉 나으리라 하시니라"(막 16:17).

　그럼 이제 어떻게 해야 성령으로 세례를 받을 수 있느냐는 것입니다. 우리가 바르게 알아야 할 것은 위로부터 임하시는 성령은 오순절 마가의 다락방사건으로 종료가 되었습니다. 그러므로 성령으로 세례와 불로 장악이 되려면 성령의 역사가 있는 장소에 가는 것이 빠릅니다. 성령의 불로 장악되고 성령의 역사를 체험하려면 성령의 역사가 있는 장소에 가는 것이 좋습니다. 자신이 과거 한번 성령의 세례를 체험했었다면 혼자 기도해도 성령의 불로 장악될 수가 있습니다.

　자신이 한 번도 성령의 세례를 체험하지 못했다면 성령의 기름부음심이 있고 성령의 불의 역사가 나타나는 장소에 가서 성령의 불로 충만 받는 것이 맞습니다. 성령의 체험과 장악은 장작불의 원리와 같습니다. 성령의 불로 충만하고 성령의 역사를 체험한 사람들이 많이 모이는 장소는 성령의 역사가 강합니다. 성령은 어디에 계시는가, 먼저 내 영 안에 계십니다.

그리고 우리 안에 계십니다. 또 말씀 안에 계십니다. 그러므로 성령체험을 하지 않았다면 성령의 역사가 있는 장소에 가셔야 성령을 쉽게 체험하고 장악을 당할 수가 있습니다. 또 한 방법은 성령 받은 자에게 가셔서 말씀을 듣고 안수를 받는 방법이 있습니다. 위로부터 임하시는 성령의 역사는 오순절 마가의 다락방에서 임하셨습니다. 그 이후는 그때 성령 받은 사람이 말씀 전하고 안수 할 때 임했습니다(행19:1-7). 성령의 불로 충만한 사람에게 전이 받는 것입니다. 성령으로 세례 받고 장악되기 원하십니까? 성령이 역사하는 장소로 가십시오. 그래야 빨리 성령으로 장악될 수가 있습니다.

성령으로 세례를 받아야 성령의 불세례를 받으면서 성령 충만이 이루어지는 것입니다. 절대로 성령의 세례를 받지 않으면 절대로 성령 충만에 이를 수가 없습니다. 성령으로 충만함을 받기 위하여 내 안에 계신 성령님에게 집중해야 합니다. 성령이 자신을 장악해야 육체에 있던 세상 것들이 떠나갑니다. 상처가 치유되고, 환경의 문제가 치유되고, 자신과 가정에 역사하던 마귀, 귀신이 떠나가는 것입니다. 성령이 아니고는 아무것도 할 수가 없습니다.

5장 성령이 장악할 때 느끼는 현상

성령이 강력하게 임할 때 우리는 '뜨거움'을 느낍니다. 이런 현상을 '불같은 성령'이라고 표현하기 때문에 우리는 잘 알고 있지만, '차가움'을 느끼는 경우는 많지 않기에 이 부분에 대해서 우리는 별로 언급하지 않고 있습니다. '불같은 성령'의 또 다른 부분으로서 '차가움'이 있습니다. 우리는 극도의 뜨거움을 접할 때 느끼는 또 다른 느낌이 '차가움'입니다. 엄격히 말해서 '뜨거움'과 '차가움'은 동일한 실체에 대해서 우리가 느끼는 감각의 차이일 뿐이라고 봅니다. 극도의 열감은 우리에게 오히려 청량감을 주는 경우가 있습니다. 매운 고추를 먹었을 때 어떤 사람은 열감을 느끼고, 어떤 사람은 시원함을 느끼는 것처럼, 열감과 청량감은 그 근원이 동일하다고 할 것입니다.

성경은 우리의 신앙 태도가 "뜨겁든지 차갑든지"할 것을 요구합니다(계3:15). 뜨거움과 차가움은 극적 대비이지만, 그 내용은 결코 다르지 않습니다. 성령의 뜨거움은 주로 능력과 연관됩니다. 성령 충만을 받아 온 몸에 불이 휩싸이는 것과 같은 뜨거운 열감을 여러 날 또는 여러 달 동안 계속 느끼는 경우 그 사람에게 능력과 권세가 주어지는 경우가 많습니다. 특히 신유의 은사는 강한 전류가 흐르는 느낌을 받게 되며, 권세가 주어질 때 이런 현상을 동반하게 됩니다. 전류가 흐르는 것과 같은 느낌은 때로는 열감으로 변하게 되어, 온 몸이 화끈거리고 얼굴이 상기

되며, 얼굴빛이 밝게 빛나게 됩니다. 성령 충만을 받으면 이런 '세키나'현상이 나타나며, 강하게 임할수록 강도가 깊어집니다.

우리는 뜨거운 열감에 대한 이해는 많지만 청량감에 대한 경험은 그리 많지 않습니다. 뜨거운 열감이 온 몸을 휘감고 전류가 흐르듯이 화끈거리는 것과 동일하게 서늘한 기운이 머리끝에서부터 온 몸으로 퍼져갑니다. 이 청량감은 소명과 연관되어 경험하게 되는 것이 일반적이라고 봅니다. 열감은 주로 감성적인 사람들이 많이 경험하는 것이라면 청량감은 이성적인 사람들이 경험하는 성령 충만의 현상입니다.

청량감이 스며들면 머릿속이 무척 맑아지고 밝은 빛을 함께 경험하게 됩니다. 세상에서는 전혀 볼 수 없는 아주 맑고 투명한 빛 속에 자신이 휩싸여 있는 것과 같은 느낌을 받으며, 이 느낌이 강렬해질 때는 현실로 착각할 정도입니다. 비유하자면 햇빛을 맨 눈으로 보고 난 다음에 눈이 너무도 강한 자극을 받아서 사물을 볼 수 없을 정도가 되었을 때 눈에 보이는 것은 엄청난 밝음인 것처럼 그런 밝고 환한 빛으로 자신이 둘러쳐지는 느낌을 받습니다.

이것이 극도의 청량감에서 오는 것인데 약할 때는 서늘한 느낌을 받게 됩니다. 신선한 공기를 마시면 정신이 맑아지듯이 청량감에 휩싸이면 생각이 맑아지고 분명해져서 지혜가 생기고 말씀을 깊이 있게 이해하게 됩니다. 뜨거움이 능력과 연관되어 주어지는 현상으로 이해할 수 있다면 청량감은 지식과 지혜와 연관되어 이해할 수 있습니다. 특히 소명을 직접 받게 되는 경우 이런 느낌을 강하게 받게 됩니다. 바울이 다메섹에서 경험한 영적 현상이 이런 종류였을 것입니다. 그는 밝은 빛으로 인해서 눈이 멀어버렸는데 그 강렬함이 우리의 상상을 초월하는 것이었습니다. 이 때 아마도 그는 청량감을 아울러 경험하게 되었을 것이 분명합니다. 성경은 이 내용을 자세하게 다루지는 않았지만 불같은 성령을 경험한 마가 다락방의 제자들과는 분명하게 다른 것이었습니다.

마가 다락방의 제자들은 불이 임하는 경험을 하게 되고 이어서 방언을 말하게 되었습니다. 이들은 이 불로 인해서 능력을 받았고 즉시 권능을 받아 능력사역을 행하게 되었지만 그 누구도 주님의 음성을 듣지는 못했습니다. 바울은 그들과는 다르게 밝은 빛 속에서 주님의 음성을 듣습니다. 이 경험은 초대교회의 두드러진 영적 경험이지만 너무도 대조적입니다.

강력한 불같은 성령의 강림과 이에 따라서 주어진 능력의 수여 그리고 밝은 빛과 주님의 부르심이라는 대조는 '뜨거움'과 '차가움'이라는 두 가지 기능을 우리들에게 이해시키는 재료로서 극명한 대조를 이룹니다. 뜨거움은 능력과 연관되어 주어지는 현상으로 이해할 수 있으며, 오늘날도 많은 사람들이 이 뜨거움을 통해서 능력을 부여받습니다.

차가움은 주의 음성을 듣는 소명과 연관되어 오늘날에 흔하지는 않지만 직접 부르심을 받는 사도와 선지자들이 경험하는 바입니다. 차가움은 신성 조명(divine light)을 나타내는 것으로 밝고 환한 빛은 우리에게 임할 때 서늘한 기분을 들게 하여, 정신을 맑게 합니다. 이 기능은 주로 예언자에게 나타나는 것인데 예언자는 예언적 분위기를 파악하는 능력이 이 차가움에서 오는 경우가 많습니다. 영적 분위기는 능력 사역자에게는 뜨거움으로 나타나지만 예언자에게는 차가움으로 옵니다.

이 신호체계는 사역자가 영적 분위기를 파악해서 사역을 하는 중요한 요소입니다. 신유와 축사 등과 같은 사역을 하는 사람은 몸이 뜨거워지고 힘이 솟아나는 느낌을 통해서 주변에 고침을 받을 사람이 있음을 알게 됩니다.

예언자는 예언적 분위기를 몸으로 느껴 예언의 입을 엽니다. 예언자는 예언의 말씀이 임해서 예언하기 보다는 분위기를 느끼고 담대하게 입을 열 때 예언의 말씀이 흘러나오게 되는 경우가 더 많기 때문에 이런 영적 분위기를 읽는 능력이 있어야 합니다. 그 분위기란 바로 '청량감'이 주로 차지합니다. 서늘한 기운이 온 몸을 휘감는 느낌은 신경이 예민한 사람이라면 누구나 쉽게 느낄 수 있는 분위기입니다. 주변이 다소 소란하고 어수선할지라도 이런 느낌은 놓치지 않게 됩니다. 선지자로 세워질 사람에게는 그 부르심을 받을 때 이와 같은 청량감을 통해서 하나님의 말씀이 임하게 되는 경험을 하게 됩니다.

오늘날 하나님이 직접적인 수단을 통해서 불러내시는 경우는 사도와 선지자의 소명이 있는 사람들에게 해당하며, 이런 경험은 따라서 흔하게 느낄 수 있는 일반적인 경험은 아닙니다. 그러나 직접적인 부르심이 아니라도 중보기도 자가 이후에 예언자로 세워지는 경우 이런 청량감을 경험하게 되며, 이는 예언적 분위기를 파악하는 중요 수단으로써 주어지는 것입니다. 예언의 영이 임하는 경우 개인에 따라서는 그 강도의 차이가 있지만 서늘한 느낌을 받게 됩니다. 일반적으로 일시적으로 예언의 영이 임해서 예언하게 되는 경우에 이 느낌은 매우 가벼워서 신경이 예민하지 않으면 제대로 느끼지 못할 수도 있습니다. 그러나 예언을 주기적으로 행하는 예언자가 되면 이 느낌은 더욱 선명해지고 강력해집니다.

때로는 뜨거움과 차가움이 혼합되는 것과 같은 느낌을 경험하는 경우가 있습니다. 이는 우리의 감각이 주어진 자극을 뚜렷하게 구분해서 느끼지 못하기 때문이라고 봅니다. 모호한 느낌을 받는 경우는 흔한 것은 아니지만 간혹 나타납니다.

열감과 청량감이 동시에 임하는 경우 이는 능력과 예언이 함께 임하는 것으로 파악됩니다. 열감과 청량감의 강도는 그 사람에게 주어지는 능력과 예언의 강도와 비례하는 것으로 이해할 수 있습니다. 얼마나 강력한 능력이 임하느냐에 따라서 그 열감의 차이가 나며, 또 지속되는 시간과도 비례하는 것으로 해석될 수 있습니다.

열감과 청량감은 한 동안 지속되며 이후 사역을 행할 때마다 나타납니다. 이 현상이 더욱 강력해져야 하고 이 영적 분위기와 현상에 의해서 자신에게 주어진 능력이 자신 속에서 어떻게 작용하고 소멸되는지를 가늠하게 하는 중요한 척도가 되기도 합니다. 능력이 증대되면 이 열감도 증대됩니다. 예언이 활발해지면 이런 청량감이 넘쳐 머리가 맑아지고 몸이 가벼워집니다. 선명한 시야를 지니게 되고 따라서 분명하고 뚜렷한 환상을 보게 됩니다.

특히 선견자로서 예언하는 사람에게 환상의 선명도는 바로 정확한 예언과 직결되는 문제입니다. 선견자는 정확한 영상을 보는 것도 중요하지만 맑은 머리로 그 의미를 정확하게 읽을 수 있는 지혜도 중요합니다. 청량감은 선명한 지혜를 보장합니다. 머릿속에 떠오르는 예언적 생각(prophetic thought)은 머릿속이 수정처럼 맑고 투명할 때 선명하게 떠오르게 됩니다. 그러므로 예언자는 항상 머리가 맑아야 하며, 단순한 마음이 있어야 합니다. 생각이 복잡하고 어지러우면 예언을 하는데 많은 방해를 받게 됩니다.

뜨거운 느낌은 거듭날 때 성령이 임하여 죄를 사하고 하나님의 사람으로 인을 치실 때 누구든지 경험하는 흔한 일입니다. 능력과 권세를 주시는 것이 동일한 구조로 나타납니다. 성령의 일꾼으로 부르심을 받는 능력 사역자가 되기 위해서 주어지는 능력을 받는 것과 하나님의 자녀로서 주어지는 권세를 받는 과정으로서 경험하는 성령의 경험은 뜨거움으로 나타납니다. 그러므로 이 두 가지는 같은 증상을 드러내지만 그 기능은 다르게 나타납니다. 그래서 뜨거움을 경험했다고 해서 다 능력 사역자가 되는 것은 아닙니다. 굳이 구분하려고 든다면 그 뜨거움이 지속적인지 그리고 그 강도가 심하게 나타나는지에 따라서 분별할 수는 있을 것입니다. 그러나 차가운 청량감은 지혜의 영이 임할 때 나타나는 증상으로서 주로 예언자로 부르심을 받을 때 경험하게 되며, 이후 예언 사역을 행할 때 지속적으로 이런 느낌을 받게 됩니다.

열감과 청량감은 모두 성령 충만을 드러내는 영적 현상으로 동일한 성령으로부터 오는 것입니다. 성령으로부터 영의 에너지를 부여 받는 과정에서 우리 몸이 느끼는 감각의 차이이지만 그 기능이 다르게 나타난다는 점에서 중요한 차이가 있는 것입니다. 대부분의 사람들은 열감을 경험합니다.

그러나 아주 소수의 사람들은 청량감을 경험하게 됩니다. 때로는 이 두 가지를 다 경험하기도 합니다. 이는 하나님의 일을 함에 있어서 필수적인 경험일 뿐만 아니라, 지속적으로 나타나야 하는 중요한 기능이기도 합니다. 성령의 역사에 대하여 더 많은 영적지식을 얻고자 하시면 "성령의 불로 불세례 받는 법"과 "성령의 불로 충만 받는 법" 그리고 "불같은 성령의 기름 부으심"을 참고 하시기를 바랍니다.

6장 성령의 역사를 이끌어내는 기술

하나님은 성령으로 성도들을 바꾸어 가십니다. 성도들을 훈련하시되 하나님과 의지가 화합된 사람이 되기를 원하십니다. 자율의지(self-regulation will)란 신학적으로 '하나님이 제공하는 훈련을 통해서 연단되어 지각을 이룬 의지'(히 5:14)를 말합니다. 즉 하나님으로부터 통제를 제대로 받을 수 있도록 하나님이 제공하는 연단을 받아 하나님의 뜻을 깨달을 수 있는 의지를 말하며, 이는 인격이신 하나님이 우리를 인격적으로 다루기 위해서 거치게 하는 것이며, 이 과정을 통해서 우리의 지각이 하나님의 뜻에 적절하게 반응하는 것을 말합니다.

자유의지만을 지지하는 사람들은 하나님이 각 사람에게 태어나면서부터 제공한 재능과 능력처럼 의지의 폭과 깊이도 그렇게 정해져 있으므로 그것을 사용해서 하나님의 뜻을 이루도록 모든 것을 결정하고 행동할 수 있는 의지가 주어졌다고 보는 것인데, 이는 매우 포괄적이고 형이상학적인 개념입니다. 그러므로 자유의지란 '전적 부패'라는 교리의 측면에서 볼 때 이는 오히려 하나님과 원수 되게 하는 것이며, 바울은 이런 자유의지로는 하나님을 기쁘시게 할 수 없다고 보았습니다.

반면에 자율의지란 연단된 지각을 의미하며, 일정기간 동안 하나님으로부터 다루어져 자신에게 향한 하나님의 뜻을 깨닫고 적절하게 응답할 수 있게 된 상태에서 모든 것을 결정하게 되는 그런 의지를 말합니다. 이것은 모든 그리스도인들이 삶의 결정에서 우선 하나님의 뜻을 먼저 살피게 되는 배경이며, 이로써 우리의 경험이나 지식을 따라 행동하기 전에 먼저 성령의 지시하심을 구하게 되며, 그 과정에서 선한 결정을 하게 되는 것입니다. 성령 안에서 구하고 행동하는 법을 배워나감으로써 우리들은 차츰 스스로 결정하고 행동하는 폭이 넓어지게 되는 것입니다. 이는 학생이 배워나갈수록 스스로 할 수 있는 영역이 넓어지는 것과 같습니다.

"내가 너희 안에 거하고 너희가 내 안에 거하면 무엇이든지 구하라 그러면 이루리라"(요 15: 7)라는 말씀을 비롯해서 "너희가 땅에서 매면 하늘에서 매이고, 땅에서 풀면 하늘에서 풀릴 것이다."(마 18: 18) "내 이름으로 무엇이든지 구하면 내가 시행하리라."(요 14:14) 등에서 우리가 어떤 행위를 요구함으로써 주님이 그것을 행하시기로 약속하신 것입니다. 이 말씀에 의지해서 우리는 자율의지를 사용해서 하나님이 어떤 행위를 시행하시기를 구할 수 있으며, 이것이 성령의 역사를 이끌어내는 배경이 됩니다. 요한복음 15장에서 보듯이 여기에는 조건이 있는 것입니다.

즉 포도나무인 예수께 붙어있어야 하는 것입니다. 그리고 주의 이름으로 구해야 하지요. 주님의 이름으로 구하는 것은 주님과의 친밀함이 없이는 절대로 불가능한 일입니다. 다시 말해서 주의 뜻대로 구해야 하는 것인데 그러기 위해서는 하나님의 뜻이 무엇인지를 아는 친밀함이 있어야 하는 것입니다.

하나님은 우리가 수동적으로 살아가는 것을 원하지 않으십니다. 우리가 아무 것도 하지 않고 하나님이 모든 것을 다 해주시기를 바라는 것은 '피동'에 빠지는 것인데 이는 마귀의 올가미에 걸리는 것입니다. '자신을 부인하고 주님을 따르라'라는 말씀을 잘못 해석하면 모든 것을 하나님에게 위임하는 것으로 생각하기 쉽습니다. 그러나 이는 결코 모든 것을 하나님에게만 맡기고 우리는 손을 놓아도 된다는 것을 의미하는 말이 아닙니다. 우리의 의지가 연단되지 않은 자연 상태 즉 자유의지의 지배를 받는 상태에서는 그 모든 행위는 하나님의 뜻을 따를 수 없으며, 따라서 그 행위는 하나님과 원수 되는 것입니다(롬 5:10).

이런 거듭나지 못한 상태에서는 그의 자유의지는 포기되어야 하고 부인해야 합니다. 스스로를 의지하지 말아야 하며, 성령을 따라 행동하는 법을 배워야 하지요. 이럴 때에는 주 안에서 자신의 의지가 다루어지는 과정을 거쳐야 하며 이것이 시험을 통한 연단입니다.

이런 과정을 통과하여 지각을 사용할 수 있도록 연단되면 우리는 스스로 의지를 작용시켜 주의 일을 해야 하는 것입니다. 적극적으로 하나님의 일을 하려는 자율의지의 발동이 있을 때 성령께서는 역사하시기 시작하는 것입니다. 아주 특별한 경우를 제외하고는 모든 그리스도인들은 자신에게 이미 연단된 지각을 사용해서 구하고 찾아야 하며, 성령께서 역사하시도록 재료를 제공해야 하는 것입니다. 억지로 성령의 역사하시는 것과 같은 분위기를 만들거나 심령술과 같은 기술로 사람들을 쓰러지게 만드는 것 등의 행위와는 전혀 다릅니다. 성령께서 역사하실 영적 분위기가 성숙되었음을 발견하고 그에 따라서 행동을 취하는 것입니다. 성령의 역사를 이끌어내는데 매우 중요한 요소입니다.

성령의 역사를 이끌어내는 것은 '영적 민감성'에 따라서 좌우된다고 봅니다. 이것은 기술이라기보다는 개인적인 성향이라고 볼 수 있을 것입니다. 사람에 따라서 눈치가 빠른 사람이 있고 둔한 사람이 있어서 주인이 무슨 생각을 하고 있는지를 잘 알아서 지시하기 전에 이미 행동을 취하는 빠른 사람이 있지요. 눈치가 빨라서 일을 척척하듯이 영적으로 민감해서 성령의 역사하심을 신속하고 정확하게 파악하고 자세를 취하는 것입니다. 감각이 둔한 사람이라도 훈련을 받으면 어느 정도 민감해지지만 타고난 사람을 따라갈 수 없듯이 이는 본성적인 것 같습니다. 감각이 둔한 사람은 영적 사역에서도 둔할 수밖에 없습니다. 어느 정도 개선은 가능하겠지만 탁월하지는 못할 것이라고 봅니다.

성령의 역사는 무조건 일어나는 것이 아니라, 분위기를 파악한 사역자가 그에 따른 적절한 행동을 취할 때 일어나는 것이며, 영적 분위기가 만들어지지 않은 상태에서는 역사하심이 제대로 일어나지 않게 됩니다. 예를 들면, 예언 사역을 행할 때 역시 그렇습니다. 그래서 예배를 통해서 예언의 영이 임할 수 있는 분위기를 만들고 자세를 취하고 기다릴 때 영이 임하게 되며, 예언하게 되는 것입니다. 다윗은 예언하기 위해서 하프를 타면서 정서적으로 안정을 취하려고 했으며, 하프를 연주할 때 자주 예언의 영이 임했습니다. 우리들도 마찬가지로 예언을 행하기 위해서 묵상에 도움을 주는 음악을 들으면서 기다립니다. 치유를 위해서는 강한 찬양과 힘 있는 기도가 중요합니다. 힘써서 기도하면서 치유의 능력이 임하기를 간구하면서 환자의 믿음을 세우는 일을 합니다. 이미 게시판 글에서 다룬 다양한 기술들을 사용하여 치유의 효과를 높이는 노력을 하게 됩니다.

능력은 하나님이 주시는 것이지만 그 효과를 최대한으로 높이기 위해서는 사역자의 기술과 열정이 필요하며, 하나님의 뜻에 따른 연단된 지각을 사용하여 성령의 역사하심을 이끌어내는 것이 필요합니다. 동일한 문제라도 어떤 사역자는 문제를 해결해내는데 어떤 사람은 그렇지 못한 이유 중 하나가 성령의 역사하심을 이끌어내는 능력의 차이 때문이기도 합니다. 그러기 위해서는 먼저 하나님과의 친밀한 관계를 이루는 경험이 필요하며, 영적 분위기를 읽어내는 능력이 있어야 합니다.

그러나 이 부분은 감각과 긴밀하게 연관되어 있기 때문에 이성적인 사람은 감성을 높일 필요가 있고, 합리적인 사고 구조를 가진 사람은 믿고 맡기는 훈련이 필요합니다. 또한 하나님의 뜻을 이지적으로 아는 것이 아니라, 하나님의 용광로를 통과해서 자율의지를 연단시켜 하나님의 기뻐하실 것이 무엇인지를 아는 것입니다. 일률적인 것이 아니라 개인적인 것이므로 다른 사람에게는 기뻐하는 일이 자신에게는 싫어하는 일이 될 수도 있는 것입니다.

동생이 부모님 앞에서 재롱을 피웁니다. 부모님은 기뻐하는 모습을 보고 나이가 많은 형이 재롱을 피웁니다. 그러자 부모는 '네가 몇 살인데 이런 어리광을 피우느냐'면서 책망합니다. 이처럼 우리 각 사람은 하나님을 기쁘시게 할 내용이 다른 것입니다. 이런 내용들을 제대로 이해하기 위해서는 연단을 받아야 하며, 세련된 지각을 지닐 필요가 있는 것입니다. 예민한 감각을 개발하기란 쉬운 일이 아니며, 특히 이성적인 좌뇌형 사람들에게는 무척 힘든 일입니다.

그래서 대부분의 목회자들이 영적 사역에서 이렇다 할 역사를 만들어내지 못하는 까닭이 여기에 있기도 합니다. 페러다임의 전환이란 결코 쉬운 일이 아니듯이 감각을 개발하고 그 때를 읽어내는 능력이 바로 성령의 역사를 이끌어내는 중요한 자원인 것입니다. 그래서 영성 훈련이 필요한 것입니다. 하루아침에 이루어지는 것은 아니지만 우리 모두 할 수 있는 일이기도 합니다.

7장 성령의 불세례는 언제 받나요

　많은 목회자나 성도들이 성령세례와 성령의 불세례, 그리고 성령의 충만에 대한 견해를 세상 논리와 같이 선을 딱 그어서 이해를 하려고 합니다. 선을 딱 그어서 설명이 곤란합니다. 여기에는 여러 신학적인 견해가 다르기 때문입니다. 그리고 성령님이 역사하는 것을 사람이 명확하게 설명한다는 것에는 한계가 있기 마련입니다. 그래서 성령에 대한 여러 책들이 나오는데 명확하게 선을 그어서 설명한 책이 없습니다.

　모두 두루뭉술하게 설명하고 지나가기 마련입니다. 때문에 자신이 성령을 체험하여 나름대로 신학적인 이론에 대입하여 정립하는 수밖에 도리가 없습니다. 지금 이글을 쓰는 제가 성령 사역을 하면서 나름대로 체험한 견해는 이렇습니다. 이것은 전적으로 본인의 견해이지 신학적으로 규정화된 논리가 아니라는 것을 밝혀둡니다. 세상에서 살아가던 사람이 어느 계기가 되어 성령의 인도로 예수를 영접합니다.

　예수를 영접하면 성령이 그 사람의 영 안에 내주하게 됩니다. 이는 그 사람의 영 안에 내주하는 것이지 성령으로 장악된 것은 아닙니다. 쉽게 말하면 성령이 오시기는 했지만 아직 그 사람을 장악한 것이 아닙니다. 그러나 미약하지만 성령의 인도를 받게 됩니다. 한 마디로 성령이 그 사람을 인도하며 성도로 만들어가는 것입니다.

"너희는 주께 받은바 기름 부음이 너희 안에 거하나니 아무
도 너희를 가르칠 필요가 없고 오직 그의 기름 부음이 모든 것
을 너희에게 가르치며 또 참되고 거짓이 없으니 너희를 가르
치신 그대로 주 안에 거하라."(요일 2:27).

이렇게 성령의 인도를 받게 되면 여러 가지로 영적인 궁금증
이 생기고 체험하고 싶게 됩니다. 궁금증을 해결하려고 이곳저
곳에 은혜를 받으러 다니다가 성령의 세례를 받게 됩니다.

그러므로 영적인 궁금증이 생기면 이를 해결하려고 의지적인
노력을 해야 하는 것입니다. 이는 성령이 주시는 감동이기 때문
입니다. 그렇지 않고 성령이 주시는 감동을 무시하면 영적으로
깊어지지를 못합니다. 이것이 바로 앉은뱅이 신앙입니다. 예수
님이 요단강에서 세례요한에게 물세례를 받자 하늘이 열리고
성령이 비둘기 같은 형상으로 임했습니다.

그리고 성령의 인도로 광야에 가셔서 사십일을 금식하시면서
마귀의 시험을 받으셨습니다. 세 번의 시험을 성령이 주시는 하
나님의 말씀으로 물리치자, 천사들이 수종을 들었습니다. 천사
의 수종을 들으며 회당에 나가 말씀을 증거 할 때 성령의 역사
가 강하게 나타났습니다.

그러므로 저는 이 말씀을 이렇게 이해를 합니다. 성도는 예
수를 믿고 성령으로 세례를 받고 성령의 인도를 받으며 마귀와
의 싸움을 해야 합니다. 그래서 성령의 세례는 일회적인 것입니

다. 성령으로 세례를 받을 때 자신이 압니다.

성령은 살아있는 하나님의 영이시기 때문에 자신을 장악할 때 사람마다 다른 현상이 나타납니다. 분명하게 성령이 자신에게 오셨다는 것을 본인이 알게 되는 것입니다. 예를 든다면 방언이 터진다든지, 진동을 심하게 한다든지, 땀을 흘린다든지, 등등 각각 사람의 형태에 따라 다르게 나타납니다. 성령의 세례를 받으면 하나님의 권능이 임하는 것입니다. 성령의 권능이 임하니 지금까지 자신에게 역사하던 마귀와 영적인 전쟁을 시작하게 됩니다. 하나님은 성도가 영적인 전쟁을 하도록 성령의 권능을 부어주십니다. 이것이 성령의 불세례입니다.

내가 지금까지 체험한 바로는 성령의 불세례를 강하게 받는 사람은 첫째로, 제거되어야 할 육성이 강한 사람입니다. 육성이 강하기 때문에 마귀의 역사도 강한 것입니다. 강한 마귀를 제압하기 위하여 성령의 강한 불세례가 나타나는 것입니다. 성령의 강한 불로 태워야 할 육성이 강하다는 것입니다. 또 마귀와의 보이지 않는 영적인 전쟁이 강하기 때문에 더 뜨거움을 느끼는 것입니다. 제가 지금까지 성령 사역을 하면서 경험한 바로는 영적으로 혼탁한 성도들이 성령의 불세례를 더 뜨겁게 받는 경우가 많습니다.

둘째로, 앞으로 강한 영적인 군사로서 하나님에게 쓰임을 받을 사람입니다. 한마디로 엘리야와 같이 강한 영적인 전쟁을 할 하나님의 군사라는 말입니다. 강한 마귀의 역사를 몰아내려니 하나님이 강한 성령의 불세례를 주시는 것입니다. 그러므로 뜨거운 성령의 불세례를 받았다고 좋아할 필요도 없고, 성령의 불세례를 미약하게 받았다고 섭섭하게 생각할 필요가 없습니다. 성령은 인격이시기 때문에 각각 사람의 필요에 따라서 성령의 불세례를 주십니다. 그리고 받아들이는 성도의 인격에 맞게 성령의 불세례를 주시고, 느끼게 하는 것이기 때문입니다. 성도가 영적인 전쟁을 하는 기간이 길어지면 성령의 불세례를 오래 체험을 하게 됩니다.

또, 앞으로 자신이 감당해야 할 하나님의 사역이 크면 영적인 전쟁을 하는 기간이 길어지고 불세례도 강하고 길고 오래 받는 것입니다. 어느 정도 영적인 전쟁을 하여 성령님이 그 사람을 장악하게 되면 전에 받았던 성령의 불세례와 같은 뜨거운 불세례를 경험하지 못하는 것이 보통입니다. 그렇다고 자신이 완전하게 영적으로 변했다고 방심하면 안 됩니다. 어디까지나 사람은 육성을 가지고 있기 때문에 성령세례를 받고, 성령의 인도를 받으며, 성령님의 강한 불세례로 육성에 역사하던 마귀가 일시적으로 떠나기는 했습니다.

그러나 마귀가 세상 끝날 까지 떠난 것이 아닙니다. 이렇게 강한 영적 체험을 한 사람도 육성으로 돌아가면 가차 없이 마귀가 침입하게 됩니다. 그래서 사람은 약하다는 것입니다. 이렇게 성령의 불세례를 체험한 성도는 성령의 인도를 받으려고 의지적인 노력을 할 수 밖에 없습니다. 성령이 강하게 감동하기 때문입니다. 항상 기도하게 됩니다. 성령이 기도하도록 하기 때문입니다. 기도할 때 성령으로 충만하게 되는 것입니다.

그리고 세상을 멀리하는 것입니다. 성령께서 자연스럽게 세상이 싫어지게 합니다. 기도할 때 성령의 레마도 들리게 됩니다. 레마를 듣고 행동에 옮길 때 보이는 역사가 나타나는 것입니다. 그래서 기도는 성령으로 깊은 영의기도를 해야 한다는 것입니다. 성령이 기도하게 하는 것입니다.

내가 지금까지 성경을 통해 깨달은 영적인 원리와 성령사역을 하면서 체험을 종합하면 성령세례와 성령의 불세례와 성령의 충만은 앞에서 설명한 것과 같이 요약하여 설명을 할 수가 있습니다. 그러므로 성도는 성령세례를 받았다고 다 된 것이 아니라는 것입니다. 또 성령의 불세례를 받았다고 다 된 것도 아닙니다. 항상 하나님에게 집중하며 살아야 합니다. 그렇기 위해서 성령의 인도 하에 성령으로 기도하며 세속을 멀리하고, 깊은 영의기도를 해서 성령으로 충만해야 자신의 영을 자신이 지킬 수가 있는 것입니다. 나는 이렇게 말하고 싶습니다. "하나님은 항상 성도를 겸손하게 하십니다. 조금도 세상으로 한눈을 팔지 못하게 하십니다. 하나님만 바라보게 하십니다. 그래서 모세를 사십년간 광야 훈련을 시시키셨습니다." 나는 항상 이렇게 생각하며 하나님만을 바라보고 있습니다. 자세한 것은 "성령의 불로 불세례받는 법"과 "성령의 불로 충만 받는 법" 그리고 "불같은 성령의 기름부으심"을 참고하시기를 바랍니다.

8장 왜 성령으로 충만하게 지내라고 하나요

성령으로 충만해야 하나님과 친밀하게 지낼 수가 있기 때문입니다. 하나님은 영이십니다. 영이신 하나님과 교통하며 지내려면 성령으로 충만해야 합니다. 기도하는 시간에만 성령으로 충만해야 하는 것이 아니라, 항상 성령으로 충만해야 합니다. 세상에는 마귀가 주인노릇을 하고 있습니다. 마귀와 싸워서 이겨야 자유 함을 누릴 수가 있습니다. 인간의 힘으로 마귀와 싸울 수가 없습니다.

왜냐하면 마귀는 사람보다 한 차원이 높기 때문입니다. 인간인 자신이 마귀와 싸워서 이기려면 마귀보다 한 차원이 높은 성령의 권능이 있어야 합니다. 성령의 권능은 성령으로 충만해야 나타날 수가 있습니다. 자신이 성령으로 충만하여 성령으로 장악이 되어야 성령의 권능으로 마귀를 이길 수 있다는 것입니다. 마귀와 싸우려면 수시로 하나님의 레마를 들어야 합니다. 영이신 하나님의 레마를 듣고 행동에 옮겨야 마귀를 이길 수가 있기 때문입니다.

그래서 항상 성령으로 충만해야 합니다. 자신을 위해서 항상 성령으로 충만한 것입니다. 항상 성령으로 충만하려면 어떻게 해야 합니까? 간단합니다. 내안에 계신 성령하나님을 무의식적으로 찾아야 합니다. 자꾸 영이신 하나님을 찾으니까, 자신이 성령으로 충만하게 됩니다. 자꾸 성령하나님을 찾으니 하나님과 교통할 수 있는 통로가 항상 열리는 것입니다.

성경에 보면 하나님이 사용한, 브사렐(출 31:3), 여호수아 (신 34:9), 세례 요한(눅 1:15), 엘리사벳(눅 1:41), 사가랴(눅 1:67), 오순절에 다락방에 모였던 제자들(행 2:4), 베드로(행 4:8), 바울(행 9:17), 스데반(행 6:5), 바나바(행 11:24) 등 모두 성령으로 충만했던 사람들입니다.

브사렐의 경우는 성령께서 그에게 회막을 만들 수 있는 특별한 재능을 주셨음을 의미하기에 성령의 일반사역과 관계가 있습니다. 그러나 다른 경우들은 모두 영적인 의미, 즉 성령의 특별사역과 관계되어 있습니다.

그러므로 성령의 충만은 일반적으로 성령의 특별사역과의 관계에서 사용되는 말이 되었습니다. 성령의 세례는 죄 씻음을 하고 인을 치려고 하는 목적을 가지고 있습니다. 그러나 성령의 충만은 두 가지의 목적, 즉 도덕적 개선이 있는 생활과 효과적인 사역의 감당이라는 목적을 가지고 있습니다.

성령으로 충만한 생활이란 어떤 이적적인 현상을 경험하는 생활만을 의미하지 않습니다. 성령의 충만이란, 성령으로 사로잡혀서 성령께서 원하시는 대로 성령의 지도를 따라 사는 생활, 즉 날마다 죄를 멀리하고 그리스도의 장성한 분량에 이르도록 거룩하게 사는 것이 그 핵심적인 의미입니다. 성령의 세례를 받은 사람도 도덕적인 면에서는 많은 결점을 가지고 있습니다.

따라서 성령의 불세례를 받은 사람도 성령의 충만함을 받아서 더욱 거룩해져야 할 필요가 있습니다(고전 3:1-4). 성령으로 충만한 사람에게서는 이적적인 현상들이 나타날 수도 있습니다. 그러나 그 이적적인 현상은 성령 충만의 본질적인 요소가 아니라, 단지 부수적인 요소에 불과합니다. 본질적인 요소는 도덕적인 변화, 즉 죄를 멀리하고 더욱 거룩해져 가는 성화(聖化)의 삶입니다. 말씀의 진리를 깨닫는 것입니다. 스데반과 바나바의 성령 충만 경우가 이 사실을 잘 말해줍니다.

성령의 충만은 특별한 사역이나 봉사를 효과적으로 감당케 하기 위한 목적에서 나타나기도 합니다. 예를 들어, 사도 베드로는 성령으로 충만했기 때문에, 적개심과 성경 지식으로 가득한 관원과 장로와 서기관들 앞에서 정상적인 상태에서는 기대하기 어려울 정도의 용기와 성경지식으로 담대하게 복음의 진리를 말할 수 있었습니다(행 4:8). 사도 바울은 성령으로 충만했기 때문에, 지혜가 뛰어난 총독 서기오 바울 앞에서 예언을 하고, 그를 믿게 만들었습니다(행 13:9).

엘리사벳은 성령으로 충만했기 때문에, 마리아의 배 안에 있는 예수님을 알아보고 예언을 할 수 있었습니다(눅 1:41). 성령으로 충만하게 되면, 누구라도 지혜와 용기와 능력 등을 가지고 주님을 섬기는 사역(봉사)에 효과적으로 임할 수가 있습니다. 그렇기 때문에 사도 바울께서는 에베소 교회를 향하여 "성령의 충만함을 받으라"고 명령하셨습니다(엡 5:18).

성령의 충만은 모든 성도에게 필요한 것입니다. 그러나 모든 성도들이 동일한 수준의 충만함에 도달해 있는 것은 아닙니다. 또 성령의 충만을 받은 사람의 경우에도, 그 충만함의 정도가 시간이나 장소에 따라 차이가 있을 수 있습니다. 때로는 성령이 충만했던 사람이 충만함에서 멀어진 나머지, 성령을 소멸하고 성령을 근심케 하는 일이 생길 수 있습니다. 성령의 세례는 단회적인 것입니다. 성령의 불세례는 반복적이고 일시적이며 개별적인 성질을 가지고 있습니다.

그러나 성령의 충만은 지속적이고 개별적인 성질을 가지고 있습니다. 그렇기에 우리는 날마다 성령의 충만을 위해서 의지적인 노력을 해야 합니다. 늘 성령으로 충만 하려고 의지적인 노력을 해야 한다는 것입니다.

성령으로 충만한 상태는 무엇입니까? 성령으로 충만한 경우는 무의식적으로 늘 하나님을 찾는 상태입니다. 항상 하나님에게 집중하는 상태를 성령으로 충만한 상태라고 합니다. 성령으로 충만 하려면 자신 안에 계신 하나님을 항상 찾아야 합니다.

9장 왜 기뻐하고 기도하고 감사해야 하나요

하나님은 이렇게 말씀하십니다."항상 기뻐하라. 쉬지 말고 기도하라. 범사에 감사하라. 이것이 그리스도 예수 안에서 너희를 향하신 하나님의 뜻이니라"(살전 5:16-18). 이것이 과연 무슨 뜻일까요? 이는 영적인 상태로 지내라는 것입니다. 한마디로 안정한 심령이 되어야 하나님과 교통할 수가 있기 때문입니다. 하나님은 이렇게 말씀하십니다. "오직 마음에 숨은 사람을 온유하고 안정한 심령의 썩지 아니할 것으로 하라, 이는 하나님 앞에 값진 것이니라"(벧전 3:4). 안정한 심령이 되어 영의 상태가 되는 것은 하나님 앞에 값진 것이기 때문입니다. 항상 하나님과 통할 수 있도록 마음을 안정시키라는 것입니다.

사람이 분노나 혈기를 내면 감정이 동요되어 사리 분별이 혼돈되고 자신을 절제하지 못하게 됩니다. 감정이 격해지면 육성이 강화되어 영성이 소멸됩니다. 영성이 소멸되면 순간 영적인 취약 시기가 되는 것입니다. 예수를 믿었어도 순간 영성이 소멸되어 마귀, 귀신이 마음을 주장할 수 있다는 것입니다. 영적인 사람은 감정이 안정된 사람입니다. 말씀과 성령으로 충만하기 때문입니다.

감정이란 자신에게 일어난 사건, 환경의 변화에 대한 내적 반응을 말합니다. 내면에서 일어난 반응은 다시 신체에 강력한 자극을 주어서 물리적 변화를 줍니다. 예를 들어 부끄러움을 당했을 때 얼굴이 붉어지는 것이나 스트레스를 받았을 때 위장 장애가 생기기도 합니다.

일련의 사건으로 충격을 받으면 그 감정은 기억이 되어서 사건을 회상만 하여도 그때와 같은 감정이 반복되며 심리적-신체적으로 이전에 충격을 받던 상황의 반응이 재현됩니다.

감정은 심리적인 동력의 역할을 합니다. 행동의 강력한 동기가 됩니다. 감정이 자극을 받으면 자극이 지성으로 전달되어 지성이 감정을 어떤 방법으로 표현할 것인가를 결정한 후 그에 따라 감정이 밖으로 표현됩니다. 이렇게 감정이 밖으로 표현되는 것을 정서라고 합니다.

하나님은 정서가 안정되기 위하여 "항상 기뻐하라. 쉬지 말고 기도하라. 범사에 감사하라"하시는 것입니다. 정서가 안정이 되어야 하나님과 교통할 수 있는 영의 상태가 될 수 있기 때문입니다. 모두 우리를 위하여 하시는 말씀입니다. 하나님은 예수를 믿어 하나님의 자녀가 된 성도가 잘못되는 것을 좋아하지 않으십니다. 항상 성령으로 충만하기 위하여 "항상 기뻐하라. 쉬지 말고 기도하라. 범사에 감사하라"고 명령하시는 것입니다.

성령의 충만을 명령하셨다는 것은, 성령 충만이 하나님의 주권에 따라 일방적으로만 주어지는 것이 아니라, 우리들 편에서도 의지적으로 노력을 해야 할 부분이 있음을 의미합니다. 성령의 충만은 성령께서 주시는 선물입니다. 그러나 우리의 노력 없이 저절로 얻어지는 것이 아닙니다.

성령의 충만은 성령의 지배를 받는 것이므로 성령을 소멸하거나(살전 5:19) 근심케 하지 않고(엡 4:30), 성령의 인도하심을 따라 생활하는 것이 중요한 요소입니다(고후 12:18, 갈 5:16). 그래서 사도 바울께서는 성령의 충만을 위해, 악한 세월을 따라 살지 않고 지혜롭게 분별하여 세월을 아끼는 것, 주의 뜻을 분별하는 것, 술 취하는 것 같이 어떤 것에 빠져 끌려 다니지 않는 것, 신령한 찬송을 부르는 것, 범사에 감사하는 것, 피차에 복종하는 것 등이 필요하다고 말씀했습니다(엡 5:15-21).

뿐만 아니라, 성령의 충만을 위해서는 깊은 기도를 빼놓을 수 없습니다. 오순절에 다락방에 모여 간절히 기도했던 제자들의 경우가 이를 잘 설명해줍니다(행1:14). 성령의 충만을 위해 힘써야 할 기도는 특히 회개의 기도입니다. 회개는 하나님과의 관계를 가로막고 있는 죄의 담을 헐어내고 성령께서 우리 안에 들어와 거하시면서 우리를 지배하시도록 하는 것이므로, 무엇보다 먼저 힘써야 할 우선적인 기도이기 때문입니다.

하나님께서는 말세에 남종과 여종을 포함한 만민에게 하나님의 신을 부어주실 것을 예언하셨습니다(욜 2:28). 그 예언대로 오늘날 많은 사람들이 성령의 세례를 받아 회심하고 중생하여 주께로 돌아오고 있습니다. 또 성령의 충만함으로 성령의 다스림을 받아 살면서 그리스도의 모습을 닮아 거룩한 사람이 되고, 주어진 사명과 봉사의 사역을 효과적으로 담당하고 있습니다. 그러나 성령의 충만은 그 정도에 있어서 발전이 있을 수도 있고 소멸이 될 가능성도 있습니다. 그러므로 우리는 더욱 성령에 충만한 삶이 이루어질 수 있도록, 항상 깨어서 주의 뜻을 지혜롭게 분별하여 실천에 옮기려고 하는 노력을 기우려야 할 것입니다. 아울러 무릎 꿇어 죄를 회개하고 성령의 충만을 간구하는 간절한 기도를 쉬지 않아야 할 것입니다.

충만한 교회는 매주 화-수-목요일 11:00-16:30까지 성령치유 집회를 년 중 무휴로 진행하고 있습니다. 이 때 성령의 세례를 받고 많은 불치의 질병과 상처가 치유됩니다. 귀신이 축귀되면서 성령의 은사를 받고 있습니다. 매주 목요일 저녁 19:30-21:30까지 성령집회가 진행됩니다.

매주 토요일 10:00-12:30까지 개별 집중치유를 통해서 깊은 상처와 불치 질병, 귀신을 축귀하고 있습니다. 개별 집중 안수를 통하여 성령의 강한 불이 전이되어 모두 성령의 권능을 받고 있습니다. 사전에 예약된 분에 한해서 은혜를 받을 수가 있습니다.

지방에 계시는 분들을 위하여 성령치유 집회 실황 녹음 CD가 33개 세트가 준비되어 있습니다. CD내용과 같은 교재도 준비되어 있습니다. 필요한 분은 충만한 교회 홈페이지 www.ka0675.com 에 들어오시면 상세하게 아실 수가 있습니다. 주문하시면 입금확인하고 택배로 보내드립니다.

10장 말씀을 왜 심비에 새기라고 할까요

말씀을 머리로 알려고 하지 말고 심령에 새기라는 것입니다. 왜 그렇게 해야 하느냐 입니다. 하나님의 말씀은 영이요 생명입니다. 글씨나 지식으로 알고 머리로 알지 말라고 하는 이유가 여기에 있습니다. 하나님은 이렇게 말씀하십니다. "예언(말씀)은 언제든지 사람의 뜻으로 낸 것이 아니요 오직 성령의 감동하심을 받은 사람들이 하나님께 받아 말한 것임이라"(벧후 1:21).

성경 말씀은 성령의 감동을 받아 영으로 기록한 것이므로 저자들과 같이 성령의 감동을 받아 영으로 읽어야 뜻을 알 수가 있기 때문입니다. 사람의 지식으로는 하나님의 뜻을 알 수가 없습니다. 반드시 성령의 임재 가운데 읽어야 정확한 하나님의 뜻을 알 수가 있습니다.

그럼 어떻게 해야 합니까? 성령의 감동을 받아 영으로 읽어서 성령으로 심비에 새겨야 합니다. 하나님은 이렇게 말씀하십니다. "너희는 우리로 말미암아 나타난 그리스도의 편지니 이는 먹으로 쓴 것이 아니요. 오직 살아 계신 하나님의 영으로 쓴 것이며 또 돌 판에 쓴 것이 아니요. 오직 육의 마음 판에 쓴 것이라"(고후 3:3). 성경 말씀을 지식적으로 알려고 하지 말고 성령의 임재 가운데 영으로 알려고 해야 합니다. 성령의 임재 가운데 말씀을 묵상하고 마음(심비)에 새기려고 해야 합니다. 그래야 생명이 되어 레마로 나타나게 됩니다. 말씀을 전하는 분들도 성경을 해석하여 전하려고 하지 말고, 말씀을 삶에 적용하여 체험함으로 자기 것으로 만들어 체험(생명)을 전하려고 해야 합니다. 그래야 듣는 성도들의 심비에 새겨지는 것입니다.

그래서 말씀 사역을 감당하려면, '사람을 거친 말씀', 즉 '체득된 말씀'이 있어야 합니다. 이 말은 중요한 의미를 가집니다. 하나님의 말씀이 사람의 입을 통해 전달되려면, 말씀을 전하는 사람이 그 전하는 내용이 무엇인지를 깨달아야 됩니다. 하나님의 말씀을 받아야 하고, 그것을 깨달아야 됩니다. 받은 영감의 말씀이 있어야 영감의 말씀이 나가게 되어 있습니다.

많은 사람들이 성경을 해석하고 하나님의 말씀을 연구합니다. 본문의 뜻은 이거고 문맥의 뜻은 이거고 열심히 연구합니다. 그런데 우리는 그런 본문 해석의 차원을 넘어 '하나님께서 주시는 영감의 말씀'을 받아야 합니다. 본문을 해석하는 가운데 하나님으로부터 내게 영감으로 오는 말씀, 그것을 설교자가 전하는 것입니다. 그래야 설교자를 통해서 말씀이 나가게 됩니다.

신학교에서 배운 방법론을 따라 연구를 하고 설교를 작성하기도 하지만, 정작 내게 부딪혀 오는 하나님의 영감의 소리를 설교자가 먼저 들어야 합니다. 내 생각과 내 마음과 내 심령과 내 삶을 관통해서 메시지가 나가는 그것을 말하는 것입니다. 그렇기 때문에 말씀 사역자 설교자는 말씀을 연구할 때 본문을 통해서 하나님의 영감(음성)을 들을 수 있어야 합니다.

2부 영적인 삶

11장 이사 후에 예배는 꼭 드려야하지요

이사를 갔다면 반드시 예배부터 드려야 합니다. 예배를 드림으로 비로소 그 장소가 하나님의 소유가 되기 때문입니다. 아브라함은 이사를 가는 곳마다 먼저 예배를 드렸습니다. 예배는 하나님을 주인으로 섬긴다는 의지적인 행위라고 보기 때문입니다. 반드시 예배를 드려서 이전하는 장소가 하나님의 전이 되게 해야 합니다. 예배를 드림으로 성령으로 장악이 되기 때문입니다.

예배란 무엇일까요? 예배란 헬라어로 '프로스퀴네오' (worship)라고 합니다. 그 정확한 개념은 '존경을 나타내다' 혹은 '최상의 가치를 돌리다'라는 뜻입니다. 즉 우리가 하나님께 예배를 드린다는 것은 하나님께 존경을 나타내는 경건과 의식을 뜻하며, 최상의 가치를 하나님께 돌린다는 것을 의미합니다.

요한복음 4장을 보면, 사마리아 수가라는 곳의 우물가에서 예수님은 사마리아 여인과 다음과 같은 대화가 기록되어 있습니다. "우리 조상들은 이 산에서 예배하였는데 당신들의 말은 예배할 곳이 예루살렘에 있다 하더이다"(요4:20). 사마리아사람들은 예배의 장소를 그리심 산에서 드려야만 하는 것으로 알았고, 예루살렘 사람들은 오직 성전에서만 예배를 드려야하는 것으로 알았으므로, 여인은 예수님께 예배의 장소에 대해서 질문한 것입니다. 우리는 예수님과 여인의 대화를 얼핏 보면, 여인과 예수님이 서로 동문서답을 하는 것처럼 보입니다. 여인은 예수님께 [예배의 장소]에 대해서 말하고 있는데, 예수님은 [예배의 방법]에 대해서 말씀하고 계시는 것입니다.

"아버지께 참되게 예배하는 자들은 영과 진리로 예배할 때가 오나니 곧 이 때라. 아버지께서는 자기에게 이렇게 예배하는 자들을 찾으시느니라. 하나님은 영이시니 예배하는 자가 영과 진리로 예배할지니라"(요 4:23~24). 하나님이 축복하신 그리심산이 옳은가(신11:29), 혹은 선택한 장소, 예루살렘이 옳은가(신12:5)에 대해서 여인은 예수님께 물었습니다. 그러나 예수님은 장소에 대해서 전혀 답변을 하지 않으시고, 오직 예배를 드리는 방법에 대해서 말씀하십니다.

영과 진리란 말은 (in spirit and in truth)라고 영어로 번역이 되었는데, "성령 안에서" 그리고 "진리 안에서" 예배하라는 뜻입니다. 그러한 예배를 드릴 때, 하나님아버지께서는 예배 자를 찾으신다는 것입니다. 즉 예배의 장소가 중요한 문제가 아니라, 방법이 중요한 문제라는 뜻입니다. 오늘날도 많은 사람들이 하나님께 드리는 영과 진리의 예배가 무엇인지를 모르고 있으며, 또한 많은 사람들은 예배란 것에 대하여 많은 오해를 하고 있습니다.

예배란 하나님께 영광을 돌리는 모든 것을 말합니다. 하나님은 물론 구약에게 참예배의 실상이 오기 전까지, 우리에게 그림자적인 예표로서 예배의 형식과 패턴을 주셨습니다. 다시 말하여 구약의 성전예배는 우리가 어떻게 예배할 것인가의 본질이라고 말할 수는 없습니다.

사마리아 여인이 예수그리스를 만났을 때에 그 여인이 그가 누구인가를 알았더라면, 이젠 영과 진리의 참 예배를 드릴 때가 되었다는 주님의 말씀을 이해하여야만 했습니다. 우리는 더 이상 성전이라는 건물에서만 예배를 드리는 것이 아니라, 우리의 모든 삶이 곧 예배의 터전이 되어야 합니다.

우리는 주일에만 예배를 드리는 것이 아니라, 언제 어디서나 하나님께 가치를 돌리는 삶 자체가 되어야만 합니다. 우리의 몸이 곧 성전이기에, 우리의 예배도 곧 우리의 전인적인 몸이 존재하고 활동하는 삶 전체가 예배의 장(章)이 되어야 합니다. "그러므로 형제들아 내가 하나님의 모든 자비하심으로 너희를 권하노니 너희 몸을 하나님이 기뻐하시는 거룩한 산 제물로 드리라 이는 너희가 드릴 영적 예배니라"(롬12:1).

롬12:1-5에서 언급되는 "영적(靈的) 예배"란 무엇일까요? 일반적으로 생각하듯, 경건적이며 의식적(儀式的)인 것을 포함하는 행위가 예배일까요? 언어적으로 살펴보면 '영적'이란 말은 헬라어 '로기코스'라는 말인데 '합리적인, 논리적인, 이성적인'것에서 유래되었으며, 영어로는 'Reasonable'이란 말로 사용됩니다. 롬12:1의 본문에서 '예배'란 헬라어로 '라트레이아'라는 단어인데 이것은 조금 의미를 달리 해서 '봉사'(to serve)라는 뜻을 가지고 있습니다. 그래서 킹 제임스 영어성경은 직역하여 'reasonable service'라고 번역하였고, NIV 영어성경은 의역하여'spiritual act of worship'이라고 번역하였습니다.

어원적으로도 예배란 '이성적 봉사'를 가르킵니다. 즉 헬라어적인 '영적 예배'란 성도들의 합리적인 봉사 생활을 의미하는 것으로서, 전 인격을 다한 희생을 말하는 것입니다. 그래서 바울은 '너희 몸을 하나님이 기뻐하시는 거룩한 산제사로 드리라'(12:1)고 권면 하는 것입니다. 혹간 어떤 사람은 이렇게 질문을 할 것입니다. 우리가 늘 모여서 예배드리는 것을 예배라 하지 않는다면, 우리가 흔히 말하는 의식(儀式)적인 예배의 필요가 없다는 소위 예배무용론을 말하는 것인가?

물론 우리가 드리는 예배가 영적예배가 아니라고 말하는 것은 결코 아니며, 예배를 드리지 말라고 하는 것은 결코 아닙니다. 초대교회부터 성도들은 정해진 날에 모여 예배를 드려왔으며, 공식예배란 중요한 것으로서 기독교인은 함께 모여 반드시 예배를 드려야만 합니다. 본인이 이곳에서 이야기하려는 주제를 오해하지 않기 바랍니다.

예배란 개념은 주일에 교회에서 드리는 개념에서 더욱 확장 내지는 연장되어져야만 한다는 것입니다. 즉 예배란 그리스도인의 삶 자체를 포괄하는 광범위한 개념이라는 것입니다. 다시 말하여 우리가 드리는 예배가 형식적이고 의식적인 예배에 그쳐서는 안 된다는 것입니다. 사무엘은 사울 왕에게 '순종이 제사보다

낫다'(삼상15:22)고 꾸짖었으며, 사무엘 선지자는 성경을 통하여 오늘 우리에게도 같은 말로 꾸짖고 있습니다.

그렇다고 하여 구약에서 하나님은 결코 제사가 필요하지 않다고 말하신 적은 없습니다. 하나님은 그 제사의 형식과 외면적인 형태를 보시는 것이 아니라, 그 내면적인 자세와 마음 중심을 보시고 계시기 때문입니다. "하나님께서 구하시는 제사는 상한 심령이라 하나님이여 상하고 통회하는 마음을 주께서 멸시하지 아니하시리이다"(시51:17). 오늘날 우리가 드리는 예배가 형식적이고, 장소적이며, 외면적인 의식으로만 치러진다면, 하나님은 그 예배 자를 찾지 아니하실 것이 분명합니다.

"너는 하나님의 집에 들어갈 때에 네 발을 삼갈지어다. 가까이 하여 말씀을 듣는 것이 우매한 자들이 제물 드리는 것보다 나으니 그들은 악을 행하면서도 깨닫지 못함이니라"(전5:1).

하나님은 예배를 드리는 자가 형식적이고 의식적이고 장소적인 예배를 드리는 것을 원하시는 것이 아니라, 항상 마음중심으로 하나님을 예배하는 것을 원하시는 것입니다. 그래서 영과 진리로 예배를 드리라고 하시는 것입니다. 이사를 갔다면 반드시 예배를 먼저 드려야 합니다. 꼭 목회자가 와서 예배를 드리기를 기다리지 말고 가장이 순수하게 마음과 정성을 다하여 성령으로 예배하면 될 것입니다. 예배를 드리면 성령께서 가정을 장악하십니다. 가정이 성령으로 충만해야 귀신들이 떠나갑니다. 이사를 갔다면 반드시 예배를 여러번 드려야 합니다.

12장 부적에 영적 영향력이 있나요

영적인 능력은 사물, 장소, 물건에까지 전달 될 수 있습니다. 즉 장소와 물건이 바쳐지는 대상에 의하여 영적인 권능이 나타납니다. 하나님의 언약궤, 성전, 예수님의 옷자락, 바울의 손수건에서는 하나님의 능력이 나타납니다. 반면에 우상물, 제물, 부적에서는 악한 영의 역사가 나타납니다.

실제로 필자가 군대에 있을 때 이런 일이 있었습니다. 믿음이 좋은 여 집사님이 군인 아파트에 이사를 온 다음부터 이상하게 꿈에 뱀들이 집안에 돌아다니는 꿈을 연속적으로 한 달 이상을 꾸었습니다. 그러다가 불면증에다가 우울증까지 발전을 했습니다.

그래서 군대 목사님이 그 가정에 가서 심방을 하고 성가대 연습을 아무리 해도, 그러한 꿈을 계속해서 꾸었습니다. 그러다가 집사님이 집안을 청소하기로 작정하고 집안 구석구석을 청소했습니다. 그런데 거실에 있던 장식장을 열어보니 그 속에 부적들이 말도 못하게 많이 붙어있는 것입니다. 그래서 부적들을 다 떼어내고 불에 태우고 물로 씻어내고 목사님을 청해 다가 심방을 하고 나니 뱀 꿈이 꾸어지지 않고 우울증과 불면증에서 해방이 되었습니다.

악한 영은 이런 영적인 물건을 통해서도 역사합니다. 만약에 여러분이 이사를 가시거든 모든 부분을 다 열어보고 확인하고 영적인 청소를 하고 성령의 역사를 일으키고 예수 피를 뿌리시기를 바랍니다.

영적 존재가 인간의 영역에서 행할 수 있는 일의 범위, 능력의 정도는 이들이 인간으로부터 받는 협조와 깊은 연관성이 있습니다. 하나님과 사단은 인간 영역에서 자신의 계획을 이루어 나갈 때, 인간의 협조 없이 마음대로 하지 않고, 인간의 자유 의지를 통해서 일합니다. 인간은 하나님으로부터 자유 의지를 부여받았으며, 하나님은 스스로 부여하신 질서를 지키십니다. (롬6:16)"너희 자신을 종으로 내주어 누구에게 순종하든지 그 순종함을 받는 자의 종이 되는 줄을 너희가 알지 못하느냐 혹은 죄의 종으로 사망에 이르고 혹은 순종의 종으로 의에 이르느니라." 인간의 의지는 사용의 용도에 따라, 하나님의 선물인 영생을 받을 수도, 거절할 수도 있습니다. 하나님은 모든 사람이 구원받기를 원하십니다.

그러나 많은 사람들이 하나님의 뜻을 따르지 않으므로 스스로 멸망의 길을 선택합니다. 하나님은 자신의 교회와 성도들이 모두 성령 충만하기를 원합니다. 그러나 많은 교회가 하나님의 뜻을 수용하지 못하고 있습니다. 인간의 교만함으로 말미암아 예수를 믿지 않음으로 구원받지 못하는 것입니다. 반면에 사단의 가장 큰 계략은, 하나님의 계획이 인간들에게 이루어지지 못하도록 인간의 자유 의지를 교묘히 이용하여, 이기적·세속적·물질적·근시안적으로 만들어서 하나님의 구원 계획이 우리에게서 이루어지지 못하게 합니다. (고후 4:4)"그 중에 이 세상의 신이 믿지 아니하는 자들의 마음을 혼미하게 하여 그리스도의 영광의 복음의 광채가 비치지 못하게 함이니 그리스도는 하나님의 형상이니라."

하나님과 사탄은 인간의 충성과 순종을 통해 권리를 행사할 수 있습니다. (약 4:7)"그런즉 너희는 하나님께 복종할지어다 마귀를 대적하라 그리하면 너희를 피하리라." 사람이 하나님 또는 사탄에게 순종할 때, 그렇지 않은 때보다 더 많은 능력과 영향력을 그 순종하는 사람 안에서 행사할 수 있게 됩니다. 하나님은 사탄보다 월등히 높으시고, 능력의 정도가 비교될 수 없습니다.

그러나 인간 측에서 하나님에게 불순종하고, 사탄의 속삭임에 순종할 때, 하나님은 그 사람에게 아무 일도 하실 수 없게 되는 것입니다. (마 13:58)"그들이 믿지 않음으로 말미암아 거기서 많은 능력을 행하지 아니하시니라." 사람은 필연적으로 영적 공백 상태는 없으며, 인간은 운명적으로 영적 세계의 지배를 받게 되며, 영적 세계는 신적인 세계의 지배를 받게 됩니다.

노아의 순종으로 하나님께서 자신의 계획을 진행하실 수 있었으며, 아브라함의 순종으로 이스라엘 민족을 이루셨고, 마리아의 순종으로 태를 빌려 메시아를 이 땅에 태어나게 할 수 있었습니다.

불순종은 하나님의 계획을 무산시키게 됩니다. 열 명의 정탐

꾼의 부정적인 보고에 영향을 받은 이스라엘 민족의 불순종은 하나님의 계획에 차질을 주었으며 이스라엘 백성은 불순종에 대한 대가를 받게 되었습니다. 불순종은 인간과 관계를 맺고 있는 존재와의 관계를 파기하지 않지만, 교제는 점점 멀어지게 하며 권리와 능력을 잃게 합니다. 불순종을 빨리 회개하면 회복되지만, 그렇지 않을 경우 계속 깊어지며, 깊어질수록 다시 회복되기에 더 많은 시간과 노력을 요하며 그에 따른 대가가 자신에게 주어집니다.

기독교의 의식으로 영과 진리로 예배를 드리고, 성령치유 집회에 참석하거나 깊은 영의기도와 예수 이름으로 하는 봉사와 헌금은 하나님의 능력을 강화시킵니다. 의식은 약속을 이행하는 행위로서 의식을 진정과 성실로 드릴 때 하나님은 존귀함을 받으시며, 이로 인하여 사탄은 뒤로 물러나며 세력을 잃게 됩니다.

이사를 가면 반드시 영적인 청소를 해야 합니다. 이삿짐을 들이기 전에 집안 곳곳을 돌아다니면서 부적이나 우상물이 있는지 영의 눈을 열고 찾아야 합니다. 특별하게 출입문 위를 잘 보아야 합니다. 요즈음에는 손톱 만하게 은박지로 부적을 만들어서 붙여둡니다. 그래서 잘 보이지를 않습니다. 정말 관심을 가지고 집중해서 보아야 보입니다. 부적을 붙여놓았다면 우상을 숭배하는 사람이 살았다는 증거입니다. 강력한 성령의 역사가 일어나는 예배를 드려서 아직 집안에 머물고 있는 귀신들을 몰아내야 합니다. 그렇게 하지 않으면 앞에서 설명한 예화 같은 경우를 당할 수가 있습니다.

출입문 앞에 명태를 실로 묶어서 달아둔 집도 있습니다. 잘보고 영적 조치를 취해야 합니다. 불로 태우고 예배를 자주 드려서 장소를 성령으로 장악해야 합니다.

예를 들어 설명하면 세상 사람들도 이사 전, 소금과 팥을 뿌리는 전례가 있습니다. 이사하기 전에 이사 갈 집에 소금과 팥을 뿌려두는 경우가 많습니다. 옛 부터 그렇게 해왔다고 해서 그냥 하시는 분들도 꽤 됩니다. 그래서 이사 전, 소금과 팥을 미리 뿌려두는 이유에 대해서 알려드리려고 합니다. 팥이라고 하면 귀신이 떠오르시는 분들이 계실 것입니다. 선조들께서는 붉은 팥의 붉은색은 악귀들이 가장 싫어하는 색이라 믿어 이사하는 곳에 미리 팥을 뿌려두었다고 합니다.

소금 또한 마찬가지입니다. 세상 사람들이 약간 좀 안 좋은 일이 생긴 후에는 소금을 뿌리기도 하지요. 그건 소금에 부정한 것을 쫓아낸다는 의미가 있기 때문입니다. 마찬가지로 이사 전 소금을 뿌리는 것은 부정한 것들이 집에 침입하지 못 하게 막기 위해서 라고 합니다.

이렇게 세상 사람들도 이사를 가면 귀신을 쫓아내는 나름대로 의식을 합니다. 하물며 건물과 가정에 머무는 귀신을 몰아내는 영적인 전쟁을 해야 하는 성도들은 영적인 눈을 열고 영적조치를 취해야 귀신을 몰아내고 천국이 되어 아브라함의 복을 받을 수 있습니다.

13장 귀신만 쫓아내면 되지요

　한 마디로 귀신만 쫓아내면 안 됩니다. 많은 성도들과 목회자들이 귀신만 쫓아내면 다되는 줄로 알고 있습니다. 참으로 안타깝기 짝이 없습니다. 자신이 성령으로 충만하여 귀신이 떠나가고 들어오지 못하게 해야 합니다. 왜 귀신만 쫓아내려고 하는가, 제가 하나님에게 물었습니다. 그랬더니 이렇게 감동하시는 것입니다. 세상에서 살아갈 때에 무당굿을 하여 귀신을 몰아내던 것을 보고 습관이 되어 그렇다는 것입니다. 엄연하게 하나님께서 성령의 권능을 주었음에도 불구하고 다른 사람을 의지하여 귀신을 쫓아내려고 한다는 것입니다.

　세상에서 다른 나라의 침략을 당하는 것은 국력이 약하기 때문에 침략을 당하는 것입니다. 국력이 강하면 감히 다른 나라에서 침략하려는 생각을 하지 못하는 것입니다. 그래서 우리나라도 자주국방을 강조하는 것입니다. 자주국방이 되면 감히 북한에서 전쟁을 도발할 수가 없기 때문입니다. 전쟁 억제력을 가지려면 국력이 강해져야 합니다. 외국군대가 침입해 오면 막아내기 급급하면 전쟁을 피할 수가 없습니다.

　그래서 구약 성경에 보면 외국 군대가 쳐들어오면 하나님에게 기도하여 막아낸 경우가 많이 있습니다. 대표적인 것이 역대하 14장의 아사 왕에 관한 이야기입니다. 위대한 이스라엘의 왕 솔로몬이 죽었습니다. 그러나 솔로몬의 마지막 생애 속에 보면 그가 그의 많은 아내들의 잘못된 말을 듣고 우상과 사신을 섬겼습니다. 그 결과로 하나님께서 진노하셔서 그 자손 대에 나라가 나누어지게 된 것입니다. 그래서 북방 이스라엘과 남방 유다로 나라가 갈라지게 되고 만 것입니다. 그런데 이와 같이 나라가 분리되고 난 다음에 유다에서 제 3대 왕의 아사라는 훌륭한 임금님이 즉위하게 되었습니다. 아사 왕은 여호와를 섬기는 신앙부흥을 적극적으로 추진한 임금님이었습니다.

그는 먼저 그 온 전국에 다 사람을 보내어서 이방제단과 산당을 없이하고 주상을 훼파하며 아세라 신상을 다 찍어 없앴습니다. 그 나라 전체 우상과 사신을 섬기는 큰집이 없도록 그렇게 만들었습니다. 그 뿐 아니라 온 전국을 임금이 직접 동행해서 하나님 여호와를 구하며 율법과 하나님의 계명을 지키고 행하도록 강조를 했습니다. 그와 함께 국방을 튼튼히 해서 헐어진 성벽들을 다시 재건하고 또 새롭고 튼튼한 성벽들을 쌓았었습니다. 이렇기 때문에 아사 왕은 크게 유다 나라를 부흥케 하고 하나님께서도 아사 왕의 일을 만족하게 여기셔서 주님께서 축복을 주고 은총을 주셨습니다. 바로 그때였었습니다.

에티오피아의 대왕 세라가 백만 대군을 거느리고 병거 삼백 승을 가지고서 유다를 침략해 들어왔었습니다. 이래서 아사 왕은 군대를 거느리고 이 에티오피아 세라의 백만 대군을 맞이하여 싸우러 나갈 때 도저히 인간적인 계산으로서는 싸워서 이길 승산이 없었습니다. 그래서 그는 그 에티오피아의 백만 대군 앞에서 소리를 높여 하나님께 외쳐 기도하기 시작한 것입니다.

역대하 14장 11절에 보면 그의 기도가 기록돼 있습니다. "여호와께 부르짖어 가로되 여호와여 강한 자와 약한 자 사이에는 주밖에 도와줄 이가 없사오니 우리 하나님 여호와여 우리를 도우소서 우리가 주를 의지하오니 주의 이름을 의탁하옵고 이 많은 무리를 치러 왔나이다 여호와여 주는 우리 하나님이시오니 원컨대 사람으로 주를 이기지 못하게 하옵소서" 이와 같이 간절히 부르짖어 기도한 결과 하나님께서 그 기도를 들으시고 주께서 에티오피아의 군대를 치셨습니다. 하나님이 친히 에티오피아의 백만 대군을 치니, 아사 왕의 군대가 추격하여 한사람도 고향으로 살아서 돌아가지 못하게 다 진멸하고 병거 삼백 승을 파괴했습니다.

대 승리를 얻어서 그 전리품은 산을 쌓아 놓은 것처럼 그렇게 많았습니다. 이래서 대 승전을 하여 영광을 돌리고 나팔 불고 북 치고 춤추며 그들은 유다로 돌아왔습니다. 온 국민이 함께 모여서 하나님께 감격하고 감사하여 무려 소 700마리와 양 7천 마리를 가지고서 여호와 하나님께 거대한 제사를 드렸었습니다. 그리고 전 국민이 합쳐서 진심으로 여호와를 찾기로 일대 결단을 내리고 누구든지 여호와를 경외하지 않은 사람은 죽이기로 작정했습니다. 어느 정도 아사 왕이 결심하고 여호와를 섬기기로 적정했던지 그 어머니 태후가 이날 이후에 아세라 상을 만들었습니다.

그러자 그 어머니 태후의 위를 폐하고 아세라 상을 찍어서 기드론 시냇가에 가서 물에 떠내려 보냈습니다. 이와 같이 하니까 하나님께서 하늘 문을 여시고 축복을 해주셔서 그 나라가 태평성대하고 국민들이 잘 살고 하는 일마다 잘 되었었습니다. 그래서 무려 20년 동안 어떠한 이웃나라도 감히 유다를 넘나보지 못하고 20년 태평성대를 누렸습니다. 여기에 문제가 있는 것입니다. 20년 동안 아무 일이 없이 나라가 부강하고 태평성대 하니 그만 아사가 신앙이 시들해버리고 만 것입니다. 하나님을 잊어버리고 만 것입니다. 20년이 지나고 난 다음에 그 북방인 이스라엘 왕 바아사가 군대를 가지고서 유다를 침략합니다.

이제는 옛날에 에티오피아의 군대에 비교하면 아무 것도 아닌데도 불구하고 마음속에 두려움이 들어와서 여호와께 부르짖거나 기도하지 않습니다. 아사는 곧장 뛰어가서 성전에 있는 금과 은, 왕궁에 있는 금, 은을 취하여 가지고서 이것을 아람 왕에게 보내서 아람 왕 벤하닷의 군대를 고용했습니다. 결국 아사왕은 멸망하고 맙니다. 왜 그렇습니까? 항상 하나님을 찾지 않았기 때문입니다.

우리 성도들도 마찬가지입니다. 항상 기도하여 성령 충만하게 지내야 합니다. 하나님과 친밀하게 지내면서 자신의 권능을 강하게 해야 합니다. 하나님이 나에게 부여한 성령의 권능을 강하게 해야 합니다. 남의 힘을 빌려서 귀신을 쫓아내려한다면 아사왕과 같이 될 수가 있습니다.

남의 힘을 빌려서 귀신만 쫓아내면 안 됩니다. 하나님에게 기도하여 성령으로 충만하여 자신의 권능을 강하게 해야 합니다. 자신의 권능이 강하면 감히 귀신이 침입하지도 않을 뿐더러, 자신 안에 역사하던 귀신도 떠나가게 되는 것입니다. 자신이 성령으로 충만하려고 의지적인 노력을 해야 합니다.

귀신만 쫓아내면 안 됩니다. 성령으로 충만하려고 의지적인 노력을 해야 합니다. 자신 안에서 올라오는 성령의 권능으로 쫓아낸 귀신이 다시 들어오지 못하도록 성령으로 기도하며 자신의 영을 지켜야 합니다.

귀신은 성도가 영적인 비밀을 깨닫는 만큼씩 떠나갑니다. 영적인 비밀을 많이 깨달으려고 노력해야 합니다. 영적인 비밀을 깨달으려면 성령으로 충만해야 합니다. 성령으로 충만하려면 먼저 성령으로 세례를 받아야 합니다. 성령으로 세례를 받고 성령으로 불세례를 받으면서 심령을 정화해야 합니다.

그래야 말씀의 비밀을 깨달을 수가 있습니다. 사람의 지혜로는 말씀의 비밀을 깨달을 수가 없습니다. 말씀은 영이신 하나님이 친히 말씀하신 진리이기 때문입니다. 반드시 성령으로 말씀의 비밀을 깨달을 수가 있는 것입니다.

14장 집과 건물에 머무는 귀신이 있나요

집안(건물과 장소)에 머무는 귀신이 있습니다. 만약에 당신의 집안에 머무는 귀신이 있다면 자기와 체질적으로 맞는 사람을 찾지 못했거나 주변의 여건이 맞지 않아서 사람에게 침입하여 접신을 하지 못한 것입니다. 이 귀신들은 집안에 있는 사람에게 언제라도 들어갈 준비가 되어있습니다. 이 귀신들로 인하여 집안에 피해를 입습니다. 특별히 이사를 간 직후에 일어납니다. 교통사고가 빈번하게 일어납니다.

제가 병원에 능력전도 다닐 때 이사 온지 6개월이 되었는데 교통사고를 세 번이나 당한 사람도 만났습니다. 교통사고에 놀라 심장병이 발생하여 병원에 입원했다가 저에게 안수기도 받고 치유되어 퇴원한 성도도 있습니다. 또 이사 온지 석 달이 되었는데 아이들 둘이 번갈아 병이 발생하여 두 번이나 병원에 입원 했다가 저에게 안수기도 받고 치유 되어 퇴원한 경우도 있었습니다. 집안에 머무는 귀신이 있으면 매사가 잘 안 풀립니다. 집안에 우환이 생기게 합니다. 까닭 없이 부부간에 자주 싸우고, 이유 없이 자녀가 가출을 하거나, 부모 말에 순종하지 않고 반항하며, 부모와 싸우게 합니다. 또 컴퓨터 게임에 빠지는 등 이해가 되지 않는 행동을 하기도 합니다.

특히 잠을 자고 일어나면 머리가 아프고, 숙면을 취하지 못해 몸이 나른하고, 피곤할 뿐만 아니라, 악몽을 꿉니다. 그리고 가위에 눌립니다. 원인이 없는 문제는 없는 법입니다. 집안에 귀신이 머물고 있으면 음산한 기운 때문에 건강이 나빠지고, 언제 가족에게 침입하여 들어올지 모르므로 항상 위험을 안고 사는 것입니다. 이사를 갔는데 원인 모를 이상한 일들이 반복적으로 일어납니다.

제가 우리 교회 권사님의 집에서 실제로 이런 일이 일어난 것을 체험했습니다. 전도를 하러갔는데 권사님 집을 방문하라고 성령께서 감동하시는 것입니다. 그래서 권사님의 집을 방문했습니다. 아파트 2층이기 때문에 집에 도착하여 초인종을 눌렀더니 권사님이 누구냐고 합니다. 강 목사입니다. 하고 집 안으로 들어갔습니다. 차를 주시기에 받아서 마시고 있었습니다.

권사님이 이러시는 것입니다. 목사님! 저의 남편 집사님이 어제 화장실에서 볼일을 보다가 가위눌림을 두 번을 당했습니다. 막 숨도 제대로 쉬지 못하고, 소리를 지르지 못하다가 제가 이상해서 화장실 문을 열었더니 도망을 쳤습니다. 참으로 이상합니다. 그래서 제가 화장실에 귀를 기우리고 차를 마시면서 들으니까, 화장실에서 버스럭 버스럭 하는 소리가 나는 것입니다. 화장실 문을 열고 성령이여 임하소서! 내가 나사렛 예수 이름으로 명하노니 화장실에서 역사하는 귀신은 떠나갈지어다. 명령했더니…. 권사님이 하시는 말씀이 아~ 이제 알았습니다.

목사님! 우리 아들이 이 아파트에 이사 오기 전날 밤에 청소를 하고 잠을 자는데 부스럭 부스럭 하는 소리 때문에 밤새 싸우느라고 잠을 자지 못했답니다. 그런데 그것이 우리 집사님 목을 누른 것 같습니다. 그래서 식구들을 모아놓고 예배를 드리면서 성령의 임재를 충만하게 하고 귀신들을 몰아낸 일이 있습니다. 그 후 한 번도 그와 같은 잘못된 일이 일어나지 않았습니다. 만약 당신의 가정에 이런 일이 일어난다면 지체하지 말고 성령이 충만한 예배를 드리면 떠나가는 것입니다. 반드시 성령의 역사를 일으켜 귀신을 몰아내야 합니다.

마귀는 끊임없이 우리의 생각 속에 하나님과 어긋나는 생각들 즉 이기적이고 탐욕적인 생각들을 불어넣습니다. 그런데 이것이 교묘하게 위장될 뿐만 아니라, 타당한 근거를 지닌 내용처럼 보이기 때문에 속기 쉬운 것입니다. 하나님의 말씀으로 판단의 기초를 제대로 갖추지 못하면 우리는 그런 부분에서 마귀의 유혹에 휘말리게 됩니다. 우리의 그릇된 분별과 판단을 이용하여 마귀는 자신들이 하고자 하는 일을 하게 됩니다. 마귀는 각 그룹마다 자신들의 독특한 특징을 지닙니다. "종교의 영"은 거짓 종교체계를 따르도록 우리를 유혹하며, "발람의 영"은 권세와 물질을 더 좋아하게 만들며, "이세벨의 영"은 우상을 숭배하게 만듭니다.

그 밖에 "게으른 영"은 모든 것을 내일로 미루도록 만들며, "분리의 영"은 항상 부정적으로 비판하게 만들어 분리하게 합니다. "다툼의 영"은 사소한 일도 크게 만들어 다툼이 일어나며, 이런 영을 가진 사람이 모임에 들어오면 반드시 싸움이 생깁니다. 수많은 영적 기능들이 있는데 이 마귀들이 접근함에 따라서 우리의 생각이 그 특성을 드러내기 시작하는 것입니다. 마귀는 우리 영속에 자신들의 특성적인 신호를 보내면 우리의 지각은 이것을 분석하여 받아들이게 됩니다. 말씀에 미약한 사람은 이 신호를 분별하지 못하고 자신의 생각인 것으로 여겨 그대로 행동하게 되는 것입니다.

떠오르는 생각 가운데 우리 영의 생각, 성령의 생각, 천사의 생각, 마귀의 생각이 있습니다. 이처럼 우리의 생각은 온갖 영의 생각들이 복잡하게 드러나는 싸움터입니다. 이런 생각들의 출처를 확실하게 구분할 줄 아는 것이 영적 분별력이며, 기술이기 때문에 배워서 익혀야 합니다. 우리의 생각을 멋대로 내버려두어서는 안 됩니다. 하나님의 말씀으로 무장하고 분별력을 높여 하나님의 음성을 더 잘 듣도록 노력합시다.

귀신은 우리의 육체를 점령하여 그 가운데 거처를 삼고자 기회를 엿봅니다. 마음의 상처나, 고통스런 사건을 경험하여 심령이 극심하게 허약해져 있어 분별력이 없을 때 침투하게 됩니다. 극심한 사건이 없다 하더라도 영이 강건하지 못한 경우, 귀신은 접근을 시도합니다. 우리가 영적인 일에 무지하고 믿음이 약할 때 역시 공격을 시도하는데 귀신의 공격목표는 우리의 육신입니다.

그러므로 귀신이 접근하면 먼저 우리의 영이 이 사실을 깨닫게 되며, 그 신호를 육체에게 보냅니다. 육체가 느끼는 다양한 신호 가운데 가장 많이 나타나는 것이 소름끼치는 것입니다. 가슴이 조여들고 현기증이 나고 불쾌한 생각이나 두려운 생각, 썩은 냄새, 머리카락이 서는 강한 공포 등의 신호를 우리 감각기관에 보냅니다.

검은 물체가 보이거나, 어두운 분위기와 짓누르는 것 같은 압박감 등도 나타나며, 어둡고 불쾌하며 두려운 생각이 짓누르고 가위눌려 몸을 움직이지 못하게 되며, 악몽에 시달리며, 짐승들의 울부짖는 것과 같은 소리가 날카롭게 들립니다.

방언이 거칠고 날카롭게 나오며, 짐승소리 비슷하게 변합니다. 공중에서 급하게 바람이 휘몰아 가는 것 같은 느낌이 들며, 날카로운 바람 소리가 들립니다. 무당들이 점을 칠 때 내는 독특한 휘파람 소리 같은 소리가 스쳐지나 가며, 뱀이 낙엽 위로 사삭 거리면서 지나가는 것과 같은 소리와 느낌이 듭니다. 때로는 발자국 소리가 들리기도 하고 문이 열려 있어서 냉기가 스며드는 것 같아 누가 문을 열어두었나 하고 살피게 됩니다.

귀신은 공포를 동반하는데 이 모든 것이 일차적으로는 우리의 영이 우리 자신에게 알려주는 신호입니다. 귀신은 자신의 존재를 나타내려고 하지 않지만, 우리의 영은 이 사실을 알기 때문에 이런 다양한 신호를 우리에게 보냅니다. 귀신이 자신에게 접근해 오면 우리의 영이 이를 알고 느끼기 시작하며, 때로는 성령께서 이 사실을 우리에게 알게 해 주십니다.

15장 집에 도둑이 들어온 꿈을 꾸었어요

예수를 믿고 성령으로 거듭난 성도는 예지 능력이 있습니다. 하나님은 성도들이 망하게 하지 않습니다. "너희는 스스로 삼가라 두렵건대 마음에 미혹하여 돌이켜 다른 신들을 섬기며 그것에게 절하므로 여호와께서 너희에게 진노하사 하늘을 닫아 비를 내리지 아니하여 땅이 소산을 내지 않게 하시므로 너희가 여호와께서 주신 아름다운 땅에서 속히 멸망할까 하노라"(신 11:16-17).

그래서 하나님은 성도들에게 미리 알려주셔서 멸망 받지 않게 하십니다. 하나님은 성도들에게 꿈을 통하여 다가올 위험에서 건지기도 하십니다. 그런데 성도들이 영적인 면에 무지하여 미리 조치하지 못하고 당하는 경우가 많이 있습니다. 그래서 성도는 영의 신호를 잘 알아차려야 합니다.

제가 지금까지 성령치유 사역을 하면서 체험한 바로는 꿈에 집에 뱀이 들어왔다든지, 집안에 뱀이 똬리를 틀고 있는 꿈을 꾸었다든지, 고통당하다가 죽은 사람이 나타났다든지, 개가 들어왔다든지, 고양이가 들어왔다든지, 도둑이 들어와 놀랐다든지 하는 꿈을 꾸고 얼마 있지 않아 큰 고통을 당하는 경우를 많아 보았습니다. 뱀이 집에 똬리를 틀고 있는 꿈을 꾸었다든지, 도둑이 들어와 놀라는 꿈을 꾼 분들이 모두 암으로 고생을 했다는 것입니다.

성령님께서 귀신이 들어온 것을 알려주신 것입니다. 무엇 때문에 알려주셨습니까? 미리 조치하라고 알려주신 것입니다. 그런데 영적으로 무지하여 무시해 버림으로 인하여 고통을 당하다가 생명을 잃기도 합니다. 하나님은 절대로 성도가 고통을 당하다가 잘못되는 것을 좋아하시지 않습니다.

이와 같은 꿈은 본인이 꾸는 경우도 있습니다. 식구들 중, 한 사람이 꾸는 경우도 있습니다. 어린 자녀가 꿈을 꾸는 경우도 있습니다. 그래서 자녀들이 이상한 꿈 이야기를 하면 무시하지 말고 마음에 두고 기도해보아야 합니다.

어느 분은 초등학교 다니는 어린 딸이 집에 도둑이 들어와 놀라는 꿈을 꾸었다는 것입니다. 그냥 무시하고 지났습니다. 일 년이 지나고 건강 검진을 받아보니 유방에 암이 발생하여 3기가 된 것입니다. 수술하고 항암 치유하다가 전신으로 암이 전이되어 세상을 떠나게 되었습니다.

어느 여 집사님이 당한 일입니다. 꿈에 뱀 두 마리가 막 도망을 갔습니다. 그래서 가정 예배를 드리고 대적 기도하였습니다. 그러고 시간이 얼마큼 지난 다음에 꿈을 꾸었는데 큰 뱀이 또 아리를 틀고 자기 옆에 앉아 혀를 날름 거렸습니다. 꿈에서 깨어나 이상하여 성경공부 시간에 자기 담임목사님에게 꿈 이야기를 했습니다. 그랬더니 담임목사 하는 말씀이 무시하라고 했습니다. 무시하고 얼마가 지나서 몸이 불편하여 검사를 해본 결과 자궁 난소에 암이 생겼는데 3기가 지나고 있었습니다. 그래서 수술하고 우리교회에 와서 말씀과 성령으로 심령을 한 일 년 간 치유 받고 갔습니다. 이는 성령께서 악한 영이 침입하여 집을 지은 것을 알려준 것입니다. 아주 편안하게 있었다는 것은 집을 완전하게 지었다는 것입니다. 이런 분은 빨리 영적전쟁을 해야 합니다. 악한 영이 집을 완벽하게 지은 것이므로 상당히 오랜 기간 영적치유를 받아야 합니다. 영적인 일은 방심과 무시 는 금물입니다.

꿈은 누구나 꿉니다. 불신자도 꿉니다. 꿈은 하나님이 인간 에게 말씀하시는 태초의 언어 중에 하나입니다. 우리는 이 언어 를 제대로 습득해서 바르게 활용할 수 있어야 할 것입니다.

꿈을 꾸고 바르게 해석하고 바르게 적용함으로써 우리는 신 앙의 성숙을 꾀할 수 있고 한층 풍성한 인생을 살 수 있습니다. 꿈을 너무 신성시해서도 안 되겠지만 너무 무시해서도 안 될 것 입니다.

꿈 중에는 하나님이 주시는 것, 사람의 심리가 만드는 것, 사 탄의 세력이 주는 것이 있습니다. 많은 꿈은 사람의 심리가 만 드는 것입니다. 우리는 무엇보다 꿈의 유형을 바르게 분별할 수 있어야 할 것입니다. 사람의 심리가 만드는 꿈이라고 해서 무의 미한 것은 아닙니다. 우리는 심리적인 꿈이 그려내는 우리 자신 의 심리상태를 잘 점검함으로써 하나님 앞에 바르게 설 수 있을 것입니다. 그러나 심리적인 꿈을 하나님이 주신 꿈이라고 주장 할 경우 큰 혼란이 야기될 수 있습니다. 그래서 예레미야 선지자는 겨와 같이 바람에 날리는 몽사라고 일축했던 것입니다(렘 23:25-28).

꿈을 가장 잘 해석할 수 있는 사람은 바로 꿈꾼 자신입니다. 꿈의 내용을 자세히 알고 있을 뿐만 아니라 꿈을 둘러싸고 있는 주변 상황도 잘 알기 때문입니다. 그렇기 때문에 스스로 기도하는 가운데 꿈 해석에 관한 성령 하나님의 인도하심을 받아야 할 것입니다. 우리는 꿈의 미신화를 제거하고 꿈의 성경 신학화를 도모하고자 합니다. 그러려면 꿈 해석의 길잡이가 되는 글들을 읽고 꿈 해석의 다양한 사례들도 공부해야 할 것입니다. 점치듯이 남의 해석에 의존하기 보다는 그런 글들을 통해 스스로 해석하는 훈련을 쌓아가야 하겠습니다.

더 많은 꿈에 관한 내용은 "꿈과 환상의 해석을 통한 상담과 치유비결"을 읽어보시기를 바랍니다. 이 책에는 꿈을 해석하여 적용할 수 있는 여러가지 비결들이 수록되어 있습니다.

16장 신전을 차려놓았던 집에 이사 갔어요

하나님은 예수를 믿는 성도들이 영적인 사고를 하기를 원하십니다. 건물이나 집안에 머무는 귀신이 있습니다. 신전을 차려놓았던 집에 이사를 가게 되었다면 영적인 전쟁을 강력하게 해야 합니다. 막연하게 신전을 차려놓았을 때 들어온 귀신아 "예수 이름으로 명하노니 떠나가라"만 하지 말고 강력한 성령의 역사를 일으켜야 합니다. 그래서 성령께서 집안 구석구석을 장악해야 함께 가지 못하고 머물던 귀신이 쫓겨 가는 것입니다. 성령의 강력한 역사가 중요합니다. 정말 강한 영적인 전쟁을 해야 합니다. 자신의 영력이 약하다고 생각이 되면 담임 목사님을 청해다가 심방을 해야 합니다.

그래서 성도는 영적인 눈이 열려야 하고, 영적인 사고를 해야 합니다. 이사하기 전에 집을 둘러볼 때 세심하게 보아야 합니다. 보통 신전을 차려놓은 사람은 방안을 보지 못하게 하는 것이 보통입니다. 다른 집과 똑 같다고 하든지, 방이 지저분하여 창피해서 보여주지 못하겠다고 합니다. 이런 집은 일단 의심해 보아야 합니다. 주변에 사는 분들에게 집안 사정에 대하여 물어보는 것이 좋습니다. 집안에 머무는 귀신이 있을 수 있기 때문입니다.

만약에 집안에 머무는 귀신이 있다고 생각되면 자기와 체질적으로 맞는 사람을 찾지 못했거나 주변 여건이 맞지 않아서 사람에게 침입하여 접신을 하지 못한 것입니다. 이 귀신들은 집안에 있는 사람에게 언제라도 들어갈 준비가 되어있습니다. 이 귀신들로 인하여 집안에 피해를 입습니다. 특별히 이사를 간 직후에 일어납니다. 교통사고가 빈번하게 일어납니다. 제가 병원에 능력전도 다닐 때 이사 온지 6개월이 되었는데 교통사고를 세 번이나 당한 사람도 만났습니다. 자초지종을 물어보니 아파트를 구입하려고 집을 둘러보는데 안방 문을 열어주지 않더랍니다. 방 청소를 하지 못해서 지저분하여 보여주지 못하겠다는 것입니다. 그러면서 하는 말이 다른 집과 같으니까, 보지 않아도 된다는 것입니다. 매매가 성립되어 이사를 했습니다.

이사를 와서 앞집 사람이 하는 말이 안방에 신전을 차려놓았었다는 것입니다. 영적인 지식이 없어서 그냥 살게 된 것입니다. 살면서 6개월 동안에 교통사고가 3번이나 났다는 것입니다. 3번째 교통사고로 허리를 다쳐서 입원한 것입니다. 그런데 자기 바로 윗 층 사람들은 예수를 믿는 분들인데 서울로 새벽기도 갔다가 오면서 교통사고가 나서 3명중에 2명이 죽었다는 것입니다.

그러면서 하는 말이 이사를 가야 하겠다는 것입니다. 그런데 알아야 할 것은 이사를 간다고 끝나는 것이 아닙니다. 이 귀신들이 따라서 간다는 것입니다. 제가 이사를 간다고 끝나는 것이 아니고 예수를 믿고 성령으로 충만한 생활을 해야 따라오지 않는 다고 알려주었습니다. 그러니까, 예수를 믿으려고 하는데 자기 시어머니가 예수를 믿지 못하게 한다는 것입니다. 시어머니가 돌아가시면 예수를 믿겠다는 것입니다. 왜 지금은 예수를 못 믿느냐. 교회를 갔다가 오면 바로 시골 사는 시어머니가 전화를 한다는 것입니다. 왜 교회 가지 말라는데 교회 갔느냐고 말입니다. 시어머니가 반 무당이 되어서 귀신이 알려주니 안다는 것입니다. 영의 세계는 이렇게 신묘막측(神妙莫測)합니다.

이사를 간 다음에 교통사고에 놀라 심장병이 발생하여 병원에 입원했다가 저에게 안수기도 받고 치유되어 퇴원한 성도도 있습니다. 또 이사 온지 석 달이 되었는데 아이들 둘이 번갈아 병이 발생하여 두 번이나 병원에 입원 했다가 저에게 안수기도 받고 치유 되어 퇴원한 경우도 있었습니다. 매사가 잘 안 풀립니다. 집안에 우환이 생기게 합니다. 까닭 없이 부부간에 자주 싸우고, 이유 없이 자녀가 가출을 하거나, 부모 말에 순종하지 않고 반항하며, 부모와 싸우게 합니다. 또 컴퓨터 게임에 빠지는 등 이해가 되지 않는 행동을 하기도 합니다. 특히 잠을 자고 일어나면 머리가 아프고, 숙면을 취하지 못해 몸이 나른하고, 피곤할 뿐만 아니라, 악몽을 꿉니다. 그리고 가위에 눌립니다. 원인이 없는 문제는 없는 법입니다. 집안에 귀신이 머물고 있으면 음산한 기운 때문에 건강이 나빠지고, 언제 가족에게 침입하여 들어올지 모르므로 항상 위험을 안고 사는 것입니다. 이사를 갔는데 원인 모를 이상한 일들이 반복적으로 일어납니다.

이런 것을 방지하기 위하여 영적 청소는 주기적으로 해야 하며, 그 가운데 처음 청소는 무척 중요합니다. 시작이 반이라는 말처럼 시작부터 강력하게 대응해야 합니다. 강력한 성령의 역사를 일으켜서 사단을 묶고 그 지배권을 빼앗습니다. 예수 그리스도께서 십자가에서 승리하여 사단을 무력하게 한 사실에 근거해서 그리스도의 지배권을 선포하며 그 대리자인 자신이 이 영역을 다스린다는 사실을 악한 영들에게 선포하는 것입니다. 이런 선포를 통해서 이 집과 사업장은 '이미'라는 예수의 지배가 이루어지는 곳이 되었음을 선포하는 것입니다.

사단은 더 이상 어떤 방해도 할 수 없으며, 하고자 한다면 그 모든 행위는 불법이며, 따라서 7배로 배상해야 함(잠 6:31)을 선포합니다. 영적 청소를 통해서 우리에게 주어진 몫을 사단에게 빼앗겨서는 안 될 것입니다. 사단은 끊임없이 우리를 괴롭게 하고자 할 것이기 때문에 주기적으로 영적 청소를 해서 사단의 방해를 막아야 합니다. 이런 일을 소홀히 하는 까닭은 사단의 방해가 교묘하며, 때로는 즉각적으로 나타나지 않기 때문입니다. 영적 청소를 위한 예배를 드렸다고 눈에 띌 정도로 상황이 개선되는 것은 아닙니다. 지속적으로 하여 환경이 개선될 때까지 인내를 가지고 싸워야 합니다. 그러므로 이사를 가기 전에 세심하게 둘러보는 자세가 중요합니다.

17장 예언을 들어야 하나요. 받아야 하나요

하나님은 성령으로 하나님의 예언(뜻)을 듣고 순종하기를 원하십니다. 많은 성도들이 예언하면 신령하다는 사람을 찾아가 들으려고 합니다. 예언은 신령한 사람을 찾아가 듣는 것이 아닙니다. 처음 예수를 믿고 성령으로 거듭나지 못한 육신에 속한 성도는 신령한 사람을 찾아가 하나님의 뜻(예언)을 들을 수도 있습니다. 그러나 결정은 자신이 하나님에게 기도하여 음성을 듣고 결정해야 합니다. 자신이 하나님의 음성을 듣고 결정하지 않았다면 하나님이 책임을 지지 않습니다. 모든 것을 자신이 직접 수행해야 합니다. 하나님은 절대로 사람의 말을 듣고 결정한 것에 대하여 상관하시지 않습니다.

성령이 역사하는 교회시대를 살아가는 우리는 하나님에게 기도하여 음성을 직접 듣고 하나님의 뜻을 알아 문제를 해결하는 성도가 되어야 합니다. 하나님은 성도들과 대화하기를 원하십니다. 그래서 성령이 성도의 마음 안에 임재하신 것입니다. 성령이 역사하는 교회시대를 살아가는 성도는 심령 안에 계신 성령님에게 기도하여 음성을 듣고 문제를 해결하며 살아가야 합니다. 비록 응답을 받는데 시간이 많이 걸리더라도 응답이 올 때까지 기도하여 하나님의 뜻을 따라 행동하며 살아가는 습관을 들여야 합니다. 한번 영의통로가 열려 응답을 받기 시작하면 두 번째 부터는 쉬워지게 됩니다. 좌우지간 자신 안에 계신 성령님으로부터 응답을 받고 행동한다는 의지가 있어야 합니다. 나는 절대로 성령의 인도를 따라가는데 신령한 사람의 말을 듣고 행동하지 않는다는 결심이 있어야 합니다. 그렇게 될 때 하나님과 관계가 열려 어디를 가더라도 하나님과 통하여 영의 자립을 누릴 수가 있습니다. 하나님과 친밀하게 통하는 성도가 될 때 어디를 가더라도 아브라함의 복을 받을 수가 있습니다.

예수를 믿으면서도 예언을 들으려고 신령한 사람을 찾는 것은 두 가지 원인이 있습니다. 첫째, 예수를 영접하기 전 세상에서 살아갈 때에 어려움이나 문제가 있을 때 무당이나, 점쟁이를 찾아다닌 것이 습관이 된 경우입니다. 영적으로 말하자면 점치는 영에 영향을 받는 성도입니다. 둘째는 구약 성경에 보면 이스라엘 백성이 선지자를 이용하여 하나님의 뜻을 알았습니다. 이 말씀을 듣고 배운 것이 자아가 되어있는 성도입니다. 율법적인 말씀을 듣고 믿음 생활을 한 성도들이 이런 경우가 많습니다.

그래서 둘 다 문제가 있습니다. 말씀과 성령으로 원인을 정확하게 찾아서 해결해야 합니다. 점치는 영과 율법의 영을 축귀해야 합니다. 그런데 잘못된 것을 본인이 인정하고 고치고, 치유 받으려고 해야 점치는 영으로부터 자유 함을 받을 수 있습니다. 자신이 하는 행동이 맞는다고 생각하면 천국에 갈 때까지 신령한 사람의 영에 잡혀서 영적 자립을 할 수가 없습니다.

성도들에게 문제가 있으면 자신에게 찾아와서 물어보라는 목회자가 있습니다. 그래서 성도들의 대소사를 담임 목사와 사모에게 물어서 결정하는 경우가 있습니다. 심지어 질병이 있어 병원을 가야하는데 어느 병원에 가는 것까지 목회자와 사모에게 물어서 가는 성도도 있습니다. 이런 성도들은 완전하게 목회자와 사모의 결정에 따라 움직이는 허수아비들입니다. 성경에 나온 사람의 예를 들면 모세의 말을 듣고 애굽을 나온 이스라엘 사람들과 동일합니다. 스스로 아무것도 할 수가 없는 성도들입니다.

목회자가 점치는 영에 사로잡히게 되면 성도들을 '해바라기 성도'로 만들게 됩니다. 오직 목회자만 바라볼 것을 요구합니다. 목회자 말을 듣지 않으면 저주를 받는다고 합니다. 그 어떤 곳에도 가지 말고, 그 어떤 설교도 듣지 말고, 그 어떤 집회도 참석하지 말고, 오로지 교회 안에만 머물도록 강요합니다. 오로지 자기의 가르침 이외에는 그 어떤 가르침에도 관심을 두지 말 것을 강요하는 것입니다. 이런 태도는 이단의 영이 일반적으로 취하는 태도와 같지 않습니까? 이단의 영은 성도들을 고립되게 만듭니다. 자신들이 주장하는 교리 이외에는 그 어떤 것도 용납하지 않습니다. 성경보다는 교리서가 더 중요합니다. 점치게 하는 영에 사로잡힌 사람을 신실한 예언자와 구분할 수 있어야 하지만, 일반 성도들은 이것이 쉽지 않습니다.

점치게 하는 영을 성경에서는 '사술의 영'이라는 말로 표현하기도 합니다. 비전성경 사전에 의하면 '사술'이란 '마술이나 점 등'을 이용하여 사람을 현혹시키는 술법을 말합니다. 사술, 복술, 점 등을 사용하는 것은 하나님께서 기뻐하시는 방법이 아니다(레 20:27; 신 18:10-11)라고 설명하고 있습니다.

사술(sorceries)은 오늘날 교묘한 방법으로 위장하여 우리들 속으로 침투하고 있습니다. 악한 영은 본성적으로 속이는 일에 능하기 때문에 우리들이 쉽게 눈치 채지 못하도록 교묘하게 위장하는 것입니다. 설교자로 예언자로 위장합니다. 발람처럼 선지자의 위치에 있게 되면 많은 사람들이 속아 넘어갑니다. 목회자가 되어있으면 이단적인 가르침을 주게 됩니다.

자기가 최고로 신령하다고 자찬하는 사람이 있습니다. 미숙한 예언자나 성숙하지 못한 목회자는 이런 영에 휘말릴 위험이 아주 높은 사람들입니다. 이런 사람들은 우리가 흔히 말하는 '양신 역사'의 과정을 거치게 됩니다. 이 과정에서 악한 영을 쫓아내고 성령 충만을 받아 성숙의 과정으로 나간다면 다행입니다. 그렇지 못하면 결국에는 악한 영에 사로잡혀서 교회에 많은 해를 입히게 되는 것입니다. 이들을 제대로 분별하는 일이 쉽지 않을 뿐만 아니라, 자신 안에 역사하는 악한 영에게 속으면 그 속임수에서 쉽게 빠져나올 수 없게 됩니다.

점치는 영에 영향을 받는 사람은 사람들에게 점치듯 예언해 주고 싶은 사람입니다. 이런 유형의 사람들이 기독교 안에도 있습니다. 예언의 영을 받아서 오랜 세월동안 하나님으로부터 힘든 과정을 소화하지 않고 미숙한 예언자가 되어 예언을 남발하는 사람들이 있는 것입니다. 이들에게는 예언의 영 대신에 점치게 하는 영이 주관하게 되어 아무에게나 예언해주려고 접근하게 됩니다.

삼각산에는 사람들이 많이 몰리는 기도원에도 많이 있기 때문에 기도원에서는 이런 사람들을 각별히 주의할 것을 당부하기도 했습니다. 이들은 교묘한 수단으로 여성 성도들에게 접근해서 예언을 해줍니다. 이들은 어떤 대가를 바라는 것이 아니라 다만 예언하고 싶어 하는 것입니다. 미혹하는 영, 속이는 영, 점치게 하는 영은 예언함으로써 말할 수 없는 즐거움을 느끼게 합니다. 점치게 하는 영에 사로잡히면 점을 치지 않고는 견딜 수 없는 압박을 경험하게 되는 것입니다. 그래서 예언해줄 사람을 찾아다니는 것입니다.

자신의 눈에 보기에 만만한 여성들을 대상으로 접근해서 예언을 해 주는 것입니다. 이들 안에 있는 영은 점치게 하는 영이므로 샤면들이 족집게처럼 지나간 일을 알아맞히듯이 그렇게 신통력을 발휘하기 때문에 속아 넘어가는 것입니다. 그들의 입에서 하나님 말을 하고 있지만, 실상은 '광명한 천사'로 위장한 것일 뿐입니다. 이런 사람들은 더 많은 기도를 하고 더 많이 신령한 것처럼 보입니다. 분별하여 속지 말고 치유해야 합니다.

예언은 믿음이 약할 때는 예언사역자를 이용할 수도 있습니다. 그러나 믿음이 자라면 본인이 하나님에게 물어보아 직접 들어야 맞습니다. 남에게 물어보아 결정을 하면 하나님이 상관하지 않으십니다. 반드시 본인이 하나님에게 직접 듣고 순종해야 하나님이 책임을 지십니다.

18장 순종에 대하여 바르게 알고 싶어요

하나님은 하나님의 뜻에 순종하는 성도를 축복하십니다. 여기에 단서가 붙습니다. 하나님의 뜻을 알고 순종해야 한다는 것입니다. 하나님의 자녀는 사람의 말을 듣고 순종하는 것이 아닙니다. 직접 하나님의 음성을 듣고 순종해야 한다는 것입니다.

제가 성령치유 사역을 하면서 상담과 치유를 할 때 이렇게 말하는 성도도 있었습니다. 담임목사가 물질이 어렵다고 하면서 5천만 원을 빌려달라고 했다는 것입니다. 그래서 순종하는 마음으로 빌려주었다는 것입니다. 그런데 정한 기간이 2년이 지나도 주지 않는다는 것입니다. 그래서 내용증명을 보내겠다는 것입니다. 법적으로 조치를 하겠다는 말입니다. 제가 차용증은 있느냐고 물었더니 없다는 것입니다. 그냥 믿고 대출하여 주었다는 것입니다. 이것을 남편이 알고 가정불화가 심해졌다는 것입니다. 이런 것은 순종하지 않아도 됩니다. 왜 그럴까요? 목회자 자신의 생각이기 때문입니다. 순종이 무엇인지 분별할 줄도 알아야 합니다. '하나님의 말씀, 레마'만 순종해야 합니다.

왜 순종해야 합니까? 하나님은 이렇게 말씀하셨습니다. "사무엘이 이르되 여호와께서 번제와 다른 제사를 그의 목소리를 청종하는 것을 좋아하심 같이 좋아하시겠나이까? 순종이 제사보다 낫고 듣는 것이 숫양의 기름보다 나으니"(삼상 15:22).

우리가 잘 아는 바와 같이 예수를 믿음으로 옛사람은 죽고 하늘의 사람으로 다시 태어났습니다. 이제 자신의 생각으로 사는 것이 아닙니다. 예수님의 생각에 따라 살아야 합니다. 자신의 생각대로 살아간다면 예수님과 상관이 없는 육의 사람입니다. 육의 사람은 예수님으로부터 아무것도 받지 못합니다. "내 양은 내 음성을 들으며 나는 그들을 알며 그들은 나를 따르느니라"(요 10:27). 그러므로 순종하지 않는 성도는 육의 사람이기 때문에 영이신 하나님의 말을 알아듣지 못하기 때문에 순종하지 않는 것입니다. 그래서 영이신 하나님과 상관이 없는 성도입니다.

어떻게 순종해야 합니까? 하나님의 음성을 듣고 순종해야 합니다. 사람의 소리를 듣고 순종하는 것이 절대로 아닙니다. 많은 분들이 순종의 개념을 바르게 알지 못합니다. 목회자의 말에 순종해야 한다. 물론 목회자의 말이 하나님의 뜻이면 순종해야 합니다. 그러나 개인의 생각이면 순종하면 안 됩니다. 분별을 해야 합니다. 성경에 "그냥 두어라 그들은 맹인이 되어 맹인을 인도하는 자로다 만일 맹인이 맹인을 인도하면 둘이 다 구덩이에 빠지리라 하시니"(마 15:14). 성도들은 바르게 분별할 줄 알아야 합니다. 맹종하면 안 된다는 것입니다. 하나님의 뜻과 하나님의 음성(말씀)이면 순종해야 합니다.

사람의 생각과 뜻에 순종하는 것이 아닙니다. 하나님의 음성을 듣고 순종하는 것입니다. 순종의 개념을 바르게 하시기를 바랍니다. 분명하게 자신이 직접 하나님의 음성을 듣고 순종해야 합니다. 목회자가 하는 말에 무조건 순종하라는 것이 아닙니다.

19장 봉사에 대하여 바르게 알고 싶어요

성도는 봉사에 대하여 바르게 알아야 합니다. 왜 봉사해야 되느냐 입니다. 예수를 믿고 받은 은혜가 감사하여 봉사하는 것입니다. 예수를 믿고 교회에 들어와 믿음이 자란 성도는 믿음이 부족한 초신자를 위하여 봉사해야 합니다. 각자 하나님이 주신 달란트를 가지고 봉사를 하는 것입니다.

어떻게 봉사해야 되는 것입니까? 하나님은 이렇게 말씀하십니다. "하나님의 성령으로 봉사하며 그리스도 예수로 자랑하고 육체를 신뢰하지 아니하는 우리가 곧 할례파라"(빌 3:3). 성령으로 봉사하라는 것입니다. 이는 성령의 은혜에 감사하여 봉사하라는 것입니다. 성령의 인도 하에 봉사하라는 말입니다. 봉사를 하는데 조건을 가지고 봉사하지 말라는 것입니다. 조건이란 내가 이렇게 교회에서 열심히 봉사하면 우리 남편 사업을 잘되게 하시겠지! 이런 식으로 하지 말라는 것입니다.

많은 성도들이 교회에서 열심히 봉사하면 하나님이 축복하여 주시겠지 하는 생각을 가지고 봉사를 하는 경우가 많습니다. 이는 샤머니즘의 신앙의 잔재가 남은 것입니다. 예수를 믿기 전에 절에 가서 열심히 봉사하면 복을 준다고 알고 있던 것을 버리지 못한 연고입니다. 절대로 조건을 가지고 봉사하면 상처만 받게 됩니다. 육으로 봉사를 하기 때문입니다. 육으로 봉사하면 믿음도 자라지 않습니다. 자칫 잘못하다가 상처만 받을 수 있습니다.

　저는 이렇게 봉사를 주야로 열심히 하다가 상처가 되어 허리가 돌아간 성도를 치유한 경험이 있습니다. 왜 상처가 됩니까? 아무도 칭찬하지 않으니 상처가 되는 것입니다. 잘 한다고 칭찬을 받아야 하는데 칭찬하지 않으니 봉사를 하면서 상처를 받는 것입니다. 봉사하면서 담임목회자에게 칭찬을 들으려고 해도 안 됩니다. 하나님이 기뻐하시는 봉사는 성령으로 봉사하는 것입니다. 받은 은혜가 너무나 커서 성령이 주시는 기쁨으로 봉사해야 하나님이 알아주시고 축복하십니다. 성령으로 은혜에 감사하여 봉사하시기를 바랍니다.

　바울 사도는 빌립보 교회에 보내는 편지에서 '하나님의 성령으로 봉사하며'라는 표현으로 자신의 봉사가 자신의 능력이 아닌 하나님의 능력임을 보여주려고 했습니다. 특히 사람에 따른 분쟁이 있었던 고린도교회의 상황을 바울은 성령의 은사로 교회가 일하기 원했습니다.

　바울은 교회에서 성령의 능력으로 일하기 원했습니다. 하나님의 일을 하려면 열심이 있어야 하지만 열심만 가지고는 안 됩니다. 잘못된 열심은 자신의 능력으로 하나님을 섬기는 열심입니다. 예수께서는 "육으로 난 것은 육이요 영으로 난 것은 영이니(요한복음 3:6)" 하셨습니다. 근원이 육이면 아무리 고상하고 아름다워도 육이며, 근원이 영이면 그 모양이 조금 이상하더라도 영이라는 말씀입니다.

20장 치유는 병과 상처가 있을 때 받지요

우리가 알아야 할 것은 치유는 에덴동산에서의 영성으로 돌아가는 것입니다. 왜 치유를 받아야 합니까? 병이 들었기 때문에 치유를 받습니까? 치유를 받으라는 말은 에덴동산에서의 영성으로 돌아가는 것을 치유라고 합니다. 그렇기 때문에 모든 성도는 치유의 대상입니다. 치유의 개념을 바르게 알아야 합니다. 기독교 신앙은 예방 신앙입니다. 미리 치유하여 영성을 회복하므로 문제를 사전에 예방해야 합니다.

그래서 치유라는 것은 병이 들고 상처가 있어서 치유를 받는 것이 아닙니다. 물론 치유를 받으면 상처도 치유되고, 자아도 부수어지고, 혈통을 타고 역사하던 귀신도 떠나갑니다. 성령세례도 받고 성령으로 충만도 받습니다. 그런데 이런 것이 치유의 근본 목적이 아니라는 것입니다. 치유는 육신에 속한 성도를 영에 속한 성도로 바꾸는 것입니다. 그러므로 치유는 성령께서 하시는 것입니다.

어떻게 치유를 받습니까? 예수를 믿고 교회에 들어오면 성령으로 세례를 받아야 합니다. 성령으로 세례 받고 지속적으로 성령을 체험하면서 마음의 상처를 치유하고, 성령으로 자아를 부수어야 합니다. 그리고 혈통을 타고 역사하는 귀신들을 축귀해야 합니다. 이렇게 하여 마음의 밭을 영적으로 만들어 영안을 열고 말씀을 보고 듣고, 영적인 사고를 하면서 예수님의 인격으로 바뀌어야 합니다. 치유의 개념은 예수님의 인격으로 바뀌는 것입니다. 교회는 말씀과 성령으로 성도를 바꾸는 곳입니다. 육적인 사람을 영적인 사람으로 바꾸는 곳이 교회입니다. 그러므로 교회는 반드시 성령의 역사가 일어나야 합니다. 사람이 사람을 바꿀 수가 없기 때문입니다.

하나님은 영적으로 바뀐 성도를 통하여 하나님의 뜻을 이루십니다. 영적으로 바뀌려면 먼저 성령으로 세례를 받아야 합니다. 성령의 세례는 그리스도께서 직접 행하시는 사역입니다. 성령으로 세례를 받았으면 성령의 불세례를 받으면서 무의식의 상처를 치유해야 합니다. 상처를 치유하면서 자신의 자아가 부수어져야 합니다. 자아를 부수면서 상처와 자아의 뒤에 숨어있던 귀신을 축귀해야 합니다. 귀신이 떠나가면서 마음의 밭이 성령이 역사하시는 옥토로 변하는 것입니다. 치유는 성도의 마음을 옥토로 만드는 영적인 사역입니다. 이 모든 사역이 자신 안에서 역사하시는 성령께서 하시는 것입니다.

성령께서 이런 사역을 하시는 것은 성도를 영적으로 바꾸기 위해서 역사하시는 것입니다. 성령님은 성도가 영적으로 바뀌어야 하나님과 친밀하게 지내면서 하나님의 일을 할 수 있다는 것을 잘 알고 계시기 때문입니다.

치유는 질병과 상처를 치유하는 것으로 한정해서는 안 됩니다. 육적인 사람을 영적인 사람으로 바꾸는 사역이 바로 치유입니다. 치유의 개념을 바르게 하기를 바랍니다.

21장 결혼과 관계된 영적인 비밀이 있지요

결혼은 인륜지대사(人倫之大事)라고 합니다. 결혼을 하면 3가지의 결합이 이루어집니다. 첫째, 육적인 연합니다. 둘째, 정신적인 연합니다. 셋째, 영적인 연합니다. 이렇게 중요한 결혼을 잘못하여 크리스천들이 가정이 깨어지거나 불행한 인생을 살아가는 경우가 많습니다. 제가 그동안 성령치유 사역을 하면서 체험한 사례를 설명하면서 대책을 말씀드리겠습니다.

교회에서 피아노 반주를 하시는 여 집사가 우울증과 불면증, 영적인 문제로 치유를 받으러 오셨습니다. 상담을 한 결과 모태 신앙으로 아버지는 장로님이시고, 어머니는 권사시라고 했습니다. 그런데 친구들의 소개로 지금 남편을 만났습니다. 한 번 만나고 두 번 만나고 하다가 보니까, 정이 들어 결혼하게 된 것입니다. 결혼 전에 남편에게 예수를 믿고 교회를 다니겠다고 해서 부모님의 승인을 받아 결혼 했다는 것입니다. 결혼하고 보니 여러 가지 생각하지 못한 영적인 문제가 드러나게 된 것입니다. 결혼하여 시댁에 가니 시어머니가 제사라는 제사는 다 지낸다는 것입니다. 제사 때가 되면 꼭 와서 제사에 동참하라고 며칠 전부터 전화를 한다는 것입니다. 직접 제사에 참여하지는 않지만 제사음식을 모두 준비한다는 것입니다. 어느날은 시어머니가 제사 상에 절하라고 해서 하지않아 상황이 험악하게 되기도 했다는 것입니다. 시어머니가 지독한 불교 신자라는 것입니다. 시댁에 가서 그렇게 설득을 해도 절에 나간다는 것입니다. 그래서 남편이 교회를 다니는데 제사를 지내느냐고 했더니 지낸다는 것입니다. 남편이 교회를 다니기는 하는데 제사를 지낸다는 것입니다. 그런데 문제는 결혼 한지 5년이 지났는데 임신이 되지를 않는 것입니다. 제사문제와 임신이 되지 않아 스트레스를 받아 우울증이 생겼다는 것입니다. 밤에 잠이 오지를 않아 수면제를 먹고서야 잠을 조금 잘 수가 있다는 것입니다. 거기다가 남편이 직장 생활을 제대로 하지 못하여 자신이 교회 피아노 반주를 해서 먹고 산다는 것입니다. 고통이 이만 저만이 아닙니다. 그래서 제가 안수를 했습니다. 성령의 역사가 일어나니 이 여 집사에게서 향을 태우는 향냄새가 말도 못하게 나오는 것입니다. 시어머니가 절에 나가고 제사를 지낼 때 전이된 영들이 이 여 집사를 괴롭히는 것입니다. 우울증, 불면증, 영적인 문제 모두 시가에서 전이된 영들의 역사로 당하는 고통입니다.

다른 사례입니다. 목사님! 저는 모태신앙으로 부모님은 장로님, 권사님이시고 33년을 살면서 굴곡 없이 큰 시련 없이 주님 은혜로 바르게 살아왔습니다. 작년에 몸이 많이 아픈 와중에 회사 동료 소개로 불신자인 현재 남편을 만났습니다. 남편의 지극 정성 보살핌으로 인해 몸도 좋아지고 남편이 제가 믿는 예수님을 본인도 믿어보겠다 약속했습니다. 8주 새 신자 교육을 빠짐없이 받고 세례를 받았습니다. 저희 부모님 허락 득한 후 만난 지 6개월 만에 결혼을 했습니다.

남편은 결혼 후 ○○○교회에서 15주 동안 양육자님과 일대일 교육을 빠짐없이 받았는데 교육이 끝나자마자 강퍅한 사람으로 돌변했습니다. 본인은 선택적 구원에 대해 절대 믿지 못하겠다는 것입니다(착한일 만 하다가 하나님 안 믿으면 지옥가고, 나쁜 짓만 하다가 죽기 전에 하나님 믿으면 천국 간다는 것). 기독교가 너무 배타적이어서 싫고 모든 걸 예비해놓으신 하나님은 내일 당장 교통사고로 내가 죽게 되면 그것도 예비해 놓으신 거냐고…. 자유의지대로 살아가고 싶고, 본인이 추구하는 방향대로 살고 싶은데, 기독교 교리가 본인과는 너무 맞지 않는다며 교회 나가기를 거부하기 시작했습니다. 매주 교회문제로 싸우다가 결국 제가 기독교인이어서 싫고 자식도 기독교인으로 만들고 싶지 않고, 애 낳기 전에 지금 당장 헤어지자고 한 상태입니다.

지금 결혼한 지 10개월 됐습니다. 남편은 위로 누나 셋에 아들 하나 장손이며 결혼 전에는 무교라고 했지만, 시집가보니 시댁은 불교였고 제사를 엄청나게 중요하게 생각하는 집이었습니다. 결혼 후 첫 시제를 드린다고 시골에 따라갔는데 30명이 머리에 갓을 쓰고 돼지머리 올려놓고 절을 하는데 태어나서 처음 보는 광경에 놀라 기절할 뻔했습니다. 결혼 전에 제사 음식 차리는 건 도와드리지만 절은 안 하겠다고 약속하고 결혼했는데 어머님이 산소에 계속 절하라고 요구하셔서 그런 문제로 다툼이 끊이질 않았습니다.

또 남편의 누나 셋은 모두 결혼하고 얼마 되지 않아 모두 별거, 이혼한 상태입니다. 그걸 결혼식 얼마 전에 알게 되었습니다. 저희 부모님 그 사실 알고 기절할 뻔 했지만, 이미 결혼 날을 잡았고 우리 둘만 잘 살면 된다 생각하여 결혼을 엎진 않았습니다. 저희 집은 대대로 이혼한 사람이 없고 독실한 크리스천집안이라 이혼하면 큰일 나는 줄 알고 도저히 생각할 수도 없는 문제입니다. 남편이 너무나 쉽게 결혼 10개월 만에 종교 제사문제가 이렇게 심각한 건지 몰랐다고 하면서 우린 근본적으로 생각하는 것이 다른 사람들이기 때문에 앞으로 미래를 행복하게 살려면 넌 독실한 크리스천 만나고, 자기는 진심으로 제사 드려주는 여자 만나야 행복할 것 같다고 헤어지자고 합니다.

종교 제사문제 말고는 부부관계도 좋았고, 다른 여자가 있다거나 문제가 될 만한 게 전혀 없었습니다. 지금 4월 말경에 한번 헤어지잔 말을 들었고, 제가 쓰러지는 바람에 몇 주 서로 그림자처럼 말 안하고 지내다가 5월 중순에 또 헤어지자는 말을 듣고 다음에 다시 이야기하자고 한 상태입니다. 목사님! 처음 남편을 만났을 때는 "누가 알아? 내가 너보다 더 신실해질지?"라고 말했던 사람이었는데 이렇게 사람이 확 바뀔지 몰랐어요. 꿈에도 생각하지 않았어요. 제가 영적으로 무지했던 것입니다. 더무나 순진하게 생각했던 것 같습니다. 남편이 무서운 얼굴을 하면서 사람 취급 안하는 모습 보면 인내할 수가 없고, 헤어져야만 하는 건지 도통 갈피를 못 잡고 있습니다. 제발 도와주세요.

연애와 결혼은 이렇게 중요합니다. 모태 신앙인 집사가 불신의 가정에 시집을 가서 제사를 지내고 살게 되는 것입니다. 그러니 우울증이 찾아와서 고생을 하는 것입니다. 참으로 답답한 현실입니다. 결혼은 장난이 아닙니다. 참으로 안타깝습니다. 사람이 영적으로 바뀌는 것에는 살아있는 성령의 역사가 있어야 합니다. 이분들이 처음 남편을 사귈 때 잘못했습니다. 교회의 이론(예정론)과 말씀 공부만 받게 하지 말고 성령으로 치유를 받게 했어야 합니다. 자신이 어떤 상태인지를 알게 했어야 합니다. 가계에 흐르는 이혼의 영의 줄을 끊고 축귀해야 합니다.

이론을 안다고 불신자가 갑자기 성도가 되는 것은 아닙니다. 성령의 역사가 일어나야 자신의 상태를 알 수가 있고, 하나님이 살아계신다는 것을 체험할 수가 있습니다. 살아있는 생명의 말씀과 성령의 역사가 일어나야 혈통에 역사하는 귀신들을 몰아내야 합니다. 거두절미하고 우선, 당사자들이 먼저 말씀과 성령으로 바로서야 합니다. 쉽게 말해서 영육의 건강을 회복해야 한다는 말입니다. 말씀과 성령으로 치유가 되어야 합니다. 영적권능을 받아 어찌하든지 남편과 시어머니의 구원을 위해서 노력을 해야 합니다. 그렇기 위해서는 본인들이 영적인 면을 바르게 알고 성령세례 받고 치유 받아야 합니다. 먼저 체험하고 남편들을 치유 받게 해야 합니다. 그렇지 않으면 두 명이 모두 인생이 꼬여서 평생 고통을 당할 수가 있습니다. 이분들은 영적인 일에 무지해서 당하는 고통입니다. 더 많은 것은 "기독교인의 연애와 결혼"과 "가계의 고통을 끊고 축복받는 비결"을 읽어 보시기를 바랍니다.

22장 재혼할 때 알아야 하는 영적인 비밀

제가 성령치유 사역을 하다가 체험한 바로는 재혼할 경우 많은 영적인 문제가 발생하고 있었습니다. 이혼하고 재혼한 부부는 상처를 치유하고 이혼의 대물림의 줄을 끊고 이혼의 영을 축사하면 됩니다. 왜냐하면 서로 맞지 않고 성격이 통하지 않아서 이혼했기 때문입니다. 그런데 더 문제가 되는 것은 서로 사랑하고 살다가 세상을 떠난 사람과 재혼한 경우입니다. 10년 이상 사랑하며 잘 살다가 자녀를 출산하고 불의의 사고나 질병으로 떠난 경우, 문제가 더 심각합니다. 이런 경우에 처한 분의 예입니다. 이분은 1년 전에 지금 남편하고 재혼했습니다. 전 부인은 남편이 자신하고 재혼하기 2년 전에 질병으로 고등학생 아들과 중학생 딸을 두고 세상을 떠났다고 합니다. 재혼하고 지난 1년 동안 이유 없이 우울증, 불면증과 위통 때문에 힘들게 지내다가 저희 교회를 알게 되었다는 것입니다.

영적인 문제입니다. 죽는 사람이 생전에 입었던 옷들을 어떻게 해야 하느냐는 질문입니다. 돌아가신 전부인이 몸집이 작아서 그 옷을 딸아이가 지금 입거나 보관 중이고 화장품도 가지고 있어서 쓸 때도 있다는 것입니다. 사실 자신의 솔직한 심정으로는 다 버리고 싶다는 것입니다. 남편이 아이에게서 애들 엄마의 모습을 보는 것 같기도 하고…. 가끔 딸아이가 돌아가신 엄마처럼 행동할 때도 있다는 것입니다. 지난 1년간 어떻게 살았는지, 정말 힘들었다는 것입니다. 지금은 많이 평안해졌지만 어떻게 해야 할지 모르겠다는 것입니다. 집안에 있는 제사용품이나 절에서 사온 탑, 기념품 등 영적청소를 한 번 했다는 것입니다. 그대로 남아있는 유품을 어떻게 해야 할지 고민이라는 것입니다. 전 부인은 불교신자였습니다. 지금 남편은 장로님 아들이며, 예수를 믿고 교회에 나갑니다.

지금 아파트는 전 부인이 2월경에 입주해서 인테리어를 좋게 해 놓고, 제대로 써 보지도 못하고 그해 7월에 돌아갔다는 것입니다. 아파트 입주할 때 들여놓은 장롱이며, 식탁, 그릇, 장식장, 장롱, 소파, 탁자, 서랍장, 한복, 많은 그릇이며 찻잔들 등. 이 중에서 가족 공동용품은 그대로 두고, 여성 개인용품만 처리를 해야 하는지 잘 모르겠다는 것입니다. 고인이 쓰던 차를 출퇴근 용으로 쓰거나 자신이 쓰고 있다는 것입니다. 차 안 액세서리도 그대로, 고인 쓰던 물품을 손도 못 대게 해서 버릴 수가 없었다는 것입니다. 그런 부분을 어떻게 설득해야 하느냐는 것입니다. 남편에게 영적인 지식을 말해줘야 할 것 같다는 것입니다. 저에게 혹시 이런 경우를 치유한 경험이 있느냐는 것입니다.

저의 의견은 이렇습니다. 물건과 생각을 통하여 영들의 전이가 일어납니다. 영의 전이는 생각하고 눈으로 봄으로 일어납니다. 남편이 아침저녁으로 보고 생각함으로 쉽게 전부인과의 영의 묶임에서 해방이 될 수가 없을 것입니다. 그래서 사람이 죽으면 사용하던 것을 태우는 것입니다. 돌아가신 분 개인이 사용하던 것은 소각하거나 버리는 것이 좋습니다. 절대로 남편하고 상의해서 동의를 얻어야 합니다. 공동 용품은 남편의 의견에 따라서 처리하세요. 남편이 처리하겠다면 좋은 것이고 아니면 그냥 사용하는 수밖에 도리가 없습니다. 결혼 앨범을 어떻게 버리겠습니까? 남편이 재혼할 당시 이런 문제가 있을 것을 알고 직접 처리 했어야 합니다. 조금은 사려 깊지 못한 사람이라고 생각할 수 있습니다. 어찌할 수가 없습니다. 남편의 의견을 따를 수밖에 없습니다.

아파트도 문제입니다. 제가 조언하고 싶다면 팔고 다른 집으로 이사를 가는 편이 좋을 것입니다. 깨끗하게 정리하고 새 출발을 하는 것입니다. 남편이 이런 생각을 하고 재혼을 했어야 합니다. 자동차 문제는 참으로 난감합니다. 저의 소견으로는 팔고 다른 차를 구입하는 것이 좋습니다. 그러나 남편이 그렇게 하지 않을 것입니다. 아침저녁으로 차를 타고 다니면서 전 부인을 생각할 수 있으니까요. 이것은 동거와 영적 육체적인 접촉으로 인해서 영의 결속이 되었기 때문입니다. '쏠타이'라고 합니다. 이것에 대해서는 "하나님의 복을 전이 받는 법" "귀신축사 차원 높게 하는 법"을 읽어보시면 도움이 될 것입니다.

남편을 잘 설득해야 합니다. 합리적으로 생각하면 안 됩니다. 한 차원 깊은 영적으로 생각을 하면 답이 나올 것입니다. 빨리 처리하려고 생각하면 문제가 커질 수도 있습니다. 남편이 이해하고 처리하도록 해야 합니다. 시간이 해결하여 줄 것입니다. 모두 생명의 말씀과 성령의 역사로 가능한 것입니다. 강한 성령의 권능이 나타나도록 기도하고, 권능을 사용하여 가정을 장악하시기를 바랍니다. 3년은 싸워야 합니다. 그래야 어느 정도 집사님의 자리가 잡히고, 성령의 권능이 가정을 장악하게 될 것입니다.

23장 귀신은 예수만 믿으면 떠나지요

우리가 바르게 알아야 할 것이 있습니다. 예수만 믿으면 사람의 전인격이 하나님의 소유가 되는 것이 아닙니다. 예수를 믿으면 영이 살아나 하나님의 소유가 됩니다. 반면에 혼(마음)과 육은 여전하게 세상의 지배를 받습니다. 세상의 지배를 받는 혼(마음)과 육은 귀신의 소유입니다. 그럼 언제 귀신이 떠나가느냐. 성령으로 세례를 받고, 성령의 불세례가 임하면서 혼(마음)과 육에 역사하던 귀신이 떠나가기 시작을 합니다.

일반적인 교회에서 예수를 믿으면 모든 문제가 해결이 된다고 하는 말은 체험이 없이 하는 말입니다. 저의 체험으로는 성령으로 세례를 받고, 불세례를 받으면서 내면의 상처가 치유되고 귀신이 떠나가기 시작을 했습니다. 많은 목회자들이 교회에는 예수 이름이 있으니 귀신이 얼씬도 못한다고 합니다. 그래서 성도들이 귀신에 대하여 관심을 갖지 않습니다. 귀신역사를 무시해 버린다는 것입니다. 나는 예수를 믿었으니 귀신의 영향을 받지 않는다고 마음을 놓아버린다는 것입니다.

많은 목회자들과 성도들이 예수 믿고 교회당 안에 들어오면 악한 영이 지동으로 떠나가는 것으로 인식하고 있습니다. 한마디로 귀신을 무시하고 사는 것입니다. 무시하니 마귀는 마음대로 활동을 합니다. 마귀에게 당하면서 살아도 모른다는 것입니다. 사람은 자신이 생각하고 치우치는 방향만 발전하게 되어있습니다. 악한 영을 생각하지 않고 관심을 갖지 않으니 악한 영의 활동이 보이지를 않는 것입니다. 그래서 교회 안에서도 보이는 면만 가지고 문제를 해결하려고 합니다.

제가 시화에서 교회를 개척하여 목회를 할 때의 일입니다. 인접교회 목사가 사모하고 이혼을 했습니다. 그것도 자녀들의 나아가 28세, 26세의 자녀를 둔 목회자가 이혼을 한 것입니다. 정말 세상에 나가 이야기하기 심히 부끄러운 일입니다. 이 목사가 이혼을 하고 몇 개월이 지난 다음에 아주 젊은 여 전도사하고 재혼을 했습니다. 그러자 성도들이 동요하여 교회를 다 떠났습니다. 떠나온 성도들 중에서 5명이 우리 교회를 다니겠다고 하면서 왔습니다. 그런데 제가 전하는 말씀하고, 전에 자기 교회 목사가 전하는 말씀하고 다른 부분이 있었습니다. 무엇인가하면 성도에게도 악한 영들이 역사할 수 있다는 말씀입니다.

하루는 그 교회에서 온 성도 중에 제일 나이가 많은 집사가 나에게 이런 말을 하는 것입니다. 전 교회의(이혼한 목사) 목사는 교회에는 예수 이름이 있기 때문에 악한 영의 역사가 없다고 하는데, 왜 목사님은 악한 영의 역사가 있으니 성령 충만하게 지내라고 자꾸 강조하느냐는 것입니다. 그래서 제가 말씀으로 이해를 시키자니 시간이 많이 걸릴 것 같아서 온 교회 성도들을 하루에 두 명씩 정하여 축귀를 하기로 결정을 하였습니다. 왜냐하면 자신에게서 악한 영의 역사가 일어나면 눈으로 보고 몸으로 느끼기 때문에 이해하기가 쉬워서 그렇게 한 것입니다. 오전에 한 성도,

오후에 한 성도, 모두 축귀를 했습니다. 물론 그 교회에서 온 성도들도 예외가 될 수 없이 모두 다 했습니다. 결론은 이렇습니다.

모두에게서 귀신들이 축귀되어 나갔습니다. 어떤 성도는 심하게 통곡을 하다가 귀신이 떠나갔습니다. 어떤 성도는 하품을 하는데 목구멍이 확장되면서 황소울음을 열일곱 번을 하고 귀신이 떠났습니다. 문제는 저에게 이의를 제기한 집사의 차례가 되었습니다. 성령의 임재를 요청하고 성령이 완전하게 장악이 된 다음에 악한 영을 기침으로 떠나가라고 했습니다. 그랬더니 한동안 발작을 했습니다. 눈을 보니 눈동자가 따로 움직였습니다. 악한 영의 역사인 것입니다. 약 30여분을 발작을 하면서 몸부림을 쳤습니다. 잠잠해져서 지금 이렇게 발작을 하게한 장본인은 "예수 이름으로 명하노니 기침으로 나와라." 명령을 하니 사정없이 기침을 해대면서 귀신이 축귀되었습니다. 잠잠해졌습니다.

그다음이 더 재미가 있습니다. 집사가 하는 말이 생전처음 이런 체험을 했다는 것입니다. 자기도 자기가 하는 흉측한 행동을 보고 놀랐다는 것입니다. 내가 질문을 했습니다. 집사님을 그렇게 흉측하게 행동을 하게한 장본인이 누구인지 아세요. 그랬더니 이렇게 대답을 했습니다. 자신이 속고 살았다는 것입니다. 자신은 목사님이 하는 말은 모두 하나님의 말씀인줄 알았는데 오늘 지난 목사에게 속았다는 것입니다. 자신은 꿈에도 자신에게 그런 귀신이 있는 줄을 몰랐는데 오늘 알았다는 것입니다. 그러면서 "목사님 감사합니다. 지금 마음이 너무나 편안하고 좋습니다. 나에게 역사하던 귀신을 축귀해 주셔서 감사합니다.

내가 목사님의 기도를 받으면서 감동을 받았는데 전에 목사님 이혼을 시킨 것도 마귀라는 것을 깨닫게 했습니다." 이 집사는 그 다음부터 자꾸 영적으로 변하여 순종을 잘하는 집사가 되었습니다. 이와 같이 영적인 무지로 인하여 목회자와 성도가 악한 영에게 당하고 있다는 것입니다. 우리 영의 눈을 떠야합니다.

제가 체험한 바로는 귀신은 예수를 믿고 성령으로 세례를 받고, 성령으로 불세례를 받으면서 내면의 상처가 치유되면서 귀신이 떠나갑니다. 그냥 떠나가는 것이 아니고 귀신이 침입하게 된 원인을 성령으로 찾아서 해결할 때 귀신이 떠나가는 것입니다. 반드시 귀신이 침입하게 된 원인을 해결하고 예수 이름으로 명령할 때 정체가 폭로된 귀신만 떠나가는 것입니다.

그러므로 예수만 믿으면 자동으로 귀신이 떠나가는 것이 아닙니다. 우리 바르게 믿고 해결하여 불필요한 고통을 당하지 마시기를 바랍니다. 예수만 믿으면 귀신이 떠나간다면 왜 예수를 믿는 여러 성도가 영적인 문제로 고통을 당하겠습니까? 하나님은 절대로 예수를 믿었다고 귀신을 쫓아내 주시지 않습니다. 하나님은 이렇게 말씀하셨습니다. "믿는 자들에게는 이런 표적이 따르리니 곧 그들이 내 이름으로 귀신을 쫓아내며 새 방언을 말하며 뱀을 집으며 무슨 독을 마실지라도 해를 받지 아니하며 병든 사람에게 손을 얹은즉 나으리라"(막16:17-18). 귀신은 예수 믿었다고 자동으로 떠나지 않고 예수 이름으로 명령할 때 정체가 폭로된 귀신만 떠나간다는 것을 알아야 합니다.

3부 성령으로 기도

24장 왜 성령으로 기도해야 하나요

성령으로 기도해야 한다는 것입니다. 왜 성령으로 기도해야 하느냐를 알고 해야 합니다. 기도의 대상이 하나님이십니다. 하나님의 뜻을 구하고, 하나님의 음성을 듣는 것이 기도입니다. 영이신 하나님에게 기도하기 때문에 성령으로 기도해야 한다는 것입니다. 세상에서 하는 식으로 머리를 써서 자기 생각으로 기도하면 영이신 하나님이 들으실 수가 없기 때문입니다. 한마디로 독백이 된다는 것입니다. 하나님은 육신적인 욕심을 가진 독백의 기도에 응답하지 않습니다. 기도는 영의 활동입니다. 기도를 성령으로 하지 않으면 기도할 때 세상 신을 부를 수도 있기 때문입니다. 기도하는 소리를 듣고 세상신이 달려들 수도 있다는 것입니다. 그래서 기도는 반드시 성령으로 해야 하나님이 듣고 응답하십니다.

그럼 어떻게 기도를 해야 성령으로 기도를 하느냐 입니다. 성령으로 기도하는 것이란 다음과 같은 세 가지를 말합니다. 첫째는, 성령에 인도되어 드리는 기도를 말합니다. 사도 바울은 롬 8:26에서 성령이 인도하는 기도에 대해서 말씀합니다. "성령도 우리 연약함을 도우시나니 우리가 마땅히 빌바를 알지 못하나 오직 성령이 말할 수 없는 탄식으로 우리를 위하여 친히 간구하시느니라." 물론 우리 자신이 누가 시켜서가 아니라, 스스로 기도하고 싶은 그런 때도 있습니다. 그런데 기도해야 하는데도 불구하고, 웬일인지 기도하기 싫은 때도 있습니다.

이와 같은 우리를 우리의 마음을 움직여서 기도하도록 인도하는 분은 성령이십니다. 그러므로 기도할 마음이 들었을 때, 감사하십시오. 아하, 성령께서 나를 기도하도록 인도하셨구나 하고 말입니다. 어떤 성도는 이렇게 말하였습니다. "기도는 하나님께로 나서 하나님께로 돌아가는 것입니다."라고 말입니다. 기도란 사람이 하는 일이 아니라, 하나님께서 하시는 일이라는 뜻입니다. 기도할 마음을 주시는 분은 성령이신 하나님이십니다. 성령께서 기도하도록 신호를 보내는 것입니다.

두 번째로, 성령님의 도우심을 따라 기도하게 됩니다. 성령님의 가장 큰 역할은, 예수님을 우리들에게 보여주는 일을 하십니다. 그러면서 동시에 우리 인생들을 친히 돕는 일을 하신다는 것입니다. 성령께서 어떻게 우리들을 도우시는 것입니까? 그것은 우리의 마음과 생각을 감화 감동시키심으로 도우십니다.

우리에게 선한 마음을 품게 하실 뿐 아니라, 그 마음을 행동할 수 있도록 격려하고 힘을 주시는 분이 성령이십니다. 우리가 기도드릴 때, 기도할 말을 가르쳐 주시고, 기도할 목표를 바라보게 하시며, 우리와 함께 기도에 동참하시는 분이 성령이십니다. 그러므로 개인적으로 기도할 때만이 아니라, 공중 앞에서 기도할 때에도 거기에는 성령께서 함께 하시며, 우리를 돕고 계시는 것을 알아야 하겠습니다.

　요한복음 16장 7절에 약속하신 보혜사 성령님은, 우리의 상담자가 되시는 분입니다. 우리가 찾아갈 때만이 아니라, 친히 우리에게 찾아 오셔서 우리의 문제에 대해서 느끼게 해 주시고, 가르쳐 주시고 바르게 행동하도록 일깨워 주십니다. 그래서 우리는 도우시는 성령님께 맡겨야 합니다. 이것보다도 더 지혜로운 방법이 없습니다. "저를 맡깁니다. 기도할 마음을 주십시오. 무엇을 기도할지 가르쳐 주십시오. 기도에 힘을 주시옵소서. 낙심치 않도록 뒤로 물러가지 않도록, 끝까지 승리하도록 도와 주시옵소서."

　세 번째는, 성령님의 힘으로 기도하는 것입니다. 당신은 어떤지 모르겠습니다만, 기도할 때 우리는 어두운 생각이나 무거운 영적 압력으로 아무 힘이 없다는 것을 느낄 때가 많습니다. 맥이 빠지고, 힘이 없어서 기도할 수가 없다는 생각이 사로잡곤 합니다. 왜 그렇습니까? 이런 때는 마귀가 우리로 하여금 기도하지 못하도록 방해하고 있는 것이며, 사로잡고 있는 것입니다. 마귀의 힘이 우리를 붙들고 있기 때문에 우리 자신의 힘으로는 아무 것도 할 수 없습니다. 바로 이런 때에 성령님을 의지해야 합니다. 그러면 놀랍게도 알 수 없는 힘과 능력이 위로부터 내려오는 것입니다.

　우리 자신의 힘으로 기도하려고 하는 것은 가장 어리석고 미련한 방법입니다. 그러나 성령님의 힘을 의지할 때, 성령께서 친히 역사 하시는 것입니다. 바울 사도는 에베소 교회에 이렇게 편지했습니다. "모든 기도와 간구로 하되 무시로 성령 안에서 기도하고 이를 위하여 깨어 구하기를 항상 힘쓰며, 여러 성도들을 위하여 구하고"(엡6:18). 그리고 로마서에서 성령이 우리와 함께 기도하고 계심을 말씀하시기를, "마음을 감찰하시는 이가 성령의 생각을 아시나니 이는 성령이 하나님의 뜻대로 성도를 위하여 간구하시느니라."(롬8:27).

깊은 영의기도에 몰입하였을 때 어느 순간부터 자신과는 전혀 상관이 없이 기도에 끌려들어가는 것을 경험했을 것입니다. 그런 기도를 '집중기도'(centering prayer)라고 부르기도 하고 '몰입기도'(absorbed prayer)라고도 부르는데 성령에 몰입되어 자신과는 상관없이 기도하는 것을 말합니다. 이것이 성령의 이끌림을 받는 기도입니다.

이런 몰입기도는 반드시 '황홀경'(trance) 속에서 이루어지는 것이 보통입니다. 정신을 잃고 쓰러지기도 하고, 비몽사몽이 되기도 합니다. 시간과 공간을 초월하게 되어 자신이 사라지게 됩니다. 이는 일차원에서 다차원으로 들어가는 것을 의미하며, 머리가 사라지고 몸이 기도하는 것입니다. 이런 기도를 통해서 우리는 이제 영으로 인도함을 받을 수 있는 구조를 경험하게 된 것입니다.

기도는 영의 길로 들어가는 첫 관문입니다. 어떻게 기도하느냐에 따라서 영적 반응이 다르게 됩니다. 주님은 귀신을 쫓아내지 못한 제자들에게 "기도 외에는 이런 유가 나가지 않는다"(마 9:29)고 가르쳤습니다. 기도는 은사의 배경이 됩니다. 기도를 어떻게 하느냐에 따라서 영의 반응을 다르게 나타나며, 은사 또한 다르게 되는 것입니다. 당신이 충만한 교회에 오면 아마도 기도부터 다시 배워야 할 것입니다.

성령으로 하는 기도는 부족한 무엇을 달라고 하는 것이 아니라, 내 안에 있는 좋지 않은 것을 성령으로 비우는 것입니다. 하나님의 은혜, 하나님의 생명, 하나님의 능력을 담는 내면이라는 그릇을 깨끗하게 하는 것입니다. 세상의 근심, 욕심, 불안함, 시기, 질투, 염려, 야망, 하나님이 보시기에 가증스러운 것들을 비워야 합니다. 우리의 마음을 쓰레기통으로 만들지 말아야 합니다. 배설물 통으로 만들지 말아야 합니다. 비움 후에 하나님으로 채우는 것이 기도입니다. 이를 위해 자꾸 자기성찰을 해야 합니다.

그리고 주님의 마음, 주님의 평강을 중심에 가져다 놓는 것입니다. 묵상을 통해 자신을 성찰하여 마음에 가득한 것, 손에 꼭 쥐고 있는 것을 내려놓고 빈 손, 빈 마음이 되어야 합니다. 그래야 하나님으로 채워집니다. 기도에 기합이나 감정을 넣지 말아야 합니다. 성령으로 감정을 풀어놓아야 합니다. 감정을 내려놓아야 합니다. 편안하게 풀어놓아야 합니다. 편안한 자세에서 기도는 사랑하는 아버지를 만나고 그분이 주시는 것으로 채우는 것입니다. 이를 사모하고, 성령으로 속을 비워야 합니다.

25장 무시로 기도해야 하는 이유가 있나요

무시로 기도하는 것입니다. 왜 무시로 기도해야 합니까? 사람은 육을 가지고 사는 영적인 존재입니다. 한시라도 마음이 하나님을 떠나 세상으로 향하면 세상신이 들어오기 때문입니다. 사람은 영적인 존재입니다. 그래서 마귀도 사람에게 관심이 많습니다. 성령님도 사람에 관심이 많습니다. 모두 사람을 통하여 자기들의 일을 하기 때문입니다. 그래서 예수를 믿는 성도와 친밀한 관계를 맺으려고 성령님이 성도 안에 임재하신 것입니다. 임재하신 성령님은 관심을 가지고 찾아야 깨어서 역사하십니다. 성령님이 깨어서 역사해야 성령으로 충만하여 권능이 있게 됩니다. 이렇게 성령의 권능이 있으니 마귀가 넘보지 못합니다. 또 수시로 들려주시는 하나님의 음성도 들을 수 있기 때문에 무시로 기도하라고 하는 것입니다.

그럼 어떻게 기도해야 합니까? 자기 안에 임재 하여 계신 성령님을 찾는 것입니다. 일을 하면서도, TV를 시청하면서도, 전철을 타고 가면서도, 누워서도, 앉아서도, 길을 걸어가면서도, 운전을 하면서도, 습관적이고 지속적으로 성령님을 찾는 것입니다. 이것이 무시로 기도하는 것입니다. 우리가 기도를 어렵게 생각하는 것은 꼭 기도원에 가서, 산에 올라가서, 교회에 가서 등등 특정한 장소에 가야만 기도하는 것으로 알기 때문입니다. 또 무릎을 꿇고 기도를 해야 한다는 강박관념이 기도를 어려운 것으로 인식하게 합니다. 물론 이러한 곳에 가서 무릎을 꿇고 기도도 해야 합니다. 그러나 육을 가지고 있는 우리가 무시로 기도를 하지 않으면 세상 신의 영향을 받을 수 있습니다. 항상 자신 안에 계신 삼위일체 하나님(하나님, 예수님, 성령님)을 찾는 것입니다.

무시로 기도하는 것은 항상 자신 안에 계신 성령님을 찾는 것입니다. 하나님 사랑합니다. 하나님 도와주세요. 하나님 어떻게 할까요? 하나님 용서하여 주세요. 하나님 내가 어떻게 해야 하나님의 뜻을 좇아 살 수 있습니까? 하나님 이 문제를 어떻게 해결해야 합니까? 지속적으로 하나님을 찾는 것입니다.

무의식 적으로 성령님을 자꾸 찾으면 성령님이 나타나시며 의식에서 무의식으로, 의식에서 영적상태로 바뀌게 됩니다. 이때 생각하는 것은 의식(두뇌)이 아니라, 무의식(영, 마음)입니다. 마치 눈을 감고 고향을 떠올리는 것처럼 의식에서 나오는 것이 아닙니다. 이러한 상태가 마음의 상태, 영적상태입니다. 이런 상태에서 성령님에게 묻고, 간구하고, 도움을 요청해야 합니다. 영의기도를 하면서 치유를 받아야 합니다. 간단하게, 그러나 반복해서, 지속적으로 해야 합니다. 이처럼 영적상태에서 마음으로 하는 한마디가 그냥 입으로 하는 수천마디보다 더 강하게 역사합니다. 인간의 주체는 머리가 아니라, 마음입니다. 영적상태에서 하나님이 주시는 평안이 세상을 이기는 에너지입니다. 상세한 것은 "깊은 영의기도 숙달하는 비결"을 참고하시기 바랍니다.

26장 습관적인 방언기도를 주의 하세요

習관적인 방언기도를 하는 분들이 많이 있습니다. 습관적인 방언기도를 분별해야 합니다. 불교신자들이 요즘 법회에서 방언을 많이 말합니다. 그들은 기독교의 방언이 하나님의 말이라는 주장에 대해서 받아들이지 않습니다. 자신들도 방언을 말하는데 그 방언은 부처님으로부터 오는 것이라고 믿습니다. 이것은 마치 모세가 바로 앞에서 지팡이가 뱀이 되게 하는 이적을 보여주자 이집트 술사들도 자신들의 지팡이를 던져 뱀이 되게 했던 것과 같습니다. 그러나 모세의 뱀이 술사들의 뱀을 잡아먹었습니다. 이것은 장차 우리가 겪게 될 영적 싸움의 모형으로 행하신 기적입니다.

불교신자들이 방언으로 기도하면 말할 수 없는 기쁨을 맛본다고 자랑합니다. 이것은 명상원에서 명상을 하는 사람들이 느끼는 황홀경(무아지경)과 같은 것입니다. 이것은 영이 강력하게 우리 몸에 임할 때 육체가 느끼는 것으로 하나님의 영이나 악령이나 거의 동일한 것입니다. 그래서 불교신자들은 그들이 행하는 참선을 통해서 영적 감흥을 맛보는 것입니다.

방언을 말할 때도 그런 즐거움을 느끼는 것입니다. 그래서 더욱 더 그 곳에 말려들어갑니다. 불교신자들이 말하는 방언을 통해서 그들은 갖가지 환상과 이상을 경험합니다. 이것도 우리와 비슷한 것입니다. 이 모든 영적 증상들은 동일하지만 결정적인 차이가 하나 있습니다. 그것이 바로 영적 싸움에서 하나님의 영이 이 모든 것을 제압한다는 것입니다.

이집트 술사들도 뱀을 만들어내는 능력을 행함으로써 바로의 마음을 흐뭇하게 만들었습니다. 그러나 다음 순간 바로의 얼굴은 일그러졌습니다. 이처럼 오늘날 우리 가운데에서도 이런 증거들이 그대로 나타납니다. 방언을 유창하게 말하면서 기도하는 불교신자가 이 점을 자랑합니다. 그런데 우리가 여기서 알아두어야 할 것이 있습니다. 영적인 일이라고 해도 우리가 그 일을 계속하면 우리 몸은 그 일에 익숙해져서 영의 힘이 아닌 육신의 힘으로 그 일을 하게 된다는 점입니다. 방언을 계속하게 되면 우리 혀는 그 말에 익숙해져서 자동으로 방언을 말하게 되는 것입니다. 이것이 방언이 습관이 된 것입니다. 이 경우에는 우리가 하는 방언은 영의 일이 아니라 육체의 일이 되는 것입니다. 이렇게 하는 방언으로는 아무런 유익을 얻지 못합니다.

습관 되어진 방언에는 영적 능력이 담겨 있지 않기 때문에 강력한 변화를 경험하지 못하지요. 영적 싸움에서도 이런 습관된 방언으로는 효과를 거둘 수 없게 되고 그런 방언은 지루해서 사람을 지치게 만듭니다. 방언이 영으로 하는 것이 아닐 경우에는 도움을 얻지 못하며 우리의 영은 강해지지 못하는 것이지요. 이처럼 불교신자들도 육체의 방언을 합니다. 이런 경우 그들도 역시 우리와 마찬가지로 삭막하지요. 그러나 영으로 방언을 하는 경우 본인이 그 점을 즉각 느낍니다. 능력 있는 그리스도인 앞에서 불교신자가 아무리 영으로 하는 방언을 말하려고 해도 되지 않습니다. 그 사람은 이상하다면서 오늘 기도발이 받지 않는 것 같다고 변명합니다.

불교신자들이 자신들만 모인 곳에서는 기도도 잘 되고 황홀경을 경험합니다. 그런데 그곳에 능력 있는 그리스도인이 가면 그런 분위기가 사라집니다. 그들은 이곳에 부정한 사람이 들어와 있다면서 사방을 살펴 그리스도인을 지적해냅니다. 그리고 그곳을 떠나라고 합니다. 그들만이 있을 때는 마귀는 달콤함을 주어 그들을 사로잡지만 그리스도인이 있으면 그 평화가 깨어지고 맙니다. 자신들을 이길 강력한 예수의 영이 그 자리에 임하므로 마귀는 힘을 쓸 수 없게 되는 것입니다. 이와 같이 그리스도인이 있는 곳에 강한 마귀의 영을 지닌 사람이 들어오면 찬물을 끼얹은 것처럼 썰렁해집니다. 이 경우 그들의 영이 마귀의 영을 이기지 못하는 것이지요.

영의 실체가 실린 방언은 그 효과가 나타납니다. 성령은 능력으로, 천사는 예언으로, 자신의 영은 회개라는 열매를 만들어냅니다. 그러나 습관이 되어서 하는 방언은 아무런 증거를 보이지 않습니다. 우리는 이런 방언을 많이 하게 되지요. 의무적으로 기도하는 사람이나 영의 흐름을 파악하지 못하고 무지하게 방언으로 기도하는 사람의 경우 습관된 기도를 하게 됩니다. 예수님은 바리세인들이 그런 습관된 기도를 하고 있다고 지적했습니다. 이런 기도를 중언부언의 기도라고 하듯이 방언으로 하는 기도에도 역시 이런 중언부언이 있는 것입니다. 이런 기도로는 영적 싸움을 할 수 없지요. 우리가 영으로 예민하고 늘 성령의 흐름을 민감하게 느끼려는 생각이 있어야 합니다. 그래야 불교신자들이 하는 것과 같은 맹목적이고 감각적인 즐거움을 좇아가는 어리석은 기도에서 벗어날 수 있는 것입니다.

불교신자들이 그들이 모이는 법회에서 느끼는 감각적인 즐거움이 거짓이라는 것이 참이신 그리스도의 영을 접할 때 드러납니다. 홀로 기도할 때 깊은 명상에 들어간다고 자랑하는 사람이 그리스도인 앞에서는 그것이 잘 되지 않으니 이상하다고 이야기합니다. 이것이 영적 싸움에서 승리하는 증거이지요. 우리는 거짓 평안과 즐거움을 몰아내고 참되신 주님의 평안을 전해야 하는 책임이 있습니다. 그러기 위해서 우리는 스스로 영의 흐름에 대한 분명한 의식이 있어야 하는 것입니다. 기도할 때 우리를 감싸는 세 가지 종류의 영의 분위기를 제대로 이해할 수 있어야 합니다. 그것은 직접 경험할 수 있을 때 구분하는 능력이 생깁니다. 말로 설명이 되지 않는 감각의 영역이기 때문에 우리 각 사람은 이 기능을 스스로 개발해야 합니다.

우리는 육체의 평안이나 마귀가 가져다주는 일시적인 황홀경을 경계해야 합니다. 육체적으로 근심된 일이 없을 때 우리는 평안한 기분을 느낍니다. 이것은 세상이 주는 평안이며, 주님이 주시는 평안을 그것과 다르다고 말합니다. 그 평안을 맛보아야만 육체적 평안과 구분할 수 있지요. 성령이 주시는 평안의 실체를 경험하기 위해서 우리는 극한의 고난과 갈등이 주어지고 그런 환경에서 부여되는 실체적 평안을 우리는 맛보게 됩니다. 이럴 경우 그 평안의 근원이 어디인지를 기억하는 사람이 별로 없는 것입니다. 그 평안과 육체적 평안이 어떻게 다른지를 제대로 기억하지 못하는 것은 모조품이 있다는 사실을 사전에 알지 못하기 때문입니다.

우리는 방언을 통해서 우리 안에 역사하는 영의 흐름을 읽을 수 있을 뿐만 아니라 자신의 영적 상태를 점검할 수 있습니다. 무기력하고 습관적인 방언만 하고 있다면 죄의 문제를 보아야 합니다. 성령 충만을 방해하는 것은 죄이기 때문입니다. 불순종은 하나님으로부터 오는 모든 은혜를 가로막는 장애물입니다. 방언으로 기도할 때 새로운 힘이 들어오는 것을 느끼지 못한 채로 기도만 한다면 그것은 습관적으로 기도하는 것입니다. 기도할 때 하나님이 주시는 힘으로 하지 않고 자신의 의지로만 한다면 이는 괴로운 일임을 알아야 합니다. 시작은 자신의 힘으로 하지만 얼마 가지 않아서 영의 힘이 실리는 것을 느껴야 합니다. 그 힘이 악한 영으로부터 오는 것인지 선한 영으로부터 오는 것인지를 제대로 파악할 수 없다면 아주 유치하거나 이에 대한 의식이 없는 것입니다.

기도할 때 자신의 영안에 흘러들어오는 다양한 능력과 힘을 느낄 수 있도록 예민해져야 하며 그러기 위해서는 아무런 의식 없이 하는 습관에 젖은 기도에서 벗어나야 합니다. 하나님의 영은 분명한 의식을 가지고 그 영을 환영하고 모셔드릴 때 더욱 풍성해지는 것입니다. 불교신자들이 느끼는 즐거움이나 우리가 느끼는 기쁨이나 다를 바가 없습니다. 그러나 이 두 가지가 서로 충돌할 때에는 분명하게 드러납니다. 짝퉁은 그것 자체로 즐거움을 줍니다. 그러나 진품이 곁에 있으면 그것은 수치스러운 물건이 되듯이 거짓 즐거움과 방언은 그것만을 가지고 행할 때는 아무런 문제가 없는 듯이 보이다가도 하나님의 것이 들어오면 그것은 엄청나게 사람을 괴롭게 하는 악한 존재의 본성을 들어냅니다.

마귀의 방언을 하면서도, 타성에 젖은 습관적 방언을 말하면서도 평안하고 기쁠 수 있는 것은 영적 싸움을 시도하지 않았기 때문입니다. 마귀는 대항할 때 물러나고 그 본성을 들어냅니다. 우리는 늘 스스로 마귀를 예수의 이름으로 쫓아내는 일을 해야 합니다. 우리가 기도할 때 하는 방언에는 분명히 다른 요소들이 스며든다는 점을 잊지 말아야 합니다. 하나님으로부터 오는 것은 환영하고 받아들여야 하지만 악한 영으로부터 오는 것은 배척하여야 합니다. 이것을 구분하지 않는 무지한 상태를 마귀는 제일 좋아합니다.

만약에 당신이 습관적인 방언기도를 하고 있다고 느껴지면 성령의 역사가 일어나는 곳에 가서서 영의통로를 열어야 합니다. 배애서 나오는 소리로 기도하려고 해야 합니다. 자세한 것은 "방언기도 숨은 비밀"을 읽어보시기를 바랍니다.

27장 방언통역은 어떻게 해야 할까요

방언통역의 은사에 대해서 사람들이 오해하는 것은 통역이라는 이름 때문일 것입니다. 방언의 은사는 그 앞에 '여러 가지'라는 수식어가 붙어있다는 사실을 간과 해서는 안 됩니다. 방언의 은사는 바로 여러 가지 방언을 말할 수 있는 능력(고전 12:10)입니다. 여러 가지 방언이란 상황에 따라서 다른 방언을 하는 것입니다. 그 까닭은 방언 안에는 영의 언어, 성령의 언어, 천사의 언어 등과 같은 다양한 주체의 언어가 포함되어 있으며, 이는 여러 가지 은사를 효과적으로 사용할 수 있기 위해서라는 사실도 설명했습니다.

방언을 통역하는 은사는 바로 이 방언을 설명하는 것입니다. 이해를 정확하게 하기 위해서 고린도 전서 12:10의 말씀을 옮겨 봅니다. "어떤 사람에게는 여러 가지 방언을 말하는 은사를 주시고, 어떤 사람에게는 그 방언을 통역하는 은사를 주십니다." 여기서 '통역하다'라고 번역한 헬라어는 '헤르메뉴오'(hermenueo)로써 '해석하다' '설명하다' '번역하다' '통역하다'라는 의미를 가지고 있습니다.

고린도 전서 12:30에서 사용한 단어는 '디에르메뉴오'(diermeneuo)로 '철저하게 설명하다'라는 뜻을 가지고 있으며, 함축적으로 '번역하다'라고 풀이할 수 있습니다. '설명하다'라는 뜻을 가진 '디에르메뉴오'는 고린도전서 12:30, 14:5, 13, 27,

28 등에 사용되었고, '해석하다'라는 뜻을 가진 '헤르메뉴오'는 12:10, 14:26 등에서 사용되었습니다. 방언을 '통역하다'라는 말보다는 '해설하다' 또는 '설명하다'라고 번역하는 것이 더 타당할 것입니다. 왜냐하면 방언을 통역하는 것은 우리가 흔히 외국어를 자국어로 통역하는 것과는 전혀 다르기 때문입니다.

우리는 방언을 통역하는 일이 마치 외국어를 통역하듯이 그렇게 하는 것으로 오해하는 까닭이 바로 통역이라는 단어 때문입니다. 우리가 통역이라고 하면 단순히 외국어를 우리가 말로 옮겨놓는 것이라고 생각하기 쉽지만 통역은 그렇게 간단한 것이 아닙니다. 언어란 그 집단의 문화에서 생겨난 것이기 때문에 문화가 다른 민족의 언어로 통역될 때는 반드시 문화적 차이를 좁히는 통역자의 수고가 따라야 합니다. 특히 소설을 비롯한 문학작품을 번역할 때는 이런 점을 심각하게 고려해야 하기 때문에 번역은 제2의 창작이라고 표현하는 것입니다.

단순히 외국어를 잘 한다고 해서 훌륭한 번역자가 되는 것은 아닙니다. 번역이 새로운 창작 작업이 되는 까닭은 번역자가 가지고 있는 두 나라 사이에 있는 문화적 차이를 올바르게 설명할 수 있는 다양한 능력이 있어야 하기 때문입니다. 통역은 이처럼 통역하는 사람의 능력에 따라서 다르게 의미가 전달될 수 있는 점을 지니고 있습니다. 통역자에 따라서 통역의 질이 달라집니다. 말하는 사람의 의도를 제대로 파악하고 그 의도를 우리말로 정확하게 설명하기 위해서 단어를 선택하는 일에 신경을 써야 하고 때로는 부연설명이 필요합니다. 바울이 선택한 헬라어는 그런 의미에서 '설명하다'라는 뜻을 지니고 있는 것입니다. 특히 '디에르메뉴오'는 철저하게 '설명하다'라는 의미를 가지고 있습니다. 이 단어를 바울은 고린도전서 12:10절에서 사용했는데, 여러 가지 방언을 설명하고 바로 그 방언이라고 적고 있습니다.

그 방언을 철저하게 설명하는 은사를 주시는 것입니다. 여러 가지 방언이란 여러 가지 은사를 적용하기 위한 방언입니다. 즉 쉽게 설명하면 신유의 은사를 위한 방언, 축사를 위한 방언, 예언을 위한 방언, 영을 분별하기 위한 방언, 지식의 말씀 또는 지혜의 말씀으로서의 방언 등과 같은 방언입니다. 이런 방언은 여러분들이 매일 하는 그런 방언과는 전혀 다릅니다. 이것이 여러 가지 방언을 말하는 은사입니다. 신유의 능력을 가지고 환자에게 손을 얹어 기도할 때 방언을 말합니다. 이 방언은 설명이 필요합니다. 환자에게나 병을 치유하는 사역자에게나 방언의 의미가 무엇인지를 설명해주는 사람이 있다면 더 많은 유익을 얻을 수 있을 것입니다.

도대체 이 병이 나을 병인지, 무엇 때문에 생긴 병인지를 알지 못한다면 답답합니다. 성경은 자주 환자들과 그 가족들이 병을 고침 받기 위해서 주님께 다가와 병의 원인을 물었을 때 자세하게 설명해주신 기록이 있습니다. 그리고 다음에는 어떻게 해야 할지도 지시하셨습니다. 여러분이 이런 조언을 받는다면 더 많은 위로가 될 것입니다. 방언의 기능에는 안위하고 위로하기 위한 것이 있습니다. 그런데 우리는 방언의 내용을 알지 못하기 때문에 방언을 통해서 그런 위로를 경험하지 못합니다.

방언을 통역하는 일은 이와 같은 배경을 설명하는 일입니다. 외국어를 번역하는 일처럼 단순히 문자적으로 그대로 옮기는 통역과는 다른 차원을 가지고 있습니다. 어떤 신학자들은 방언통역을 시험하기 위해서 문자적인 접근을 시도하기도 합니다. 방언통역의 은사가 있다고 생각하는 사람에게 헬라어를 들려주고 통역하도록 했습니다. 그 경우 모든 통역자는 각각 다르게 통역을 했다고 합니다. 그렇기 때문에 방언 통역을 할 수 있다고 생각하는 사람들은 실제로 통역의 은사를 받지 못했음에도 불구하고 받았다는 착각을 하고 있다고 주장합니다.

이런 시험을 통해서 방언 통역의 은사를 설명하려고 하는 시도는 방언 통역을 외국어 통역처럼 오해한 까닭입니다. 방언을 통역하는 것은 외국어를 통역하는 것과는 전혀 다르다는 사실을 그들은 모르고 있습니다. 그런 까닭은 그 시험을 주도한 사람들이 방언을 통역해본 경험이 전혀 없거나 심지어는 곁에서 본 경험조차도 없기 때문일 것입니다. 단정적으로 설명하면 방언의 은사와 방언 통역의 은사는 전혀 별개로 진행된다는 점입니다.

방언 통역은 방언을 설명하는 또 다른 작업입니다. 방언을 말하는 사람은 자신의 영으로 또는 천사의 영으로 인해서 말하는 것입니다. 자신의 의도로 말하는 것이 아닙니다. 이와 같이 방언을 설명하는 사람 역시 자신의 의도로 설명하는 것이 아니라 천사의 영으로 인해서 설명하는 것입니다. 성경은 이를 '그리스도의 영' 또는 '예언의 영' '대언의 영'이라는 표현을 사용합니다. 요한계시록 19:10에는 "내가 그 발 앞에 엎드려 경배하려 하니 그가 나더러 말하기를 나는 너와 및 예수의 증거를 받은 네 형제들과 같이 된 종이니 삼가 그리하지 말고 오직 하나님께 경배하라 예수의 증거는 대언의 영이라 하더라"에서 그란 천사를 의미한다는 사실을 잘 알고 있을 것입니다.

개역성경에서 표현한 '대언'이라는 말은 '예언'입니다. 다른 성경은 모두 '예언의 영'이라고 적고 있습니다. 이 부분에 대해서 공동번역은 "예수께서 계시하신 진리야말로 예언자들에게 영감을 주는 것이다"라고 표현함으로써 더 확실하게 설명하고 있습니다. 예언자는 영감을 받아서 예언을 하게 되듯이 방언을 통역하는 사람 즉 다른 사람이 방언하는 것을 설명해주는 사람은 영감을 받지 않으면 불가능합니다. 그러므로 방언을 말하는 사람과 그 방언을 설명하는 사람은 각각 영감을 받아서 행하는 일입니다. 이 두 주체가 동일할 수도 있고 다를 수도 있습니다.

천사를 비롯해서 다양한 영적 주체들은 성령의 통제 아래에서 예수의 영의 소원을 드러내는 것입니다. 예수께서 계시하는 진리를 영들이 우리들에게 전달하는 것입니다. 이 전달 차원이 때로는 방언으로 때로는 예언으로 때로는 꿈과 환상으로 다양하게 나타납니다. 이 모든 것은 부연적인 설명이 필요합니다. 예언은 성경지식을 통해서 공동체가 분별해야 하는 과정이 필요하고, 꿈과 환상은 이미지를 학습해서 그것을 적용시켜 해석하는 과정이 필요하며, 방언은 그것을 설명해주는 해설가가 필요합니다.

방언을 설명하는 능력은 지식의 말씀과 지혜의 말씀에 깊은 연관이 있습니다. 이는 성령의 감동으로 인해서 이루어지는 것이기 때문에 사람의 능력과는 상관이 없습니다. 그러므로 이는 어떤 시험을 통해서 확인할 수 있는 성질이 아닙니다. 우리가 예수의 증거를 과학을 통해서 밝혀낼 수 없는 것과 같습니다. 이는 믿음에 속한 것이지 과학에 속한 것이 아니기 때문입니다.

설교자는 성경말씀을 해석할 때 자신의 주관에 의해서 하게 됩니다. 주관이란 성령의 감동을 포함합니다. 그런데 같은 본문을 가지고 설교할 때 설교자마다 다르게 설교합니다. 그렇다고 해서 그들의 설교가 잘못되었다고 말할 수 없습니다. 같은 본문을 가지고 설교하는 설교자가 다 같은 설교를 한다면 그것이 잘못일 것입니다. 그것은 설교가 아니라 성경공부가 되기 때문입니다. 설교와 성경공부는 전혀 다른 것입니다. 설교는 성령의 감동으로 인해서 하는 것이므로 달라야 하며, 성경공부는 확립된 진실을 바탕으로 지식체계를 전달하는 것이기 때문에 같아야만 합니다.

방언 통역을 성경공부차원으로 인식한다면 심각한 문제가 있습니다. 성령의 감동은 즉흥적이며 개별적이라는 사실을 이미 설명했습니다. 그러므로 같은 자리에 있는 사람일지라도 성령의 감동을 통해서 전혀 다르게 의식하게 됩니다. 설교자의 설교를 듣는 회중이 다 같은 생각으로 받아들여지지 않고 개별적으로 해석하는 까닭이 여기 있는 것입니다. 한 가지 방언을 통역하는 사람에 따라서 전혀 다르게 나타나는 것은 당연한 결과입니다.

외국어의 통역은 한 사람의 말을 다 같이 통역해야 합니다. 그러나 방언 통역은 통역이 아니라 설명과 해설이기 때문에 해설가마다 다르게 표현합니다. 이는 스포츠에서 같은 경기를 해설자마다 다르게 해설하는 것과 같습니다. 그래서 월드컵 때 우리는 각자가 좋아하는 해설자가 해설하는 방송을 시청했지 않습니까? 방언 통역은 바로 그렇습니다. 통역이 아니라 해설이기 때문입니다. 이제부터 방언 통역이라는 말을 들을 때 통역이라는 말보다는 해설이라고 생각하십시오. 해설자마다 다르게 표현할 수 있다는 사실을 알아야 합니다. 그래서 유명한 설교자와 어설픈 설교자가 차이가 나듯이 방언을 해설하는 것 역시 그렇습니다. 그래서 능력이 있는 예언자와 미숙한 예언자가 있는 것입니다.

하나님으로부터 오는 예언이지만 예언자의 해설을 거쳐서 전달되기 때문에 능력이 있는 예언자와 미숙한 예언자가 있는 것입니다. 이는 다른 은사에서도 마찬가지입니다. 유능한 사람과 미숙한 사람의 차이는 분명히 있습니다. 하나님으로부터 오는 능력이지만 그것은 질그릇과 같은 우리의 몸을 통해서 나타나기 때문에 차이가 생길 수밖에 없습니다.

방언을 통역하고 싶은 분은 한마디 방언하고 호흡을 들이쉬며 성령의 감동을 받고, 다시 한마디 방언하고 호흡을 들이쉬며 성령의 감동을 받고를 연속하시면 숙달할 수가 있습니다.

4부 영안과 분별

28장 영안이 어떻게 열리나요

하나님은 성도들이 말씀과 성령으로 충만한 상태에서 영안이 열리기를 원하십니다. '영안이 열린다.' 라는 말은 영혼이 건강하고 영적으로 깨어 있어서 우리들의 생각과 마음과 관심의 초점이 하나님께 맞추어져 하나님을 온전한 모습으로 바라보는 것을 의미합니다. 하나님으로 기뻐하고 즐거워하며 하나님의 말씀으로 부유하고 풍성하여 하나님으로 충만해 있는 것을 뜻합니다. 하나님과 동거동락하고 동행하는 삶을 영위하며 하나님의 뜻을 따라 인도하시는 순종의 삶을 살아가는 것을 뜻합니다.

영안이 열리게 되면 하나님과의 관계가 치유되고 회복되면서 하나님과 우리들의 영혼 간에 관계를 가로 막고 있던 죄 성과 쓴 뿌리와 같은 장애물이 제거되면서 하나님 안에서 자유롭게 지내게 됩니다. 영적인 양식에 대한 갈급함으로 인해 하나님이 공급해 주시는 영적인 양식들을 먹고 마심으로 영적으로 강건하고 튼튼해집니다. 죄를 미워하고 성령을 사모하며 우리들의 영혼을 향하신 하나님의 뜻과 계획하심에 집중하게 됩니다.

영적으로 열리게 되면 성령으로 충만함의 은혜를 받기 때문에 어둠의 역사에 굴하지 않고 예수님의 보혈의 능력을 의지하여 이를 담대하게 물리치게 됩니다. 또한, 죄악 된 삶을 떠나 하나님의 은혜 가운데 거하면서 하나님이 사랑하시는 것을 사랑하게 되고 하나님이 기뻐하시는 것을 기뻐하면서 하나님이 원하시는 것에 부합된 믿음의 삶을 살아가고자 하는 노력을 하게 됩니다. 영적으로 열리게 되면 나약해 있던 마음이 치유되어 하나님에 대한 열정이 뜨거워지고 하나님을 향한 열심도 살아나면서 하나님께 헌신하게 됩니다.

또한, 살아계신 하나님의 능력을 체험하게 되면서 하나님이 우리들 심령 안에서 역동적으로 역사하심을 깨닫게 됩니다. 하나님이 허락하시는 능력을 힘입어 하나님의 역사에 동참하게 되고 아무것도 아닌 우리들의 영혼을 통하여 하나님께서 일하시며 하나님의 하나님 되심을 나타내시는 것을 바라보게 됩니다.

무엇보다 영적으로 열리게 되면 우리들의 영혼을 향하신 하나님의 사랑을 고백하고 우리들의 영혼을 십자가 위에서 돌아가신 예수님의 사랑을 찬양하면서 은혜 받은 증인으로서의 삶을 살아가게 됩니다.

죽을 수밖에 없는 죄 많은 영혼을 구원하시고 살리시기 위해 조롱과 모진 핍박과 고통을 참아내시며 고난의 십자가를 지신 예수님의 참사랑과 고귀하신 희생을 마음속 깊이 간직하면서 송축하게 됩니다. 영적으로 열리게 되면 마음속에 자리 매김하고 있던 그릇된 감정들이 치유되면서 다른 사람들을 불쌍히 여기고 긍휼히 여기는 아름다운 마음이 샘솟아 납니다.

또한, 세상 적으로 자신의 영혼을 짓누르고 있던 세상적인 것의 집착에서 벗어나 자유롭게 영적인 비상을 하게 됩니다. 마음 속에 가득 임재하시는 성령의 임재 가운데 성령 안에서 기도하 며 하나님이 부어주시는 기름 부으심을 받으며 능력 있는 기도 생활을 할 수 있게 됩니다.

영적으로 열리게 되면 더럽고 추한 육적인 삶에서 떠나 하나 님이 기뻐하시는 영적인 삶을 살아가게 됩니다. 영적인 것을 사 모하고, 추구하며 영적인 삶을 통해 하나님께 가까이 다가가려 고 합니다. 궁극적으로 영적으로 열려 있다는 것은 하나님은 높 아지시고 우리들 자신의 영혼은 지극히 낮아지는 것이며 내 자 신의 중심에서 하나님 중심으로 모든 부분을 옮기는 것입니다.

영적으로 열려 있는 삶을 살아가기 위해서는 예수님의 보혈 의 은혜를 통한 거듭남의 은혜를 입어야 합니다. 성령의 불세례 를 체험하며, 뜨거운 눈물의 회개 기도를 통하여 하나님의 긍휼 히 여기심을 받아 더러운 겉 사람을 버리고 새로운 속사람을 통 한 변화된 삶을 영위해야 합니다.

또한, 하나님의 은혜를 통한 영적인 삶을 살아가기 위해서 날 마다 하나님을 찾고 구하기를 열심으로 행해야 합니다. 우리들 스스로는 결단코 닫혀 있는 영적인 부분들을 열 수 없고 영적인 삶 또한 영위할 수 없습니다. 하나님의 은혜로만 가능한 것입니 다. 그렇기 때문에 영적으로 열려 있는 것에 만족하지 말고 하 나님께서 닫혀 있던 영안을 열어 주심으로 우리들의 영혼을 통 해 무엇을 원하시고, 어떤 일을 계획하고 계신지에 집중하여 하나님께 기뻐하심을 받는 영혼이 될 수 있도록 하나님 앞에 머무르며 하나님을 찾고 구해야 할 것입니다.

영안은 하나님의 말씀을 삶에 적용하며 체험하므로 열리는 것입니다. 능력자에게 안수한번 받아서 열리는 것이 아닙니다. 영안의 열림에 대하여 명확한 개념을 정립해야 합니다. 그래야 마귀에게 속지 않습니다.

다시한번 강조합니다. 영안은 영물(귀신)만 보이는 것이 절대로 아닙니다. 세상을 살아가면서 하나님의 역사와 마귀 역사와 사람의 역사를 하나님의 시각으로 보고 판단하여 하나님의 역사를 따라가는 눈 입니다.

영안은 능력자에게 눈 안수한번 받아서 열리는 것이 아닙니다. 말씀을 삶에 적용하여 체험하면서 열리는 것입니다. 말씀의 비밀을 많이 깨달아야 하고, 성령의 인도를 받아야 합니다. 말씀을 삶에 적용해야 합니다. 말씀을 삶에 적용할 때 시험도 끝나는 것입니다. 성령의 인도를 받으려니 성령으로 세례를 받고, 성령의 불세례를 받으면서 심령을 치유해야 합니다. 성령으로 충만한 가운데 깊은 영의기도를 하여 심령을 정화하는 시간을 많이 갖어야 합니다. 그래야 밝은 영안이 열립니다. 크리스천은 반드시 영안이 열려야 합니다. 그래야 모든 문제의 배후를 알아낼 수가 있습니다. 영안에 대하여 더 많은 영적지식을 얻고자 하시면 "영안을 밝게 여는 비결"을 참고 하시기를 바랍니다.

29장 열린 영안을 분별해야 해요

하나님은 성도가 바르게 영안이 열리기를 바랍니다. 영안은 마귀도 열어 줄 수가 있으므로 우리는 분별을 해야 합니다. 하나님은 자녀들이 영들을 분별하여 마귀에게 미혹당하지 않기를 원하십니다. 영안은 하나님으로부터 오는 것이지만, 마귀도 영적인 존재이므로 우리에게 마귀적인 생각을 줄 수가 있습니다. 마귀가 초인적인 눈을 열어줄 수 있습니다. 마귀의 미혹케 하는 영안은 비도덕적, 세상적, 비현실적입니다. 남의 허물을 드러내는 눈입니다. 영적인 절차와 과정을 무시하는 것은 미혹케 하는 마귀의 눈이 되기 쉽습니다. 하나님은 이렇게 말씀을 하십니다. "범사에 헤아려 좋은 것을 취하고"(살전 5:21). 분별하라고 합니다.

우리는 이 분별력을 얻기 위하여 영 분별력의 은사를 받으면 매우 좋겠지만 우리가 가지고 있는 지식을 가지고도 얼마든지 하나님의 영과 악령의 영을 분별할 수 있습니다.

첫째, 우리는 열매를 보고 참된 영과 거짓 영을 분별할 수 있다(마7:15-16). 영안이 열려서 놀라운 능력을 행하고 기적이 일어났다고 하더라도 그 마음의 열매가 하나님의 말씀과 성령에 어긋나면 그것은 하나님께로 온 성령의 역사가 아닙니다. 마귀의 열매로 온 역사는 무엇이 있을까요? 마귀는 사악하므로 마귀의 영에 억압을 받으면 그 사람의 마음속에는 사랑과 희락과 평강이 사라집니다. 악령은 우리의 사소한 생활 속에 "이 차를 사라, 저 물건을 사라, 무엇을 먹지마라, 지금 어디로 가라" 등 사소한 문제에 관여를 합니다. 또 성령의 옷을 입고 와서 교훈하려고 합니다. 악령은 모든 일에 관여하며 지절거리고 속살거리는 간사한 영입니다. 악령은 더럽고 교만한 마음을 일으킵니다. 악령은 사람들의 몸과 마음에 번뇌와 고통을 가지고 옵니다. 이것은 마귀의 눌림에 있는 사람입니다.

하나님은 요한일서 4장 6절에서 "우리는 하나님께 속하였으니 하나님을 아는 자는 우리의 말을 듣고 하나님께 속하지 아니한 자는 우리의 말을 듣지 아니하나니 진리의 영과 미혹의 영을 이로써 아느니라"하십니다. 이처럼 우리는 마음의 상태를 통하여 악령의 역사를 분별할 수 있습니다. 마귀가 아무리 양의 모습을 가지고 왔을 지라도 마음의 열매를 통하여 영을 분별할 수 있는 것입니다.

둘째, 우리는 예수그리스도의 신관을 통하여 악한 영을 분별할 수 있다. 이단의 교리는 악한 영의 조종을 받는 것이 특징입니다. 예수님의 구속에 관한 가르침이 다릅니다. 어떤 사람이든지 성령의 특별한 은혜를 받았다하여 영안이 열려 신비한 세계를 보고, 예언도 하고 권능도 행한다 할지라도 예수그리스도의 바른 진리를 가르치지 않는 다면 그는 마귀에 속한 거짓된 사도인 것입니다. 예수님은 동정녀에 태어나시고 온 인류의 죄를 짊어 지셨으며 십자가에 못박혀 죽으시고 죽은 지 사흘 만에 부활하신 것을 믿어야 하며, 믿는 자에게 그대로 이루 실 것을 믿어야 하는 것입니다. 하나님은 요한일서 4장 15절에서"누구든지 예수를 하나님의 아들이라 시인하면 하나님이 저희 안에 거하시고 하나님도 그 안에 거하시느니라"말씀하십니다.

지금 예수님은 승천하시어 하나님의 보좌 우편에 앉아 계시며 장차 산자와 죽은 자를 심판하러 오실 것입니다. 이 외의 다른 진리를 전하는 자는 사단의 영이요 이단의 영인 것입니다. 요한일서4장 1절에 "영을 다 믿지말고 오직 영들이 하나님께 속하였나 시험해 보라"고 하셨습니다. 우리는 시험해 보아야합니다. 고백을 들어야 합니다. 확신을 가지고 나아가는 자만이 천국에 들어갈 것입니다.

셋째, 우리는 그 사람이 하는 말을 듣고 그의 영을 분별할 수 있다. 사람의 말은 그 사람의 인격과 생각이 외부에 전달하는 통로입니다. 화는 분노의 말을 합니다. 자비는 자비의 말을 합니다. 우리는 영안이 열리고 성령의 은혜를 받았다고 하는 사람의 말을 자세히 들어보면 그 사람의 영을 분별할 수 있습니다. 성령을 받은 사람은 예수그리스도를 높입니다. 자신을 높이는 사람은 교만의 영, 탐욕의 영이 역사하는 것입니다. 마귀는 언제나 자신을 높이려고 머리를 듭니다. 아무리 신비한 것을 잘 보고 잘 맞추는 영안이 열렸더라도 예수님을 높이지 않고 인간을 추켜세우고 자신을 높이는 영은 사단의 영입니다. 영안이 열린 목회자라 하더라도 그리스도를 높이지 않고 자기를 나타내려고 하는 자는 사단의 영에 잡힌 자라고 할 수 있습니다. 사단의 영은 사람의 말에 협박과 거짓예언으로 불안케 합니다. 불안과 두려움, 저주를 선포함, 공포 분위기를 조성합니다(요일4:18). 이는 결코 사랑과 평안의 영인 성령의 역사가 아닙니다.

영안이 열려 신비한 것을 보고, 은혜자요, 은사자요, 자칭하면서 성도를 비방하고 교회를 비방하는 영은 거짓의 영이요, 사악한 영이요, 하나님의 나라를 훼파하는 영입니다. 어떤 거짓 영은 금품을 강요하고 무례한 말을 거침없이 하는 자는 절대로 성령의 역사가 아닙니다. 우리는 권능과 기적의 이전에 진정하는 말이 하나님과 예수님을 높이는 가를 살펴야합니다. 같은 기사와 이적과 표적이 있더라도 성령의 역사와 마귀의 역사는 분명한 차이가 있습니다. 빛과 어두움을 분명히 구별하여 바른 진리에서 벗어나지 않는 열매있는 신앙이 되기를 바랍니다.

영안이 열렸더라도 악한 영에 영향을 받으면 마음이 이랬다, 저랬다 합니다. 믿을 수가 없고 산만한 행동과 말을 합니다. 그러므로 이 사람의 말을 믿어서는 낭패를 당합니다. 정신이 온전하지 못하여 양신의 역사가 일어나는 것이므로 믿지 말고 관심을 갖지 말고 기다라며 치유해야합니다. 본인도 이해하기가 힘듭니다. 내 마음 나도 몰라 입니다. 순간순간 기분에 따라 언행과 행동을 합니다. 정신문제가 있는 조울증 환자는 더욱 영물들을 잘 봅니다. 그러므로 영물을 본다고 다 된 것이 아닙니다. 반드시 분별이 필요합니다. 조울증 환자는 기분에 따라 여자는 남자를 잘 찾고, 남자는 여자를 찾습니다. 분위기를 잘 의식합니다. 그래서 성적인 문란한 행동을 잘합니다. 목사님이라고 예외가 될 수 없습니다. 교회 안에서 일어나는 사건도 있습니다. 순간 넘어갑니다. 조심합시다.

넷째, 몸짓과 행동을 통하여 영을 분별한다. 말씀과 성령으로 영안이 열린 사람은 몸이 부드럽고 마음이 평안하여 온유한 분위기를 연출합니다. 자기 나름대로 영안이 열렸다고 하나 몸이 굳어 있는 사람은 그 마음이 굳어 있고, 그 영 또한 굳어 있는 것입니다. 교만한 사람은 목이 곧고 경직된 몸짓을 하는 것을 보게 됩니다. 이런 사람은 아무리 영안이 열렸더라도 악한 영의 영향을 받는 사람일 수 있으므로 바른 분별이 필요합니다. 처음에 교회에 나오는 사람의 대 부분이 그 경직된 자세는 바로 이러한 영의 정체를 스스로 노출하고 있는 것을 알 수가 있습니다.

박수를 치는 것을 꺼려하고 통성으로 부르짖는 것을 거부하는 것도, 이러한 맥락에서 경직된 마음과 교만한 마음의 상태를 드러내는 것에 불과합니다. 체면과 교만이라는 자아의 모습은 굳어지고 경직된 이러한 모습으로 나타나게 되어 있습니다. 성령으로 충만한 상태는 몸짓 행동이 부드럽습니다. 악한 영이 드러나는 행동은 보기에 흉측합니다. 그리고 불규칙합니다. 그리고 뻣뻣합니다. 치유할 때 성령으로 장악하여 흔들어 주어야합니다.

다섯째, 인상과 분위기를 통하여 그 영을 분별한다. 성령에 충만한 상태에서 영안이 열린 사람은 겸손과 온유와 사랑의 영이 그 분위기를 부드럽게 감싸고 있음을 느끼게 됩니다. 영안이 열렸다고 하더라도 사단에게 눌려 있는 영은 침울하고 답답하며 강퍅한 분위기를 자아내기도 하며, 심지어는 사악한 분위기를 나타내기도 하며, 더 나아가서는 악령이 공격하는 오싹하고 소름끼치는 일을 느끼기도 합니다. 음란의 영은 그 음란한 분위기를 연출하거나 음욕을 풍기기도 합니다. 이들의 분별은 자신의 몸의 느낌이나 감동이나 본인의 행동으로 나타납니다. 성령의 강한 역사로 기도하면 순간 없어지는 경우가 보통입니다.

영안이 열렸다고 자랑할 것이 아닙니다. 자신의 심령을 관리하는 것이 중요합니다. 영안이 열려 신비한 것을 본다고 다되었다고 생각하면 오산입니다. 말씀의 비밀을 깨닫는 영안이 열렸다고 좋아할 것도 없습니다. 열린 영안을 말씀과 성령으로 관리해야 합니다. 그리고 열린 영안을 가지고 하나님에게 영광을 돌려야 합니다. 열린 영안의 관리를 위하여 말씀을 묵상하는 삶을 살아야 합니다. 영으로 기도하는 삶을 사는 것입니다. 말씀을 알고 기도하여 체험함으로 영안을 더욱 밝히 열어가야 합니다. 우리는 육을 가지고 있습니다. 그래서 약합니다. 열린 영안을 가지고 세상을 향하거나 자기의 유익을 위하여 사용하면 가차 없이 마귀의 올무에 걸립니다. 더 상세한 것은 "영분별과 기적치유"와 "영안을 밝게 여는 비결"을 읽어보시기를 바랍니다.

30장 예언에는 두 가지 경우가 있어요

예언은 크게 두 가지 면으로 나누어집니다. 첫째는 자신이 지금 예언하고 있다고 생각하고 하는 예언이 있습니다. 이 예언에는 하나님이 말씀하시거나 보여주시는 것을 보면서 예언하는 것과 계획되고 의도된 상태에서 예언하는 것이 있습니다. 예언자 또는 선견자가 예언하는 것입니다. 예언적으로 상담하는 사람이 하는 예언입니다. 이런 예언은 많은 훈련이 필요하고 예언자로 부르심이 있어야 합니다. 즉 예언의 은사를 받는 것이 선결조건입니다. 이런 사람은 흔하지 않고 그 능력에 따라서 차이도 많습니다. 단순한 예언자가 있고, 복잡한 선지자가 있습니다.

둘째는 누구나 예언할 수 있다는 측면에서 볼 때 자신이 지금 예언을 하고 있다는 의식이 전혀 없이 예언적인 말을 하는 경우입니다. 때로는 예언의 영에 의해서 무언가 말을 하지만 자신은 알아차리지 못하는 경우가 많습니다. 주변에서 듣는 사람들도 역시 알아차리지 못하는 경우가 많습니다. 이런 경우 지나가는 말처럼, 또는 자기 말처럼 그렇게 느껴지기 때문에 예언이라고 느끼지 못하는 것입니다. 예언이란 자신이 말하는 것이 아니라 하나님의 말씀을 자신의 입을 통해서 또는 생각을 통해서 대언하는 행위를 일컫는 것입니다.

자신이 지금 하고 있는 생각이나 말이 자신의 내면으로부터 오는 것이 아니라 외부의 영에 의해서 작용되고 있다는 사실을 전혀 알지 못하는 경우를 우리는 성경에서 베드로의 신앙고백에서 엿볼 수 있습니다. 베드로가 "주는 그리스도요, 살아계신 하나님의 아들입니다."(마 16:16)라고 고백했을 때 그 말은 베드로 자신으로부터 우러난 생각이 아니라 성령께서 하신 것이지요. 가룟 사람 유다가 예수를 팔려는 생각을 할 때 이 역시 그의 생각이 아니라 사단이 그 마음속에 사단의 생각을 넣어주었기 때문입니다(요 13:2).

예수가 잡혀 와서 대제사장의 뜰에 있을 때 그 해의 대제사장인 가야바가 "한 사람이 백성을 위하여 죽어서 민족 전체가 망하지 않는 것이, 당신들에게 유익하다는 것을 생각하지 못하고 있소."라고 말한 것 역시 그 스스로 한 말이 아님을 성경은 분명하게 지적하고 있습니다(요 11:51). 이런 형태의 예언은 그리스도인에게만 있는 일이 아닙니다. 세상 사람들에게도 나타나는 일반적인 현상이라고 볼 수 있습니다.

'낙엽 따라 가버린 사랑'을 부른 젊은 가수 차 중락 씨는 그의 노래대로 낙엽 따라 가 버렸고, '쨍하고 볕들 날'을 부른 송 대관 씨는 쨍하고 볕이 들어 가수로 성공했습니다. 이 노래를 부르기 전에는 그는 무명인이었습니다. '호랑나비'를 부르면서 갈팡질팡하는 춤을 춘 김 흥국 씨는 지금도 갈팡질팡하면서 사람들을 웃기는 삶을 살고 있습니다.

아무런 생각이 없이 한 말이 그대로 적중해서 신기하게 여기기도 하고 때로는 가슴 아픈 일이 벌어져 그 말을 한 것을 후회하기도 합니다. 지금 사회의 중심이 되는 저와 같은 50대 이후의 세대들은 어렸을 때 어머니가 코를 풀어주면서 늘 하시는 말씀이 "흥해라!"였습니다. 그 말대로 우리 세대는 70~80년대 경제의 주역의 역할을 하면서 이 나라를 부유하게 만드는 주체 역할을 했습니다.

부모님들이 아무런 의미도 없이 "흥해라!"라고 한 말대로 우리 세대는 흥하게 하는 주역이 되었고, 가난을 이기게 되었습니다. 이처럼 많은 사람들이 자신도 모르게 어떤 의미 있는 말을 하게 되는데 그 배후에 어떤 영이 작용하여 그런 말을 선포하게 하는 것입니다. 하나님으로부터 온 말씀을 선포하는 행위를 '케리그마'라고 합니다. 하나님이 어떤 일을 행하실 때는 반드시 그 종에게 알리고 나서 하게 됩니다. 이 때 종이라는 개념은 어떤 언약 관계에 있거나 지명하여 부른 소명 관계에 있는 특수 관계만을 의미하는 것이 아닙니다.

구약에서 느브갓네살 왕은 하나님의 종으로 인정을 받고 있지만 그는 결코 하나님으로부터 부르심을 받지 않았습니다. 다윗이나 이사야처럼 그런 부르심을 받은 종과는 다른 것입니다. 그럼에도 불구하고 느브갓네살 왕은 하나님의 종으로써 이스라엘을 벌주는 과정에 쓰임을 받게 됩니다. 자신이 지금 하나님으로부터 쓰임을 받고 있다는 사실 즉 주종관계에 있다는 사실을 인식하느냐 못하느냐 하는 문제는 예언의 선포와는 관련이 없습니다. 그렇지만 하나님 편에서는 관계가 있는 것입니다.

하나님은 때로는 당나귀를 그 도구로 사용합니다. 이 경우에 당나귀와 하나님 사이에는 주종 관계가 있지만 당나귀에게는 그 사실이 아무런 의미를 부여해주지 못합니다. 이처럼 우리는 때로는 하나님의 도구로 선악간에 사용되지만 때로는 알 수 있고, 때로는 알지 못합니다. 우리가 알든 알지 못하든 그것은 하나님에게는 어떤 구속력도 없습니다. 그 관계로 이미 하나님은 그 종에게 우선 계시하신 것입니다.

우리는 우리가 알지 못하는 사이에 어떤 관계 속에 진입하여 그 역할을 하게 됩니다. 우리가 알지 못하는 것은 일정 부분은 우리의 책임이 있기도 합니다. 영적으로 예민하지 못하거나 이런 부분에 관한 지식이 없기 때문이기도 합니다. 베드로가 그런 말을 할 당시 그의 영적 수준은 너무도 한심했습니다. 완전히 육신에 속해서 아무것도 모르는 상태였지만 그가 부활하신 주님을 뵙고 난 후에 크게 영적으로 각성하게 됩니다.

우리는 우리가 알아차리지 못하는 사이에 하나님으로부터 오는 말씀을 자신의 입으로 하는 경우가 적지 않습니다. 성령의 감동을 받아서 글을 쓴 바울도 자신이 지금 성령의 감동으로 글을 쓰고 있다는 생각을 전혀 하지 못했습니다. 그저 안부가 궁금해서 또는 멀리 떨어져 있기 때문에 영적 지도를 글로 대신할 수밖에 없었기에 편지를 썼습니다. 우리는 어려운 문제가 있는 사람과 이런 저런 이야기로 위로를 해 줍니다. 그러면서 지금 이 이야기가 자신으로부터 나온 것이 아니라 성령의 감동으로 하고 있다는 사실을 잘 알지 못합니다. 그런데 듣는 사람은 너무도 감동을 받습니다. 자신의 속마음을 들여다보는 것 같은 느낌을 받습니다.

저는 그냥 하는 말인데, 듣는 사람은 오랜 세월동안 가슴에 맺혀 풀리지 않고 있던 의문점이 다 풀어지는 말할 수 없는 위로와 기쁨을 얻습니다. 도대체 무슨 연유로 이렇듯이 기뻐하면서 크게 위로를 받는지 말하고 있는 저 자신도 모르겠습니다. 그런데 그 사람은 너무도 즐거워합니다. 설교자가 강단에서 준비된 말씀을 합니다. 그런데 회중 가운데 어떤 사람은 "이 목사가 내 말을 하는구만! 나에게 대놓고 하는 말이야!"라고 흥분합니다. 은혜를 받는 사람은 감동하여 회개하지만 그렇지 못한 사람은 시험에 듭니다. 이런 회중의 반응을 목사는 알 수 없습니다.

자신이 하면서도 알지 못하는 이런 유형의 예언은 누구나 언제든지 하게 됩니다. 그리고 때로는 전혀 알지 못하고 흘려보냅니다. 그러나 일단 선포된 말씀은 능력이 있기 때문에 시간이 이르면 현실에서 나타나게 됩니다. 말씀이 육신이 되는 것입니다. 그래서 성경은 우리들에게 "예언을 멸시하지 말라"고 당부합니다. 단순한 이야기처럼 보이는 말씀 가운데에도 하나님의 간섭이 있을 수 있습니다. 하나님의 방법은 우리가 생각하는 것 이상의 폭이 넓습니다. 그래서 우리는 항상 긴장하는 삶을 살아야 하고, 깨어 기도하는 삶을 살면서 늘 성령 충만을 구해야 합니다.

자신의 입을 통해서 언제든지 예언이 나올 수 있다는 사실도 알아야 합니다. 단순히 하는 말 속에 때로는 마귀의 말이 들어있을 수도 있기에 주님은 우리들에게 타인을 향해서 축복하고 저주하지 말 것을 당부했습니다(롬 12:14). 서로를 위로하고 축복함으로써 우리는 선한 의도로 사람들에게 예언하게 될 것입니다. 정죄나 판단을 앞세우기 보다는 위로와 권면을 할 때 그 속에 하나님이 세우시는 예언이 스며들게 될 것입니다. 함부로 말하고 그 후에 후회하는 일이 없어야 할 것입니다. 단정적인 말을 하기 전에 잠깐 멈추고 생각해보십시오. 이 말이 혹시 예언이 된다면 어떤 결과가 올 것인지를 말입니다.

말하기에 급급하지 말고 감동된 말씀을 하나님에게 물어보아 정확한 확증을 얻는 것이 더 중요합니다. 예언의 말씀은 이해하고 분별이 필요하기 때문입니다. 예언의 은사를 받아 예언하고 싶으시면 "예언의 달인이 되는 가이드"을 참고 하시기를 바랍니다.

31장 성도는 항상 분별을 해야 하지요

사람이 세상을 살아가는데 두 가지 측면이 있습니다. 윤리적인 것과 영적인 것입니다. 이 두 가지 측면은 상황에 따라서 우선순위가 바뀌는 가변적인 것이며, 어느 한 쪽을 절대 우위에 둘 수도 없고 두어서도 안 될 것입니다. 그러나 때로는 어느 한 쪽만을 지나치게 강조함으로써 다른 한 쪽을 심각하게 위축시킵니다. 세상 사람들은 영의 일을 알지도 못하고 알려고도 하지 않기 때문에 윤리적인 것만 고려하는 것은 당연할 것이지만 영의 일을 알고 있는 그리스도인들 가운데에서도 실상 영의 일에 전혀 관심이 없는 사람들이 적지 않습니다.

그리스도를 믿으면서도 여전히 윤리적으로만 이해하고 받아들이며 행동합니다. 이런 태도는 매우 고상하고 합리적인 것같이 보이는 이유는 세상 사람들이 영적인 일에 가치를 두지 않기 때문이며, 그런 세상 사람들이 만들어놓은 학문체계 속에서 오랫동안 교육을 받았기 때문입니다. 그래서 지성인이라고 하는 학문적 성취가 높은 사람들일수록 윤리성만 강조합니다. 이런 사람들이 주로 사용하는 말이 '인격'이라는 단어입니다.

이 말은 매우 고상하고 학문적이어서 지적 수준이 낮은 사람들에게는 상당히 그럴듯하게 들립니다. 영의 일을 모두 윤리적인 관점에서만 해석하고 적용하려고 하기 때문에 영적인 일조차 매우 세련되게 조직됩니다. 쉽게 말하자면 영적인 것을 윤리적으로 각색하는 것입니다. 영의 일은 영으로서의 순수한 특성을 지니고 있습니다. 이것은 사람으로부터 발생하는 것이 아니며, 안으로부터 나오는 것도 아닙니다.

윤리적인 것은 사람과 사람 사이에서 발생하는 관계성에 근거하지만 영적인 것은 사람과 영과의 관계에서 오는 것들을 의미합니다. 그렇기 때문에 밖에서 안으로 들어오는 것입니다. 그러나 성령으로 치유되어 영적으로 거듭나면 안에서 밖으로 나오게 됩니다. 말씀과 성령으로 다듬어진 인격이 나오는 것입니다. 거듭나지 못한 육적인 사람들이 말하는 윤리적이란 안에서 밖으로 표출되는 것이기 때문에 자기중심적일 수밖에 없습니다. 이 말을 다른 표현을 빌리면 이기적이라는 뜻이 됩니다. 그런즉 윤리적인 것은 이기적이며, 자동적입니다. 그러나 영적인 것은 외적이며 타동적입니다.

이 두 가지 상이한 요소가 우리들의 삶을 조화롭게 만드는 것입니다. 인간적 가르침을 통해서 우리는 인간관계를 바르게 할 수 있듯이 영적인 끌림에 의해서 영적 관계를 바르게 가져갈 수 있습니다. 그리스도인은 "영으로 이끌림을 받는 사람들"(롬 8:14)입니다. 우리는 인간관계인 수평적인 윤리성과 영적 관계인 수직적 신성을 어떻게 조화롭게 유지하느냐에 따라서 삶의 질이 달라질 것입니다. 윤리적인 것만 강조하면 우리의 삶이 세속적인 사람들과 다를 바가 없습니다. 그리고 영적인 것만 강조하면 무속인과 다를 바가 없어집니다. 이 두 가지 요소는 인간이 살아가는데 절대로 균형이 필요합니다. 그러나 일반적으로 사람들은 영적인 일에 무척 소홀할 수밖에 없는 환경 속에서 교육을 받고 살아갑니다. 그렇기 때문에 하나님과의 관계에 있어서도 영적이라기보다는 윤리적입니다. 선후 관계에서 항상 우리는 윤리적인 것부터 시작했습니다. 그렇다고 해서 우선순위에서 그것이 앞선다는 것은 결코 아닙니다.

비록 영적인 것을 나중에 시작했다고 해도 그것이 우선순위에서 뒤로 밀려날 어떤 이유도 없습니다. 우선순위는 개인의 선택 문제이며 식별능력의 문제이기도 합니다. 영적인 태도를 취할 것인가 윤리적으로 접근할 것인가를 판단하는 것은 전적으로 개인적인 문제입니다. 그리고 그 결과도 역시 개인의 책임으로 돌아갈 것입니다. 영적인 일을 우선해야 할 사항임에도 불구하고 그렇게 하지 못했을 때 우리는 보이지 않는 손해를 입게 됩니다. 그래서 성령께서 성도들을 인도하면서 체험하게 하는 것입니다. 체험하면서 예수님의 인격으로 바뀌게 하는 것입니다. 크리스천은 무엇보다도 성령으로 세례를 받아 예수님의 인격으로 변하는 것이 중요합니다. 그래서 성령이 우리 안으로 오신 것입니다. 단순한 예로 사고가 영적으로 바뀌지 않으면 질병의 경우에 대부분의 그리스도인들은 우선 윤리적인 방법을 고려하기 때문에 병원을 찾습니다.

그리고 다음이 기도하면서 영적인 도움을 구합니다. 질병뿐만 아니라 대부분의 의사결정에서 우리는 항상 윤리적인 측면을 우선 고려하고 난 후에 영적인 것을 생각하는 태도를 취합니다. 그것에 아주 익숙해있기 때문에 이에 관한 어떤 비판이나 검증을 필요로 하지 않습니다. 반대로 드물기는 하지만 모는 일을 영적인 면만 보고 항상 우선순위를 영적인 것에 둠으로써 더욱 신령한 것을 추구하는 사람이 있습니다.

성령의 음성에만 귀를 기우리거나 성경말씀만 읽고 그 어떤 다른 요소들을 고려하려고 하지 않습니다. 음성에만 귀를 기우리는 사람을 우리는 너무 영적이라고 비판하지만 오직 성경책에만 관심을 두고 다른 어떤 것도 돌아보려고 하지 않은 사람에 대해서는 별로 비판하지 않습니다. 건강한 삶이란 균형을 유지하는 것이며, 그러기 위해서는 분별력이 필요합니다. 분별력은 두 가지 측면을 골고루 경험할 때 생기는 것입니다. 즉 상대적 비교에 의해서 생겨나는 능력입니다. 한 쪽만 경험하고 그것이 전부라고 생각하면 건강한 분별력이 생기지 않습니다. 먼저는 윤리적인 것을 경험하게 되고 그 안에서 기본적인 것을 배우게 됩니다. 그런 다음에 영적인 것을 경험하게 됩니다.

그러나 실상은 이 두 가지를 동시에 경험하는 것이지만 우리는 제대로 이해하지 못한 것일 뿐이지요. 영적인 일을 우리가 뒤에 깨닫게 되는 까닭은 영의 일은 보이지 않는 세계이기 때문입니다. 보이지 않는 세계에 관해서 온전한 이해를 할 수 있기 위해서는 상당한 교육이 필요합니다. 분석력과 판단력을 기르기 위해서 우리는 세상학문을 통해서 그 기법들을 배우게 됩니다.

영적 경험은 이와 같은 기본 학문의 도움을 통해서 우리가 알 수 있는 지식으로 개발되는 것입니다. 이제 영적 경험에 들어가게 되면서 우리는 균형과 조화라는 측면을 고려하게 되는 것입니다. 동전의 양면과 같은 이 두 가지 이질적인 요소를 어떻게 우리의 삶에서 균형 있게 할 것인가를 고민하게 되는 것입니다.

매순간마다 우선순위를 결정해야 하는 고민이 따라 다닙니다. 이것은 기피하거나 외면해서는 안 되는 중요한 것입니다. 그렇기 때문에 다수의 사람들이 이 힘든 과정을 피하고 손쉽게 가려고 어느 한 방향만을 선택하게 되며, 그 방향의 대부분이 윤리적인 측면입니다. 세상은 다수의 논리가 지배하는 세계이기 때문에 다수가 선택한 윤리적인 방법이 항상 정답처럼 인정을 받았습니다. 그러나 성경은 우리들에게 때로는 소수가 선택한 길이 정답임을 가르치고 있습니다. 그렇기 때문에 정말로 온전한 삶을 살고자 한다면 분별하고 선택하는 일이 귀찮다고 해도 결코 생략할 수 없는 중요한 것임을 알아야 합니다. 그래서 우리들의 삶은 선택을 강요받는 고달픔이 있는 것입니다.

모든 영적인 일은 말씀 안에서 해야 합니다. 말씀이 없이 영적인 역사만 일으키는 것은 무당이나 마찬가지 입니다. 모든 영적인 일은 말씀 안에서 이루어져야 합니다. 그러므로 우리는 항상 분별을 해야 합니다. 욥기에 보면 사단도 하늘에서 불을 내리게 했습니다. 모든 영적인 역사를 말씀에 입각하여 분별하는 습관을 들여야 합니다. 그래야 귀중한 영을 지킬 수가 있습니다.

32장 영분별은 판단이 아니지요

영적 경험이 많지 않거나 성경 지식이 부족한 사람들에게서 나타날 수 있는 영적 자폐증이나 마마보이 증상은 이런 것입니다. 즉 성령의 음성을 처음 듣게 되면 그 통로가 전부인줄로 압니다. 어떤 목회자에게 은혜를 받으면 그 목회자가 세상에서 제일인 줄로 알고 다른 목회자의 소리는 듣지 않으려고 합니다. 한 목회자를 광신적으로 신봉하는 성도들을 볼 때 심각한 우려를 할 수밖에 없습니다.

마마보이나 성인아이 증후군은 식별력을 상실하였거나 한 목회자의 영역에 갇혀서 나오려고도 하지 않고 나올 수도 없는 상태입니다. 성령의 음성을 듣는 사람 가운데 어떤 한 통로로만 듣고 그 밖의 다른 수단은 전혀 알지도 못할 뿐만 아니라 알려고도 하지 않습니다. 한 가지 세계에 갇혀서 스스로를 옥죄고 있지만 당사자는 그 사실을 알지 못합니다. 한 목회자를 절대적으로 추종하는 일을 그 목회자는 올바른 일이라고 추겨 세워줍니다. 다른 교회나 목회자에게서는 눈을 감아버리고 오로지 담임목사에게만 충성을 다하도록 격려하는 것입니다. 이런 목회자와 성도들을 '해바라기성도'라고 부릅니다.

해바라기 목사와 성도는 그들이 심각한 문제 속에 휩싸여 있다는 사실을 인정하려고 하지 않습니다. 마마보이와 같이 심각한 내사와 투사를 계속하는 어리석은 부모처럼 양쪽 다 문제 속으로 깊이 빠져 들어가고 있는 것입니다. 내사와 투사를 행하고 당하는 부모와 아이는 분별력을 상실합니다. 여호와의 증인을 비롯한 이단들은 성경의 특정한 부분만 달달 암기합니다. 그들은 자신들이 주장하는 교리를 뒷받침하기 위해서 일부 성경만 인용합니다. 그 밖의 다른 말씀은 거들떠보려고도 하지 않습니다.

그들이 다가와서 논쟁을 걸 때 항상 제시하는 성경구절이 한정되어 있습니다. 다른 부분을 이야기하려고 하면 논쟁을 피하고 자리를 뜹니다. 일방적인 한 통로만 모든 것을 해결하려고 하는 태도는 일종의 영적 자폐증입니다. 한 가지 통로 이외에는 없다고 생각하는 이런 외골수 증상인 '성인아이 증후군'은 처음 은혜를 받은 그것을 잊지 못하는 '유아고착증'(幼兒固着症)이라는 질병에 걸린 것입니다. 처음 은혜를 받으면 세상이 모두 자기 것 같고 그 세계가 전부인 것 같습니다. 주의 제자들이 변화산에 올라갔을 때 화려하게 변모하신 주님과 모세와 엘리야를 보게 되었습니다. 영광의 광체 속에 휩싸인 제자들은 너무도 좋아서 이대로 시간이 멈추기만을 바랐습니다. 그래서 그들은 산 아래 동료들이 기다리고 있다는 현실을 까마득히 잊고 "이곳에 초막 셋을 지읍시다."(막 9:5)라고 제안했습니다. 은혜 받은 자리에 오래 머물고 싶은 것이 우리들의 약점이기도 합니다.

은혜에 사로잡히면 세상을 다 버려도 아무런 미련이 없습니다. 이런 사람들의 약점을 이단들은 교묘히 이용해서 재산 전부를 헌납하도록 충동하기도 합니다. 과도한 헌금을 요구하기 위해서 부흥회를 열어 감동을 주어 헌금을 이끌어내는 일들을 과거에는 많이 했던 것입니다. 항상 어린 아이로 머물고 그 속에서 판단을 잃어버린 채 살아가도록 하는 부모의 과잉보호와 내사는 양쪽 모두에게 불행한 일이지만 당사자들은 전혀 알 지 못합니다.

은혜를 강하게 받으면 언제나 그 은혜 속에서 살아가고 싶은 유아적인 어리광이 누구에게나 있습니다. 그러나 현실은 그렇지 않습니다. 성장해야 하고 또 다른 세계로 나가야 합니다. 할 일이 많으니까요. 그런데 지금 받은 이 은혜가 전부인줄로 착각하고 그 자리에서 벗어나지 않으려고 합니다. 계속 동일한 은혜를 추구하며, 그런 은혜가 임하지 않으면 자신에게 무언가 잘못된 것이 있다고 생각하고 회개하기도 하고 금식과 같은 몸을 괴롭게 하는 극단적인 태도를 취합니다. 이것은 마치 어린 아이가 부모에게서 얻고자 하는 것을 얻지 못했을 때 떼를 쓰는 것과 같습니다.

부모는 억지를 부리면서 졸라대는 아이에게 한 두 번은 원하는 것을 줄 수 있습니다. 이 때 어린 아이는 떼를 쓰면 얻을 수 있다는 그릇된 학습을 하게 되는 것입니다. 이와 같이 영적인 일에서 금식을 하고 작정기도를 하면서 강요한 결과 응답을 얻게 되면 그 방법이 정상적인 것으로 여기고 계속 그 방법을 사용하려고 합니다. 그러나 한두 번으로 그치게 되고 마는 것입니다. 하나님은 어리석은 부모 같지 않기 때문입니다. 그럼에도 불구하고 계속 강요한다면 매를 맞게 되며, 불행한 경우 마귀가 그 기회를 이용하여 사로잡게 됩니다.

처음 은혜를 받았을 때 그 방법과 대상에만 집착하는 이런 행동은 영적 발달에 꼭 필요한 분별력을 약화시키거나 자라지 못하게 만듭니다. 분별력은 때로는 판단과 같이 보입니다. 아직 제대로 성숙하지 못한 경우 분별은 판단으로 비쳐집니다. 그래서 이런 사실을 제대로 알지 못하는 지도자들은 자신에게 도전하는 비판으로 여기고 제지하거나 책망합니다. 이렇게 되면 판단의 싹이 자라지 못하여 분별력을 갖추지 못하고 내사되고 마는 것입니다.

부모로부터 늘 꾸중만 듣고 자란 사람은 스스로 결정하지 못하는 소극적인 사람이 되기 쉽습니다. 가치 혼란이 생겨서 어른이 되어도 자신 있게 결정하지 못하고 사람들의 눈치를 살핍니다. 더 심하면 분별하는 일 자체를 거부하게 되며, 완전히 수동적이 되어 시키는 일만 하는 어른 아이가 되고 마는 것입니다. 분별하지 않고 무작정 아멘 하는 것을 올바른 신앙태도라는 가르침을 계속 받게 되면 분별력이 상실되어 피동 상태에 이르게 됩니다.

영적 피동(spiritual passiveness)은 마귀의 통로가 됩니다. 마귀는 성도가 피동 상태가 되었을 때 가장 손쉽게 공격할 수 있기 때문입니다. 분별력을 잃은 성도는 아무것도 스스로 할 수 있는 것이 없습니다. 영적 마마보이가 되는 것입니다. 가르쳐주는 대로 고분고분한 아이는 다루기가 쉽습니다. 그러나 그 아이가 자신의 아이라면 절대로 그렇게 기를 수 없습니다. 불평도 하고 비판도 해서 골치가 아프지만 그것이 아이에게는 홀로서기에 없어서는 안 되는 정체성 만들기 과정이라는 사실을 아는 부모는 이런 아이의 판단을 결코 제지하려고 하지 않을 것입니다.

부모의 말을 제대로 듣지 않아 당시는 골치가 아프지만 그런 아이가 성장하면 훌륭한 한 사람의 주체 있는 사람으로 사회 속에서 자기 몫을 하게 됩니다. 분별력이 생겼기 때문입니다. 영적 분별력 역시 지도자에게는 골치 아플 수 있습니다. 그러나 이 과정은 성장하기 위해서 반드시 거쳐야 하는 질풍노도의 시기인 청소년기입니다. 잘 겪을 수 있도록 넓은 마음으로 그들을 다루어야 할 것입니다.

과잉보호는 당시에는 편한 길처럼 보이지만 결국 부모와 자녀 모두를 불행하게 만드는 어리석은 행동입니다. 영적 과잉보호의 틀에서 모두 벗어날 수 있어야겠습니다. 일일이 간섭하고 제지하려고 하는 일을 내려놓을 수 있어야 합니다. 좁은 울타리 안에 가두는 일은 더 이상 하지 말아야 하고, 한 가지 경험이 전부라고 착각하는 어리석음에서도 벗어나야 할 것입니다. 세상은 넓고 다양합니다. 영적 은혜도 말로 다 할 수 없이 넓고 깊습니다.

낯선 경험이라고 해서 문을 닫아버리지 말아야 합니다. 한 가지만을 전부라고 고집해서도 안 됩니다. 지경을 넓히는 일은 온전한 분별력에서 나옵니다. 그 분별력은 미숙할 때는 비판처럼 보입니다. 지도자는 사람들의 이와 같이 아직 성숙하지 못한 분별의 모습인 판단을 책망하거나 제지하지 맙시다. 스스로 체험하며 깨달아가면서 고쳐지도록 훈련해야 합니다. 그래야 체험적인 크리스천이 될 것입니다. 강하고 담대한 자가 될 수 있습니다.

33장 용기 있게 하고 싶은 일을 하세요

저는 항상 말합니다. 하고 싶은 일을 하라고…. 자신이 하고 싶은 일을 하는 것은 용기가 필요합니다. 하나님을 향한 믿음이 필요합니다. 영적인 일도 눈치가 보인다고 해서 적성에 맞지 않는 일을 계속 해서는 안 됩니다. 힘든 일이라고 해서 피하는 것 같아서 눈치가 보일 수도 있습니다. 그렇다고 해서 계속 하게 되면 갈등이 생기고 마음의 기쁨이 사라져 스트레스가 생깁니다. 지도자의 눈치를 보지 않을 수 없어서 억지로 할 수밖에 없지만 오랫동안 그렇게 하면 결국에는 영적 탈진이 일어나 적성에 맞는 일도 하고 싶어지지 않습니다.

지도자는 각 사람의 영적 특성을 고려해서 일을 맡겨야 하지만 교인이 적은 소규모 교회에서는 이런 점을 충분히 고려할 수 없습니다. 그렇기 때문에 자신이 하고 싶고 하면 즐거운 일을 찾아서 해야 하는 것입니다. 일을 하지 않으면 영적으로 침체가 심해집니다. 달란트 비유에서 보듯이 하지 않는 사람에게는 할 수 있는 자격마저 박탈되지 않습니까? 하고자 하는 마음조차 잃어버리게 되는 것입니다. 일정한 틀을 유지하고 있는 교회를 떠나서 지금은 마음만 먹으면 얼마든지 자신의 영적 성향에 맞는 헌신을 할 수 있는 공간이 열려 있습니다. 온라인을 통해서 서로 공감대를 형성하고 오프라인을 통해서 함께 일을 도모할 수 있습니다. 이런 일들이 가능한 시대가 되었습니다. 그러므로 한 교회에만 시야를 고정했던 좁은 안목에서 벗어나 주체적으로 자신의 영적 성향을 드러낼 수 있습니다.

오늘날은 국경간 거래가 활발한 세상입니다. 기업의 활동에서 나 라는 개념은 의미가 없는 시대가 되었습니다. 다국적 기업이라는 말이 이미 우리들의 귀에 익숙합니다. 교회 역시 이런 움직임에서 비켜있을 수 없습니다. 한 교회에 적을 두고 있지만 더 이상 그 교회의 성도로만 머물 수 없는 세상입니다. 사는 것은 한국에 살지만 기업 활동은 국가의 한계를 벗어나 있습니다. 한국 기업 안에 미국인이든 일본인이든 상관이 없습니다.

한 교회에 적을 두고 있지만 활동은 그 교회에만 국한할 수 없는 시대가 되어가고 있는 것입니다. 어떤 교회의 성도들과도 연합하여 할 수 있습니다. 이런 일을 인터넷이 가능하게 하고 있는 것입니다. 기업 활동에서 더 이상 국적의 의미가 희박해지는 것처럼 오늘날 우리는 이와 같은 영적 수요 속에 휘말려 들어가고 있는 것입니다.

한 교회에서만 일을 하는 것으로 만족하는 시대는 이제 서서히 물러나고 있습니다. 성도가 서로 연합하여 그들이 좋아하는 일을 하는 시대입니다. 교회 밖의 일이 더 많아지고 있고 그렇게 해야 하는 시대입니다. 이것이 말틴 루터가 개혁하려고 했던 '만민 제사장 시대'가 오고 있는 것이 아닙니까? 더 이상 누구의 지시를 받지 않고 오로지 성령이 이끄는 대로 행동하는 시대에 접어들고 있다는 신호입니다. 각 사람이 주체가 되어 자신이 하고 싶은 일을 합니다. 이것은 성령께서 각 사람의 마음속에 소원을 일으키기 때문입니다. 지금까지는 그런 성령의 역사를 제도가 가로막았고, 사람들이 무지해서 스트레스를 받으면서도 해야만 했습니다. 좋아하는 일을 하기 보다는 시키는 일을 할 수밖에 없었던 세월이었습니다.

그러나 이제는 스스로의 건강을 위해서 남들이 하면 아무런 생각 없이 하는 그런 전체주의 시대는 사라지고 있습니다. 자신이 하고 싶은 일을 할 수 있는 시대가 되고 있습니다. 모두가 '예'라고 말할 때 '아니오'라고 말할 것을 강조하는 광고처럼 우리는 이제 그런 요구 앞에 서 있는 것입니다. 용기를 내서 자신이 하고 싶은 일을 하십시오. 그것이 성령께서 마음속에 소원을 두시고 행하시고자 하시는 이유입니다. 저는 참으로 하나님에게 감사하게 생각을 합니다. 노년에 제가 하고 싶은 일을 하고 있기 때문입니다. 저는 목회자가 되기 전에 예수님에게 이렇게 기도했습니다.

예수님과 같이 말씀을 잘 전하게 해달라고 기도했습니다. 예수님과 같이 병든자를 치유할 수 있도록 해달라고 기도했습니다. 예수님과 같이 귀신을 축귀할 수 있게 해달라고 기도했습니다. 지금 기도한 것이 다 이루어졌습니다. 저를 통하여 많은 상처 입은 사람들과 병든자와 영적으로 고통당하는 자들이 치유되고 있기 때문입니다. 그리고 글을 쓰는 것이 저의 달란트인데 영적인 글을 써서 책을 출간하여 많은 분들의 영을 깨우고 있으니 참으로 감사할일입니다. 하나님이 모든 것을 이루어 주셨습니다.

34장 양신의 영이란 무엇일까요

전문 사역자들 가운데 간혹 성령과 악령이 함께 역사하는 사람이 있습니다. 이런 사람에게 우리는 양신 역사(兩神 役事)라는 표현을 사용합니다. 두 영이 함께 역사하는 것 같이 보이기 때문에 그렇게 표현하는 것입니다. 어떤 때는 성령이 역사하는 것 같다가도 어떤 때는 마귀가 역사하는 것 같습니다. 거듭난 그리스도인은 성령이 역사하는 것이 원칙입니다. 그런데 어떤 이유로 인해서 마귀가 그 사람을 사용하고 있는데도 불구하고 자신은 그런 사실을 눈치 채지 못하고 있는 것입니다. 특히 전문적으로 사역을 하고 있는 사역자에게 이런 일이 일어나는 경우가 간혹 있습니다. 이런 사역자는 사람들에게 뜻하지 않은 피해를 줍니다.

하나님의 일꾼에게 하나님의 영이 충만해야 하며 하나님만이 그 사람을 사용해야 하는 것이 원칙이지만, 어떤 이유로 인해서 그렇지 못한 경우가 생긴 것입니다. 이는 사역자는 물론 우리에게도 불행한 일입니다. 그러면 이런 불행한 일이 어떻게 해서 생기게 되었을까요? 베드로는 여러 번 마귀가 그를 사용하여 주님을 시험하게 함으로써 주님으로부터 혹독한 질책을 받았습니다. 주님에 대한 베드로의 인간적인 배려마저 그 내용이 하나님의 뜻에 어긋났을 때 주님으로부터 즉각적으로 가혹한 책망을 받았습니다. 베드로는 이런 경험을 하였음에도 불구하고 마지막까지 마귀에게 자신을 내어줍니다. 주님이 잡히시던 날 그 밤에 세 번 주님을 부인합니다. 이는 마귀가 베드로를 밀까부르듯 하고 있다는 주님의 표현대로였습니다.

베드로는 여러 차례 이렇게 자신을 마귀에게 내어줌으로써 주님의 책망을 받았습니다. 이와 같이 위대한 사도도 마귀의 도구로 자신을 내어주는 어리석음을 범하였으므로 우리들도 그와 같은 실수를 범하는 것은 어쩌면 당연한 일일 것입니다.

전문 사역자가 자신을 마귀에게 내어주어 하나님의 도구로 사용되기 보다는 마귀의 도구로 이용당하는 경우가 있습니다. 처음부터 마귀의 도구가 되는 것은 아닙니다. 마귀는 우리를 사용하기 위해서 우리를 미혹하는 일부터 합니다. 마귀의 시험을 이기지 못하면 우리는 마귀의 올무에 걸려 마귀로부터 조종을 당하게 되며 마귀가 사용하는 데로 이끌리게 되는 것입니다. 마귀가 사역자를 시험하는 내용은 성경에 주님이 시험 당하신 그 내용입니다. 주님이 당하신 세 가지 시험 중에 어느 한 가지에 걸려들면 그 부분에 약점을 가지게 되고 마귀로부터 이용당하게 되는 것입니다.

사역자가 마귀의 올무에 걸리는 것은 하나님의 말씀을 올바르게 이해하지 못하기 때문입니다. 마귀는 하나님의 말씀을 외곡하거나 임의로 해석하게 합니다. 그리고 주님에 대해서 오해하게 함으로써 시험에 빠지게 합니다. 사역자가 하나님에 대한 이해가 제대로 되어있지 못하면 분별력이 약화되어 실수하게 되고 이런 실수를 반복하면 마귀의 영향 속에 빠지게 됩니다. 하나님에 대한 잘못된 이해는 사람들을 잘못 이끌게 됩니다.

전문 사역자가 이렇게 거짓에 휘말려 사람들에게 피해를 주는 것은 그 사람에게 마귀가 역사할 수 있는 발판이 만들어져 있기 때문입니다. 어떤 때는 성령이 역사하는 것 같고 어떤 때는 마귀가 역사하는 것 같이 보입니다. 그래서 양신이 역사한다고 말합니다. 그러나 이 말은 거짓입니다. 양신 역사란 있을 수 없습니다. 한 샘에서 어찌 쓴물과 단물을 낼 수 있겠습니까? 귀신과 하나님이 어떻게 함께 할 수 있겠습니까?

마귀의 올무에 빠진 사역자는 마귀의 일을 하게 됩니다. 성령의 일같이 보이는 것조차 사실은 마귀의 위장된 거짓 행위입니다. 마귀는 할 수만 있다면 갖은 모양을 취해서 사람들을 속이려고 합니다. 선한 것처럼 위장하여 사람을 속입니다. 전문 사역자가 마귀에게 자신을 내어줌으로써 그 이후 전적으로 마귀의 도구가 되는 것입니다. 마귀의 올무에 빠지게 되는 가장 큰 이유는 말씀을 깨닫는 능력이 부족하기 때문입니다. 말씀을 제대로 알지 못해서 올바른 판단을 하지 못하는 것입니다. 영적 식별력이 부족한 것이 가장 큰 이유입니다.

영적 경험이 부족하여 자신에게 나타나는 현상에 대해서 올바르게 이해하지 못하여 올무에 빠지는 것입니다. 이것 역시 말씀에 바탕을 두고 있는 것입니다. 모든 영적 경험은 철저히 말씀에 근거하여 판단해야 합니다. 그리고 경험이 많은 신실한 지도자의 조언과 가르침으로 무장해야 합니다. 이런 것이 부족하여 자의로 판단하고 임의로 해석하면 올무에 걸립니다.

한 두 차례 실수로 마귀의 올무에 걸리는 것은 아닙니다. 베드로는 몇 차례 실수를 하였지만 마귀의 올무에 걸리지 않았습니다. 이는 마귀의 속임수를 알게 하는 좋은 경험이 될 수 있습니다. 그러므로 실패를 통해서 배우는 하나님의 배려이기도 합니다. 그러나 계속 실수하는 것은 단순한 문제가 아니라 근본적인 문제가 있는 것입니다.

사역자가 하나님의 영광보다는 자신의 유익을 챙기려고 하나님을 이용한다든가, 하나님에 대한 이해보다는 신령한 일 자체에 더 관심이 많다든가, 성령의 역사를 인위적으로 조장하여 자신을 신령한 사람처럼 보이도록 조장한다든가, 알지 못하는 것을 아는 것처럼 과장하고 거짓으로 해석한다든가, 하나님으로부터 받지 않은 말씀을 받은 것처럼 사람을 속인다든가, 자신의 사역이 소멸되어가고 있음에도 불구하고 회개하지 않고 예전의 능력이 지금도 그대로 있는 것처럼 사람들을 속이고 있다든가, 기도를 형식적으로 하면서 경건한 것처럼 포장하는 이중적인 삶을 살고 있다든가 하는 등의 모순적인 삶을 살고 있는 경우 이런 사역자는 마귀의 밥이 되는 것입니다.

이런 것을 잘 알고 있으면서도 정작 자신이 그런 상황에 있으면 제대로 대처하지 못합니다. 그리고 서서히 마귀의 늪에 빠져들어갑니다. 저는 이런 사역자들에게 이 점을 분명하게 지적해주어도 솔직하게 회개하고 고치려고 하는 사람이 10에 1명 정도입니다. 열 명의 문둥병 든 사람이 고침을 받았지만 주님에게 돌아온 사람은 한 명 뿐이었습니다.

자신의 모순적인 삶을 지적하고 회개할 것을 권유하여도 이렇게 저렇게 변명하면서 자신의 입장과 행위를 합리화하려고 합니다. 이것은 마귀가 제일 좋아하는 행동입니다. 이런 생각을 가지고 있는 사람을 마귀는 쉽게 장악하고 조정할 뿐만 아니라 마귀의 도구로 삼아 마음대로 사용하는 것입니다. 마귀는 서서히 그리고 끈질기게 사역자를 유혹하고 시험하여 그를 넘어지게 합니다. 서서히 조금씩 침투하기 때문에 마귀의 올무에 빠진 사람은 그 사실을 눈치채기 어렵습니다. 아주 조금씩 마귀의 영향력 속으로 빠져들어 가면서 양심이 무디어지고 분별력을 잃게 되어 스스로 돌이킬 수 있는 힘을 상실하는 것입니다.

그렇게 되어 모든 사람들이 그 사역자가 양신 역사를 한다고 판단하는데도 자신은 전혀 눈치를 채지 못하는 것입니다. 다시 말하거니와 양신 역사라는 말은 합당하지 않습니다. 마귀의 역사를 광명의 천사처럼 위장할 뿐이지요. 이 위장된 행동에 속아서 그 사역자가 하나님의 일꾼일 것이라고 믿게 되는 것입니다.

외형적으로는 여전히 목사요, 기도원 원장일지라도 그 속에는 마귀가 가득한 마귀의 종인 것입니다. 양신 역사라는 말 때문에 그 사역자가 여전히 하나님의 일꾼일 것이라는 어리석은 생각은 하지 마십시오. 하나님의 말씀을 제대로 적용하지 못하고 범죄 함에 빠져 다른 사람들도 죄악으로 물들게 하는 일체의 행위는 마귀에게서 온 것입니다. 그런 사역자에게서 속히 떠나야 합니다.

35장 몸으로 느끼는 영의 신호를 분별하세요

사람은 누구나 생각을 마음에 품으면 그것이 알게 모르게 행동으로 나타나게 됩니다. 예를 들자면, 즐거운 일이 있으면 감추려고 해도 감추어지지 않습니다. 자신도 모르게 입가에 웃음이 맴돌고 발걸음이 가벼워져서 사람들이 먼저 알아봅니다. 반대로 어려운 일을 만나면 얼굴빛이 침울해지고 고개가 내려갑니다. 발걸음은 천근만근이 되어 이 역시 감출 수 없이 눈에 띄게 마련입니다. 이처럼 우리는 마음의 상태를 감추려고 할지라도 밖으로 드러나게 됩니다. 정말로 감추려면 온종일 거기에만 신경을 쓰고 태연한 척 연기를 해야만 합니다. 그러려면 무척 힘이 듭니다.

마음의 상태가 이처럼 밖으로 표출되는 것은 자연스런 물리적 현상인 것처럼 영의 상태 역시 겉으로 나타나는 것입니다. 자신의 내면에 있는 영이 어떤 변화를 경험하게 되면 그 증상이 나타나게 됩니다. 영은 그 반응을 마음에 전달하며 마음은 영의 거울입니다. 그러므로 영의 반응은 마음을 통해서 우리들에게 전달되기 때문에 마음의 반응을 살펴보면 영의 작용을 이해할 수 있게 됩니다.

그러나 여기서 주의해야 하는 것이 있는데, 감성적인 사람은 육신의 생각을 마음으로 표현하는 능력이 강한 사람입니다. 이성적인 사람은 자신의 생각을 머리로 표현합니다. 즉 합리적이고 이성적인 사람은 생각을 말로 설명하며 행동으로 나타내는데 더 익숙하지만 감성적인 사람은 말로 할 줄 모르기 때문에 마음으로 그 생각을 풀어내며, 마음이 행동을 지배하여 표현하게 됩니다.

마음은 이처럼 우리의 생각과 영의 반응 모두를 표현하는 도구이기 때문에 구체적으로 이 두 가지를 정확하게 구분하는 일이 결코 쉽지 않습니다. 영이 변화를 일으키는 주요 원인은 영적 접촉이 일어날 때입니다. 우리가 기도할 때 다양한 영과 접촉이 일어나게 됩니다. 성령의 기름부음, 성령의 충만함, 성령의 감동, 성령의 임재, 성령과의 교제 등으로 표현되는 성령의 역사하심은 순간마다 다양하게 나타납니다.

같은 성령이라고 할지라도 역사하시고자 하는 목적에 따라서 다를 수밖에 없습니다. 성령과의 접촉은 일반적으로 12가지 은사가 나타나게 하기 위함입니다. 획일적으로 은사라고 정의한 것이지만 구체적으로는 다양한 특성들을 나타냅니다. 쉽게 예를 들자면 음식의 경우 냉면 하나를 볼 때 이름은 같지만 식당마다 맛이 다르고 재료도 차이가 납니다. 그러나 우리는 이 모두를 단순히 냉면이라고 부릅니다. 즉 신유의 은사라고 할지라도 그 능력을 사용하는 사역자마다 독특한 기법이 있고 능력의 수준도 차이가 납니다. 그러나 한마디로 신유라고 부릅니다.

이처럼 우리는 비슷한 모든 것을 포괄적으로 그렇게 부르지만 각각을 세부적으로 다룰 때는 상당히 다른 속성들을 나타내는 것입니다. 그러므로 성령이 우리들에게 임하는 과정이 다를 수 있고, 따라서 우리가 영으로 느끼는 것 역시 다르기 때문에 다양한 표현들을 하게 됩니다. 성령이 우리들에게 임하는 수준이 다르며, 목적이 다르기 때문에 영이 그것을 느껴 우리 몸과 마음에 전달하는 결과가 다르게 나타날 수 있습니다.

영의 존재는 성령뿐만 아니라 천사와 사단이 있습니다. 천사들 역시 다양한 계급이 있기 때문에 이들과의 접촉에서도 역시 여러 가지 반응이 나타나게 되는 것입니다. 사람마다 성격이 다르고 행동이 다릅니다. 하나님이 사람을 창조했지만 결코 같은 사람은 없습니다. 수많은 사람이 다 제각각입니다. 이렇듯이 천사들 역시 각각의 특성을 가지고 있습니다. 기계로 만들어내는 제품도 각각 다릅니다. 자동차를 예를 들어보아도 같은 거푸집에서 만들어낸 자동차지만 자동차마다 특성이 다릅니다. 그래서 어떤 자동차는 허약하게 태어나 출고하자마자 고장이 잦습니다. 고쳐도 고쳐도 끝이 없습니다. 그러나 어떤 차는 폐차하기까지 고장이 없습니다.

영적 존재와의 접촉이 일어나면 우리 영은 즉각적으로 반응을 하게 됩니다. 사단의 영과 접촉하게 되면 소름이 끼친다든가 두려운 생각이 든다든가 마음이 조여든다든가 불쾌해지고 불안스러운 생각이 듭니다. 그 자리를 떠나고 싶고, 초조해지고 긴장이 생겨 식은땀도 흐릅니다. 추운 날씨도 아닌데 오한이 일고 몸이 떨립니다. 까닭 없이 불안한 마음이 들고 가슴이 답답하니다. 그리고 주변을 두리번거리게 됩니다. 자신도 모르게 방언이 튀어나오며 기도해야 한다는 생각이 강력하게 들어옵니다.

이와 반대로 성령이 임하거나 천사와의 접촉이 일어나면 알 수 없는 평안이 밀려들어오며, 가벼운 흥분이 일어나 무언가 잘 될 것 같은 설렘이 생깁니다. 알 수는 없지만 말에 힘이 들어가고 긍정적인 생각이 일어납니다. 꼭 될 것만 같습니다. 이런 경우 어떤 기대하는 일이 있거나 착수하고자 하는 일이 있을 경우 그 일이 성취될 것 같은 희망이 일어납니다. 그러나 일이 성취되는 것과는 별개의 문제입니다. 섣부르게 이런 현상을 긍정적인 신호로 받아들여 서둘러 일을 결정하면 때로는 낭패를 볼 수도 있습니다. 경계해야 할 일입니다.

영적 접촉에 의한 신호는 그 자체가 어떤 응답의 신호가 아닐 수도 있기 때문입니다. 성령의 접촉이 일어나면 몸이 가벼워지고, 자신도 무르게 가벼운 흥분이 일어나 손이 올라가고 손뼉을 치기도 하며, 손을 공중에 휘젓기도 합니다. 소리를 지르고 싶은 충동을 느끼며, 아무도 없는 경우 크게 소리를 지르게 됩니다. 할렐루야…. 이렇게 말입니다.

실질적으로는 아무런 것도 없지만 무언가를 얻은 것 같은 뿌듯함이 생깁니다. 마음이 흡족해져서 신이 납니다. 알 수 없는 어떤 힘에 의해서 자신이 고무되고 흥분하는 일이 일어나는 것입니다. 이런 경험은 성령과 천사의 영을 자신이 접촉하게 된 것입니다. 영적 접촉은 어떤 의미가 있으며, 다가오는 영의 의도가 있습니다. 그러므로 이런 경우 기도하는 가운데이든 생활하는 가운데이든 지속적으로 접촉이 유지될 수 있어야 합니다. 우리가 의식적으로 느끼거나 깨달을 수는 없더라도 이미 어떤 영적 능력을 부여받았다든가, 하나님의 뜻을 전달 받은 것입니다.

그러나 분별력이 부족해서 구체적인 의미를 제대로 깨닫지 못하는 것입니다. 하나님의 말씀은 능력이 있어서 그 자체를 품은 것만으로도 상황이 변화되고 삶이 다르게 됩니다. 변화를 주도하시는 이가 주님이므로 영적 접촉은 그런 역사를 만들어내는 것입니다. 삶의 변화라고 하여서 극적인 효과가 나타날 것만을 기대해서는 안 됩니다. 하나님의 역사는 눈에 띄지 않게 서서히 그리고 꾸준히 일어나는 것이 일반적이기 때문입니다.

물론 극적인 변화도 일어납니다. 기사와 이적은 우리가 기대하지 않은 상태에서 일어나는 것입니다. 우리는 영의 접촉이 일어날 때 나타나는 마음의 변화와 몸의 변화를 기억해야 합니다. 이런 일들은 일종의 신호로 초기에 많이 나타납니다. 이런 영적 신호가 자주 나타날 때 그 신호의 의미를 삶속에서 파악할 수 있어야 하며, 이후에 간헐적으로 나타날 때 우리는 즉시 알아차리고 대응할 수 있게 됩니다.

어린 사무엘에게 주님이 나타났지만 깨닫지 못했습니다. 경험이 많은 스승의 도움을 받고 난 후 사무엘은 주님께 이렇게 말했습니다. "말씀하십시오. 주님의 종이 듣고 있습니다."라고 가르쳐준 대로 했습니다. 우리 역시 영적 신호가 올 때 이런 마음가짐이 필요합니다. 다양한 형태로 말씀하시는 주님의 음성을 듣는 법에 관해서 제가 이미 자세하게 설명했습니다. 영의 신호로 오는 주님의 계시하심을 분별하고 해석하는 능력을 기르게 됩니다. 이런 저런 신호로 오는 영의 작용을 통해서 하나님의 뜻을 읽어낼 수 있도록 해야 합니다.

우리가 알아야 할 것은 성령님도 살아서 역사하는 분입니다. 귀신도 살아서 역사합니다. 그래서 각각 몸으로 느끼는 신호가 있다는 것입니다. 자신이 느끼는 신호를 분별해야 합니다. 귀신의 신호인가, 성령의 신호인가를 분별하여 응답해야 할 것입니다. 하나님은 성도들이 죽거나 망하는 것을 원치 않으십니다. 그래서 문제가 일어나기 전에 전조 증상으로 신호를 보냅니다. 몸으로 느끼는 신호이든지, 성령의 감동이 온다든지, 환경에 증표가 나타나든지, 꿈으로 보여주신 다든지, 다른 사람의 말을 통해서든지, 등등 신호를 반드시 보내십니다.

이 신호에 적절하게 대처하지 못하므로 여러 가지 인생사의 문제를 당하는 것입니다. 하나님이 보내는 신호를 잘 알아내려면 말씀과 성령으로 충만해야 합니다. 성령으로 기도해야 합니다. 특이한 신호가 오면 분석하여 조치를 취해야 합니다. 이렇게 하는 것이 영적인 성도입니다. 더 많은 신령한 영적지식은 "영적인 궁금증과 명쾌한 답변"을 참고하시기를 바랍니다.

36장 영의 세계는 무리의 법칙을 따르지요

영의 세계는 무리의 법칙을 따르게 됩니다. 성령은 성령끼리, 악령은 악령끼리 연합을 잘 한다는 말입니다. 속담에 근묵자흑(近墨者黑)이요, 근적자적(近赤者赤)이라는 말이 있습니다. 사람은 가까이 하는 사람에게 영향을 주고받게 된다는 말입니다. 우리가 믿음 있는 삶을 살아가기 위해서는 반드시 이 원칙이 지켜져야 합니다. 이 원칙을 무시하면 때로는 믿음에 큰 손상을 입을 수 있습니다. 자신의 영적인 능력이 세상의 어떤 도전도 모두 이길 수 있을 것 같지만 그렇지 않습니다. 우리는 한계를 가지고 있습니다. 우리에게 주어진 능력은 무한대가 아니기 때문에 늘 자신의 한계를 인식하고 그에 따른 행동을 취하는 것이 현명하지요.

자신의 한계를 알고 그에 맞게 행동을 취하기란 말처럼 쉽지 않습니다. 그렇기 때문에 우리의 믿음이 강해지기 위해서는 신실한 믿음이 있는 사람들과 어울리는 것이 절대로 필요하지요. 자신보다 영적으로 앞서가는 사람들의 무리에서 벗어나지 않고, 항상 그들과 함께 하는 시간을 많이 갖는 것이 믿음을 강하게 유지하는 요령입니다. 그렇기 때문에 교회 생활을 해야 하는 이유가 여기 있는 것입니다. 같은 신앙고백을 하는 성도들과 교제를 나눔으로써 믿음을 상실하지 않고 더욱 키워나갈 수 있는 것이며, 여러 가지 위험으로부터 보호받을 수 있는 것입니다.

자신의 영적 능력의 한계를 망각하고 믿음 없는 사람들과 자주

어울리면 믿음은 심각하게 훼손됩니다. 물론 우리는 불신자들과 어울려야 합니다. 그들을 구원하기 위해서이지요. 그러나 자신의 믿음이 손상을 입어 소멸될 정도로 그들과 어울리는 것은 피해야 합니다. 자기의 영적인 상태에 따라 배우자도 만나게 됩니다.

어느 여 집사의 이야기입니다. 이분이 우울증으로 고생을 하다가 필자에게 치유를 받으러 왔습니다. 우울증이 심하여 밤에 잠을 잘 자지 못하고 치과를 하는데 일을 제대로 하지 못하겠다는 것입니다. 그래서 치유 기도를 해주다가 성령께서 남편에 대하여 질문하라는 감동을 주었습니다. 그래서 남편의 신앙에 대하여 물어보았습니다. 그러니까, 이렇게 대답을 했습니다. 남편이 교회를 다니기는 하는데 시어머니가 제사라는 제사는 다 지낸다는 것입니다. 그리고 그렇게 이야기를 해도 절에 나간다는 것입니다. 그래서 멀리 떨어져있으면 대화나 전화통화 할 때라도 성령의 임재 하에 하라고 했습니다. 그러니 이렇게 대답을 하는 것입니다. 시어머니와 함께 산다는 것입니다. 왜 그러냐고 물었더니 시아버지가 일찍 대장암으로 돌아가셔서 무녀 독남인 자신의 현재 남편하고 함께 살았다는 것입니다. 그래서 그러면 시어머니가 제사를 지내면 집사님은 어떻게 하느냐고 물었습니다. 제사 음식을 다 준비해준다는 것입니다. 그러면 아들인 남편하고 제사를 지낸다는 것입니다. 은연중에 제사에 참여하는 것입니다. 그래서 남편이 교회를 다니는데 제사를 지내느냐고 했더니 지낸다는 것입니다. 그러면서 성령의 역사가 일어나니 이 여 집사에게서 향을 태우는 향냄새가 말도 못하게 나오는 것입니다. 그러면서 치유가 되었습니다. 그래서 이제 부터는 제사에 참석하지 말라고 했습니다. 그러니까, 자신도 그렇게 하고 싶은데 남편이 싫어한다는 것입니다. 만약에 제사지내는데 등한히 하면 남편하고 관계가 험악하게 된다는 것입니다. 그래서 제가 질문을 했습니다. "결혼은 어떻게 했습니까?" "연애결혼을 했습니다." "그러면 집사님은 연애 당시 교회에 안 다녔습니까?" "아닙니다. 저는 모태신앙입니다. 지금 아버지는 장로님이시고, 어머니는 권사님이십니다." "그런데 어떻게 그런 분하고 결혼을 했습니까?" 그러니까, "연애기간을 한 8개월 정도 가졌습니다. 남편이 연애 시절에 교회를 착실히 잘 다녔습니다. 그리고 남편이 외과 의사입니다. 그래서 여러 조건도 좋고 해서 결혼을 결심하고 결혼을 하게 되었습니다. 부모님들도 그렇게 반대하지 않아서 결혼을 한 것입니다. 그런데 결혼해서 시어머니의 우상숭배를 알게 되었습니다. 분명히 결혼 전에 남편이 어머니도 전도하여 예수를 믿도록 하겠다고 했습니다. 그런데 지금 십 삼년이 지났는데 아직도 예수를 믿지 않고 절에 다닙니다." 그래서 내가 그러면 집사님이 시어머니에게 이렇게 말해보라고 했습니다. 만약에 시어머니가 계속하여 우상을 숭배하면 분가하여 살겠다고 해보라고 했습니다. 그러니 이렇게 말하는 것입니다. 남편이 어머니하고 분가하면 절대로 안 된다고 합니다. 자기 어머니가 자기만 보고 청춘에 혼자되어 살았는데 절대로 그럴 수가 없다는 것입니다. 그래서 어쩔 수 없이 지금까지

지내왔다는 것입니다. 이 집사에게 한 가지 걱정이 있었습니다. 자기의 시아버지가 사십대 중반에 대장암으로 세상을 떠났는데 남편이 걱정이 된다는 것입니다. 연애와 결혼은 이렇게 중요합니다. 모태 신앙인 집사가 불신의 가정에 시집을 가서 제사를 지내고 살게 되는 것입니다. 그러니 우울증이 찾아와서 고생을 하는 것입니다. 참으로 답답한 현실입니다. 이는 본인의 영적인 상태가 깨끗하지 못하니까, 이런 사람을 만나 결혼하게 된 것입니다. 자신이 성령으로 충만하고 영적인 눈이 열렸다면 절대 이런 사람하고 결혼하지 않았을 것입니다.

이런 사람들이 우리 주변에는 너무나 흔합니다. 청년 때 믿음을 가졌던 사람이 그것도 열심히 믿었던 사람이 어느 날 불신자가 되어 있는 경우를 흔히 볼 수 있습니다. 이런 사람들 대부분이 믿음 있는 사람들과 가까이 하기보다는 믿음 없는 사람과 가까이 한 결과 이렇게 된 것입니다. 무리의 법칙은 경건한 무리와 항상 가까이 함으로써 믿음을 지키고 성장시킬 수 있음을 지적하는 말입니다. 이는 법칙이기 때문에 반드시 그렇게 지켜야만 한다는 말입니다. 성도들과 가까이하고 영적으로 능력 있는 사람들과 가까이 함으로써 자신도 능력 있는 사람으로 설 수 있게 되는 것입니다.

특히 젊은 세대들은 이 무리의 법칙을 잊어서는 안 됩니다. 당신은 아직 영적으로 성장하여야 할 시기이기 때문에 더욱 이 법칙을 마음에 담아두고 성도들과 어울리고 교회생활을 열심히 함으로써 영적 능력을 키워나가기 바랍니다.

37장 젊은 세대는 보는 것을 즐기지요

"百聞不如一見"이라는 말입니다. 사물을 이해하는데 보는 것이 가장 효과적이고 인상적입니다. 과거에는 보는 기술이 없어서 모든 것을 읽고 쓰는 것에만 집중했지만 오늘날에는 모든 것을 보는 것으로 다 처리합니다. 동영상이 문화의 주류가 되었지 않습니까? 음악도 동영상이 없으면 듣는 의미가 반감되며, 젊은 세대는 보는 것을 떠나서는 아무것도 할 수 없을 것 같아졌습니다. 시간만 나면 핸드폰을 들여다보면서 정신을 온통 그 속에 빼앗기고 맙니다. 젊은 세대는 보는 세대입니다.

보는 것은 현대문명의 핵심이며, 이것을 떠나서는 이해할 수 없게 되어가고 있습니다. 과거에는 전혀 볼 수 없었던 세계가 기기의 발달로 인해서 볼 수 있는 영역으로 들어오고 있습니다. 과거 땅을 차지하려고 싸웠던 세대들처럼 오늘날에는 보는 영역을 먼저 차지하려고 다투고 있습니다. 볼 수 없을 것으로 여겨졌던 분야가 우리의 눈에 급속하게 들어오기 시작한 것이 최근의 일입니다. 이 흐름은 전례가 없었던 것이며, 하나님은 영적인 새 물결을 일으키기 전에 먼저 세상에서 그 흐름을 일으킵니다.

사회가 이렇게 보는 것을 중심으로 변해가는 것은 장차 교회가 그렇게 되어갈 것을 예고하는 것입니다. 이제까지 교회는 듣고 읽는 것으로 중심을 삼아왔고 이제까지 그러했습니다. 세상은 온통 새로운 물결로 휩싸이는데도 교회는 이를 외면하려고 합니다.

사회가 변화하면 사람들은 영적으로 변화하기를 갈망하게 됨으로써, 세상과 교회가 이질적으로 따로 노는 것을 힘겨워하게 됩니다. 특히 젊은 세대들은 더욱 그렇습니다. 저도 젊은 시절에 교회는 고리타분하게만 느껴졌고 어떤 모습으로든지 변화하였으면 하는 기대를 많이 했었습니다. 젊은 세대는 보는 것을 중요하게 여기는 세대이므로 이들은 듣기 보다는 보기를 더 좋아하게 됩니다.

그러므로 이들 세대에게는 환상이 너무도 중요할 뿐만 아니라 그것으로 의사소통하는 기술을 얻고자 하는 갈망이 있습니다. 우리는 이제까지 성경의 중심주제들, 예를 들면, '영' '성령' '천사' '마귀' '귀신' '기적' '표적' '증거' '권능' '치유' '예언' '부활' '믿음' '천국' '심판' '영생' 등과 같은 내용들을 교리적으로 이해해왔습니다. 이 주제들을 머리로만 이해하는 것으로 만족했고 지금도 그렇게 하고 있습니다. 그러나 실제로 이 주제들은 머리로 이해해서 아는 것만으로는 부족하며, 개별적 경험(personal encounter)으로 알 수 있을 때 제대로 이해할 수 있는 것들입니다.

'개별적 경험'이란 보는 것을 포함합니다. 오감 중 지각을 제외하면 나머지는 실제를 접하는 수단들입니다. '미각' '후각' '촉각' '시각'은 이론이 아니라 실제를 현장에서 접촉할 때 지식을 얻도록 하는 자각 기관입니다. 그 가운데 가장 강력한 것이 시각(視覺)입니다. 이는 경험의 가장 핵심에 놓여있으며, 이것이 꿈과 환상이라는 도구를 통해서 우리에게 자각을 얻게 하는 것입니다. 앞에서 열거한 주제들은 이와 같이 시각을 통해서 확인될 때 가장 강력한 인식을 얻게 되는 것입니다. 꿈과 환상에 사용되는 상징은 이미저리(imagery)와 풍류(allegory)입니다. 이것은 자신의 삶에서 경험한 것들이며, 자주 삶에서 등장하는 것들이기도 합니다. 그리고 가장 최근에 경험하거나 본 것이 그 의미가 가장 생생하고 뚜렷할 수 있기 때문에 그런 이미지를 사용하십니다.

우리가 꿈과 환상을 제대로 해석하는 주요한 기술은 이 이미지와 풍류를 어떻게 다루느냐 하는 문제와 연관이 있습니다. 이미지란 보이는 형상이 가져다주는 의미를 말하며, 풍류란 스토리를 구성하는 배경이 상징하는 의미를 말합니다. 꿈과 환상은 현실적 이야기가 아니라 어떤 내용을 담고 있는 '알레고리'입니다. 그러므로 사실대로 해석하는 것이 아니라 자신이 경험한 삶의 구성들을 가지고 적용해야 하는 풍류인 것입니다.

꿈과 환상에 동원되는 상징은 자신의 삶에서 나온 것들이 대부분입니다. 그러므로 상징을 제대로 이해하기 위해서는 자신의 마음 상태를 객관적으로 들여다 볼 수 있어야 합니다. 이것이 실제로는 엄청 나게 어려운 일임은, 누구나 자신에게 솔직하기란 쉬운 일이 아니기 때문입니다. 우선 자신이 하는 일은 언제나 올바르다고 생각하게 됩니다. 꿈과 환상은 이 부분을 객관적으로 볼 수 있게 하기 위해서 주어지는 것입니다. 우리가 하나님과 친밀함을 누리기 원하지만 제대로 되지 않는 배경에는 솔직하지 못한 부분이 있기 때문입니다.

그것은 본인의 무지 때문일 수도 있으며, 착각 때문일 수도 있습니다. 그러므로 이런 부분을 객관적으로 볼 수 있는 시각을 가지게 하기 위해서 꿈과 환상이 주어집니다. 그러나 자신의 마음 상태가 무엇을 향하고 있는지를 제대로 파악하기란 결코 쉽지 않기 때문에 보이는 이미지를 바르게 해석할 수 없는 것입니다.

자신이 목격한 꿈과 환상은 자신이 가장 잘 해석할 수 있는 것이 원칙이지만 그러기 위해서는 반드시 하나님의 다림줄로 자신의 마음 상태를 점검 받아야 합니다. 자신을 교정하기 위해서 주어지는 꿈과 환상을 스스로 바르게 이해하기란 쉽지 않기 때문에 능력 있는 사역자를 통해서 점검을 받을 필요가 있는 것입니다. 이때 그 꿈과 환상에 대한 해석을 듣고 마음에 강한 감동이 온다면 그 해석은 우선 정확한 것으로 볼 수 있습니다. 마음의 감동은 성령께서 지지하는 신호이며, 그렇게 해서 자신을 다루어야만 객관적으로 자신을 바로 잡을 수 있는 힘이 생깁니다. 꿈과 환상은 95%가 자신을 다루기 위해서 주어진다는 점을 잊지 말아야 합니다. 단 5% 정도가 객관적인 내용을 지니며, 그 가운데 아주 드물게 계시의 내용을 지닌 것이 있습니다.

많은 경험이 쌓이고 특별한 하나님의 뜻이 있을 때 타인을 위한 예언적 꿈과 교회를 향한 계시적인 환상을 얻게 되는 것입니다. 꿈과 환상을 자주 경험하게 되면서 이 방면에 기름부음이 임하면 선견자로 세워지게 되며, 이런 사람에게는 영적 분위기를 느끼는 특별한 기능이 추가될 뿐만 아니라 많은 경험을 통해서 상징을 제대로 이해하는 훈련을 거치게 됩니다. 환상을 통해서 얻어지는 다양한 이미지들은 처음에는 그것이 무엇을 의미하는지 몰라 혼란스러워하게 되지만, 모든 것이 다 그렇듯이 훈련되지 않으면 생소하고 낯설기 마련입니다. 많이 볼수록 상징을 이해하는 능력이 자라나게 되며, 상징뿐만 아니라 배경을 이루는 알레고리를 이해하는 데도 또한 많은 시간이 필요합니다. 그러나 오늘날에는 환상에 대한 많은 지식과 경험들이 이미 주어졌고 특히 젊은 세대들은 보는 것을 중심으로 하는 사람들이므로 환상을 보는 것이 아주 당연하게 받아들여질 것입니다.

　꿈과 환상은 어느 것보다 개별적 경험이 중요합니다. 하나님은 각 사람을 향한 고유한 뜻이 있으며, 개성만큼이나 다양하게 각 사람에게 베푸시는 은혜의 수단이 독특합니다. 그러므로 각 사람은 자신에게 주어진 고유한 특성을 찾아내고 이해해야 합니다. 다른 사람의 것을 따라 하려고 하거나 그와 같은 것을 추구하면 자신에게 주어진 고유한 기능을 잃을 수 있습니다. 상징이 자신의 고유한 삶의 바탕(Lebenssetzen)에서 만들어진 것들을 이용하시는 것처럼 각 사람에게 주어지는 기능은 그 사람의 기질과 인격과 삶의 경험들을 충분히 이용할 수 있도록 합니다. 그러므로 자신에게 주어진 고유한 기능을 발견하는 것이 중요합니다. 이 경우 스스로 발견하기 어렵기 때문에 자신과 유사한 성향을 지닌 맨토를 만나게 하심으로써 그 지도자를 통해서 배우게 됩니다.

비슷한 성향을 지녔거나 삶의 경험이 비슷하면 그 영의 속성이 닮아가기 쉽습니다. 맨토와의 관계 속에서 우리는 알지 못하는 사이에 '영적 유대'(soul tie)가 형성되며 영적 흐름이나 기질이 비슷하게 닮아가게 되므로 쉽게 자신에게 주어진 기능을 발견하고 개발할 수 있게 되는 것입니다.

환상을 보기 위해서는 사모하는 마음을 가져야 합니다. 주님은 아버지가 하시는 것을 보고 그대로 따라 했습니다. 이런 원리로 제자는 스승이 하는 것을 보고 따라함으로써 기능을 익히게 됩니다. 엘리사가 그의 스승인 엘리야를 따라 한 것처럼 말입니다. 능력 사역자가 되면 꿈과 환상을 통해서 어떻게 해야 하는지를 배우게 됩니다.

주님은 마지막 세대에게는 꿈과 환상을 가지고 대화할 것입니다. 이 통신수단을 제대로 이해해야만 주님으로부터 오는 정보를 얻을 수 있기 때문에 상징을 이해하는 법을 배워야 합니다. 주님과의 개인적 접촉을 사모하고 그 시작을 꿈을 통해서 이루기 바랍니다. 이어서 환상을 그리고 이미지를 만들어 주님 앞에 내어놓으면 그것이 실마리가 되어 화려한 환상의 세계로 진입하게 됩니다. 환상의 차원이 깊어지면 어느 날 아주 독특한 영적 세계의 경험으로 들어가게 될 것입니다.

5부 영성 깊은 성도

38장 어린이 영성이란 어떤 것 인가요.

어린 아이들은 성인들과 다른 면이 많습니다. 세속에 찌들지 않아서 범죄함이 적고, 생활에 얽매이지 않아서 염려가 적으며, 삶이 복잡하지 않기 때문에 영적으로도 순수할 수 있습니다. 때가 많이 묻지 않아서 걸리는 것이 적다는 것입니다. 어린아이의 영은 순수하기 때문에 주신 말씀이 굴절되지 않아 영적으로 더 맑다고 생각합니다. 그러나 어린 아이에게 이런 긍정적인 면이 있는 것 못지않게 부정적인 면도 많습니다.

어린 아이는 언어 표현이 미숙하기 때문에 하나님으로부터 받은 말씀을 제대로 표현할 수 없습니다. 환상을 보는 경우 그 상징을 제대로 설명할 수 없는 경우가 많습니다. 어린 아이는 언어 표현 능력이 완전하지 못할 뿐만 아니라, 인식한 것과 생각한 것과의 차이를 제대로 구분하지 못합니다. 즉 상상과 현실을 명확하게 구분하는 능력이 부족한 것입니다. 그래서 이 두 가지를 서로 혼동하기도 합니다. 꿈을 현실로 착각하기도 하며, 착각한 것을 진실로 받아들여 전혀 의심하지 않고 현실인 것처럼 받아들입니다.

어린 아이는 시간과 공간에 대한 인지능력이 부족하여 시간과 공간의 원근을 제대로 파악하지 못합니다. 시간과 공간의 원근은 사물을 인식하는 데 매우 중요한 요소가 됩니다. 원근법을 무시한 그림은 우리가 제대로 인식하지 못합니다. 이런 기능을 역으로 이용하여 그린 그림이 비구상입니다. 추상화라고도 하는 이런 그림은 그린 사람의 설명이 없이는 무엇을 그렸는지 알 수 없습니다. 시간 역시 마찬 가지입니다. 과거에 일어났던 일을 지금 일어난 것처럼 이야기하면 우리는 혼란을 겪습니다.

어린 아이에게는 이런 것들을 정확하게 구분하는 능력이 부족합니다. 그러므로 하나님의 말씀은 시간과 공간에 대한 정확한 구분을 필요로 하는 부분이 많은데 이런 내용을 다루기에는 적당하지 못한 것입니다. 어린 아이는 영적으로 순수할 것이라는 생각으로 인해서 그들이 보았다고 하는 영적 현상(꿈과 환상)을 그대로 받아들이는 데는 많은 문제를 지니고 있습니다.

표현의 미숙함으로 인해서 자신이 본 것에 대해서 정확하게 설명하기가 쉽지 않습니다. 우리도 꿈과 환상을 보고 난 후에 그 내용을 정확하게 표현하기란 그리 쉬운 일이 아니라는 사실을 경험합니다. 모호하고 분명하지 못한 부분이 반드시 있습니다. 마치 현실처럼 분명한 환상과 꿈(lucid dream)이 있습니다. 이런 경우는 마치 현실과 같아서 현실인지 꿈인지 조차 구분이 제대로 되지 않을 정도입니다. 그러나 이런 꿈과 환상은 흔하지 않고 대부분의 것은 모호합니다.

눈을 뜬 상태에서 보는 환상 역시 선명하지 못한 부분이 많습니다. 그림을 보는지 이미지를 느낌으로 느끼는지 구분이 제대로 되지 않는 경우가 있습니다. 어린 아이에게도 마찬가지입니다. 자신이 생각하고 있는 것을 마치 환상을 본 것처럼 착각하고 믿어버리게 됩니다. '자기 최면'이라고 하는 행위에 대해서 어른들은 쉽게 걸리지 않습니다. 어떤 일을 자기가 실제로 한 것처럼 받아들이기 위해서 자신의 무의식에 계속 그런 자극을 주어 자신이 한 것으로 완전히 받아들이게 하기까지 시간도 많이 걸리고 성공하는 일도 쉽지 않습니다. 그러나 어린 아이들은 쉽게 그런 상태에 빠집니다.

아이에게 하지 않은 일을 했다고 주변에서 다그치고 모두 그렇게 인정하면 아이는 몇 차례 부인하다가 이내 그 사실을 받아들이고 그 이후에 자신이 그런 행동을 한 것처럼 태연하게 행동합니다. 아이들이 얼굴빛 하나 바꾸지 않고 태연하게 거짓말을 하는 까닭이 이런 현상 때문입니다. 아이들의 이와 같은 현상은 처음에는 비교적 진실을 이야기하던 아이들도 계속 질문하게 되면 하지 않은 것을 꾸며서 한 것처럼 이야기 하여 질문하는 사람의 요구에 자신이 대답해야 한다는 무의식적인 압박을 형성하여 계속 답을 제공합니다.

부모가 자녀에게 "오늘 하나님이 무어라고 말씀하셨어?" 라는 질문을 매일 하면 아이는 듣지 못하였어도 들었다고 꾸며내게 됩니다. 또 아이들은 과장하는 버릇이 있어서 사람들이 자신을 신령한 사람처럼 대하면 자신도 모르게 우쭐하여 없는 일을 꾸며냅니다. 아이들의 이런 심리적 특성으로 인해서 그들이 경험하는 영적 경험들의 진정성이 의심됩니다. 아이들은 책임감이 완전하지 못하기 때문에 자신들의 행동으로 인해서 생기는 결과에 대해서 거의 의식이 없습니다. 그저 순간적으로 그 상황에서 필요로 하는 것들에 대해서 반응할 뿐입니다.

어린 아이가 방언을 하고 환상을 본다는 것은 참으로 기특한 일입니다. 그러나 그 아이들이 보는 것으로 만족해야지 그것을 어떤 지시나 인도하심으로 받아들이기에는 어린 아이들이 너무 미숙하다는 점을 깨달아야 합니다. 아이가 본 것을 우리가 볼 수 없습니다. 그러므로 아이의 말을 통해서 듣게 되는데 이 과정에서 심각하게 굴절될 수 있다는 것입니다. 아이들은 본 것을 말할 때 아이의 수준에서 파악하고 이야기 합니다.

아이들에게 추상적인 그림을 보여주고 난 다음에 본 그림을 설명하라고 하면 아이들은 자신이 주변에서 경험하고 본 그와 비슷한 것들을 이끌어내어 설명합니다. 이런 설명을 "은유적 기술"(metaphorical description)이라고 부르는데 아이들은 자신이 가지고 있는 정보가 빈약하기 때문에 본 그림을 충분히 설명할 수 있는 적합한 대상을 찾지 못합니다. 그러므로 엉뚱한 설명이 되는 경우가 많습니다. 아이들 각각의 환경적 배경의 영향에 따라 설명이 다양하게 나옵니다. 그 가운데 진실에 접근하는 내용은 별로 많지 않습니다. 이런 실험을 통해서 아이들의 인식 능력에는 한계가 있다는 점을 알게 됩니다.

아이들은 심리적 발달이 완전히 이루어진 것이 아니므로 수시로 변합니다. 감정의 변화에 따라서 생각도 변하고 인식도 변합니다. 조금 전에는 이렇게 이야기 했다가 잠시 뒤에는 저렇게 말합니다. 모호한 것일수록 변화의 폭이 큽니다. 영적인 일은 성인인 우리도 구별하는데 어려움을 겪는데 어린 아이에게는 상당히 힘든 부분이 많습니다. 우리가 경험으로 아는 바이지만 하나님의 음성을 받고 듣는데 문제가 있는 것이 아니라 그것을 분별하고 그 의미를 정확하게 파악하고 적용하는데 문제가 있는 것입니다.

아이들은 순수해서 계시도 많이 받고 환상도 많이 본다고 말합니다. 그러나 그런 일차적인 그릇의 문제가 아니라, 그 내용을 표현해 내는 이차적인 기술의 문제가 더 중요한 것입니다. 아이들이 보고 들은 것을 어떻게 정확하게 이끌어낼 수 있느냐 하는 문제가 중요하다는 것입니다. 누구나 보고 들을 수 있습니다. 그러나 그 본 것의 의미를 정확하게 파악하지 못한다면 본 것은 아무런 의미가 없습니다. 무수한 사람들이 날마다 꿈을 꿉니다. 그런데 그 대부분은 그 꿈을 통해서 아무런 유익을 얻지 못합니다. 의미를 모르기 때문입니다.

우리는 성경을 옆에 끼고 삽니다. 그럼에도 불구하고 그 속에 있는 귀한 진리의 말씀을 제대로 아는 사람이 얼마나 됩니까? 그리고 그 말씀을 자신의 인도자로 삼고 그 말씀대로 살아가는 사람 또한 얼마나 됩니까? 그렇지 못한 까닭은 그 의미를 제대로 모르기 때문입니다. 어린 아이의 영성은 순수합니다. 그래서 주님도 그와 같이 되기를 촉구합니다. 그러나 어린이의 이러한 순수한 영성과 하나님의 말씀의 계시와는 별개입니다. 여기에서는 순수한 영성으로만 되지 않는 영적 분별이라고 하는 중대한 기술적인 문제가 있는 것입니다. 하나님으로부터 말씀을 받으려고 힘써 기도하기만 하는 사람들이 있습니다. 이런 사람들은 받기는 많이 하지만 그 받은 계시가 자신과 교회에 유익이 되지 못하는 까닭은 분별하고 적용하는 기술을 제대로 개발하지 못하였기 때문입니다. 자기 멋대로 생각하고 판단하는 것은 본인의 자유입니다. 그러나 지도자가 된 사람은 절대로 자기 멋대로 판단해서는 안 됩니다. 그 판단으로 다른 사람을 곤경에 빠뜨릴 수 있기 때문입니다.

어린 아이의 영성은 분명히 어른들보다 순수합니다. 그래서 주님이 주시는 은혜를 보다 쉽게 받을 수 있습니다. 그러나 이런 아이들의 영적 경험들이 우리에게 유익하기 위해서는 올바른 지도와 교육이 필요하고 아이들이 믿음 안에서 잘 성장하도록 세심한 배려가 필요합니다. 아이들이 경험한 것에 대해서 올바른 지도를 해 주어야 합니다. 모조건 무시하거나 전적으로 받아들이는 일은 피해야 합니다. 아이들이 경험한 것들은 경험으로 받아들이고 신체적으로 감성적으로 온전히 성장할 수 있도록 지도하고 말씀으로 기초를 다지게 하는 것이 바람직합니다. 영적 분별력은 오랜 시간동안 교육되고 훈련되어야만 유용해지는 그런 기능입니다. 더 많은 영적지식은 "신령함과 권능을 개발하는 법"을 참고하시기를 바랍니다.

39장 여성적인 영성은 무엇을 말하나요

사람은 누구나 한 가지에 치우치는 경향이 강한 것 같습니다. 그것은 사람이 태어날 때 남성과 여성으로 분리되어 이 세상에 온 것이 한 요인이기도 하겠지만, 그 보다는 이기적인 생각이 더 강하기 때문이라고 봅니다. 남성과 여성으로 태어난 것은 서로 보완적이기 위한 것이며, 사람은 다른 성향의 것을 함께 공유할 수 없는 특성이 있기 때문이기도 할 것입니다. 즉 남성성과 여성성은 대조적인 것이기 때문에 한 몸에 지닐 수 없는 물과 불 같은 요소이며, 어쩔 수 없이 분리되어야 하는 것처럼 영적인 일에도 대조적인 요소들이 있습니다.

논리적이고 이성적인 말씀주의는 남성적입니다. 신비적이고 감성적인 것은 여성적입니다. 그러므로 고대사회에서부터 남성주의는 교회 안에서도 절대적으로 우월했고 따라서 여성적 성향의 영성들은 자연히 무시되었습니다. 머리로 듣는 것과 가슴으로 듣는 것 모두가 중요하고 어느 한 쪽도 소홀히 할 수 없는 것임에도 불구하고 이제까지 가슴으로 듣는 것은 여성적이라는 이유로 배척되었던 것입니다.

영국을 보더라도 교회가 베드로의 영성을 공인하기 전까지만 해도 남성과 여성은 구분이 없이 교회에서 중요한 역할을 수행했습니다. 선교의 결정적인 갈림길을 만든 664년의 '휘트비 총회'(the Synod of Whitby)에서 영국 교회를 대표하는 사람은 여수도 원장 힐다(Hilda)였습니다. 이 총회에서 노섬브리아의 왕인 오스위(Oswy)는 베드로의 영성을 교회의 기본으로 결정하게 됩니다. 사랑과 감성 보다는 권위가 더 중요했던 왕으로서 당연히 선택할 것이었습니다. 이로써 영국 교회는 지금까지 권위를 위한 교회 형태로 발전해 갔고 사랑으로 역사하시는 '가슴의 영성'은 교회 밖으로 밀려나게 되었습니다.

가슴으로 듣는 영성은 이후 신비주의로 몰려 이단시되게 되었고, 그 결정적인 계시는 스코틀랜드의 펠라기우스였습니다. 펠라기우스는 여성에 대해서 중요하게 여겼고 여성적 영성의 중요함을 교회에 일깨운 사람입니다. 여성에게 성경공부를 시켜야 함을 강조했고 남성적 영성 못지않게 여성적 영성의 중요함을 강조했지만, 이 주장은 그와 경쟁하게 되는 다른 사람들 특히 아우구스티누스로부터 집중적으로 비난을 받게 됩니다. 로마의 지도적인 가문의 젊은 여성 드리트리아스(Demetrias)에게 보내는 공개서한이 문제가 되어 마침내 이단으로 정죄되기에 이릅니다. 이로써 우리는 여성적 영성을 대표하는 한 축을 잃게 되었고 남성 지배사회에서 교회는 오로지 남성 편에만 서게 되었습니다.

근래에 들어와 여성적 영성에 대한 눈을 떠가고 있는 실정입니다. '아시아의 모태 신학'으로 유명한 숭첸청(宋泉盛) 등이 대표적인데 아직도 가슴으로 듣는 요한의 영성에까지는 이르지 못한 것 같습니다. 우리 교회는 여전히 여성들에 대한 편견으로 가득합니다. 대부분의 교단이 여성목회자를 부정하고 있는 실정에서 여성적 영성인 감성의 영성은 교회에서 인정을 받을 수 없는 것이 현실입니다. 그리스도를 이해하는 방식을 오로지 말씀 하나로만 국한시켜 버린 교회의 태도는 영국교회가 권위와 사랑 중 권위를 택한 것과 마찬가지입니다. 사랑이란 가슴으로 깨닫는 것이며, 감성으로 느껴지는 것입니다. 이것은 말로 설명할 수도 없고 말로 깨달을 수도 없는 하나님의 본질입니다.

요한 사도는 "하나님은 사랑이시다"라고 설명하고자 했을 때 그는 말로 하려고 하지 않았습니다. 그는 그리스도의 가슴에 머리를 묻고 그 쿵덕거리는 주님의 심장의 박동을 직접 느꼈고 그 따스한 온기를 체험한 사람입니다. 늘 그리스도의 가슴에 비스듬히 기대어 살아온 요한은 스스로를 소개할 때 '주님이 사랑하는 자'라고 표현했으며, 주님의 품에 기대어 있는 모습으로 자신을 설명했습니다. 이로써 그는 그리스도를 가슴으로 느꼈음을 강조한 것입니다. 이 가슴과 가슴으로 전해지는 사랑은 전적으로 여성적입니다. 여성은 사랑하는 자식을 품에 두고 키워냅니다. 가장 따스한 젖가슴으로 안아 길러내는 것이며, 그런 수유과정을 통해서 자신의 전부를 주는 사랑을 직접 경험하는 것입니다. 그래서 그 자식을 자신의 생명으로 인식하고 절대로 포기하지 않습니다.

그러나 이런 경험이 없는 남성은 자식을 이지적으로 생각합니다. 사랑 보다는 책임을 더 중요하게 생각하고 권위를 앞세웁니다. 사랑의 표현도 자연적으로 권위적입니다. 그렇기 때문에 가슴으로 느껴지는 사랑을 알지 못하는 것입니다. 우리가 살아가는 세상은 이 두 가지 요소들이 서로 조화를 이루어야 건강하듯이 영성도 마찬가지입니다. 하나님을 경험하는 두 가지 방법 모두가 존중되어야 하는 것입니다. 즉 지성적 접근과 신비적 접근 모두가 교회 안에서 중요하게 다루어져야 하는 것입니다.

지금까지 우리는 부성적 영성에만 치중해 왔습니다. 권위적 영성은 말씀을 권위로 해석하는 것에서 출발합니다. 그래서 말씀만을 절대적 가치로 여겼습니다. 말로 표현할 수 없는 감성적 영성은 항상 비천한 것이거나 낮은 것으로 취급되어 경시했던 것입니다.

말로 표현할 수 없다고 해서 그것이 가치가 없다는 것은 참으로 어리석은 것입니다. 하나님의 신비는 말로 설명이 될 수 없는 것입니다. 요한이 느꼈던 그 따스한 그리스도의 품은 말로 설명이 되지 않습니다. 그것은 그저 느낄 때 깨달아지는 것입니다. 우리 교회에서 늘 등한시 되고 심지어는 이단으로 정죄되기도 한 신비적 영성은 느낌으로 오는 것입니다. 그리스도를 감성으로 알아가는 것은 말씀으로 알아가는 것 못지않게 소중하며 중요합니다. 어머니의 사랑은 말로 아는 것이 아니라 느낌으로 아는 것입니다. 우리는 하나님을 늘 부성으로만 인식하려고 합니다. 아버지 하나님이라고 부르기 때문에 자연적으로 그렇게 고정된 것입니다. 그러나 하나님의 속성 안에는 모성적인 면이 너무도 많습니다. 주님은 '낳으시는 하나님'이며, 구로하는 하나님으로 표현하는 개역성경은 그 의미가 젊은이들에게는 바로 오지 않는데 구로란 '산통을 겪다'라는 뜻입니다. 즉 낳기 위해서 산고를 많이 겪으신다는 뜻입니다.

오랜 세월 가부장적 권위 속에서 살아온 우리 민족도 역시 부성적 영성을 가치 있는 것으로 여기고 감성적 영성은 소홀히 하거나 아예 부인합니다. 중세의 여성적 영성이 자연적으로 수도원을 형성했듯이 지금도 여성적 영성은 기도원이라는 형태로 우리 곁에 다가와 있는 것입니다. 이것은 결코 바람직하지 못합니다. 부성적 권위는 교회 안에서 자리를 잡고 정당한 위치에 있지만 모성적 영성은 그 주변에서 맴돌 뿐입니다. 아직도 여성이 무시되는 사회이기 때문입니다. 오늘날 다양한 부분에서 여성들이 참여하고 있지만 아직도 그 길은 멀기만 합니다. 따라서 영성도 역시 마찬가지라고 봅니다. 절대 다수를 차지하고 있는 여성성도들임에도 불구하고 그들의 성향과는 잘 맞지 않는 말씀주의로 하나님을 이해할 것을 강요당합니다.

여성이 가지고 있는 감성은 하나님을 이해하고 접촉하는 중요한 기능임에도 불구하고 무시되고 심하게는 제지와 압박을 받습니다. 그런 까닭에 여성은 쉽게 주님과 친밀할 수 있는 기능을 가지고 있으면서도 어렵게 하나님을 이해하는 법을 배우게 됩니다. 여성의 본성적 사랑으로 하나님을 이해하기 보다는 논리적이고 이성적인 사랑의 방법을 깨달으려고 합니다. 지식으로 채워지는 하나님과 본성으로 알아지는 하나님이 무엇이 다릅니까? 가슴으로 하나님의 음성을 듣는 것이나 성경에서 깨달아 아는 하나님이나 전혀 다를 바가 없는 것입니다. 하나님은 만물에 그 창조하신 하나님의 뜻을 담았다고 합니다. 만물을 통해서 우리는 하나님을 배우고 느낍니다. 어느 한 쪽도 절대로 소홀히 해서는 안 되지만 우리는 한 쪽을 애써서 외면하려고 합니다. 오로지 권위 때문에 그렇게 합니다.

우리는 바르게 알아야 합니다. 하나님은 살아서 역사하시는 분입니다. 하나님을 몸으로 체험해야 합니다. 아는 것만으로는 안 됩니다. 이론의 하나님이 아니시기 때문입니다. 그렇기 때문에 여성적인 영성이 대단히 중요합니다. 하나님은 여성을 좋아하십니다. 몸으로 하나님을 알고 느끼기 때문입니다. 여성들은 우뇌가 발달하여 감성이 풍성하기 때문입니다.

여성들이 은혜를 받으면 잘 웁니다. 몸으로 성령의 만지심을 느끼기 때문입니다. 그래서 성령으로 세례 받는 것도 남성보다 빠릅니다. 남성은 좌 뇌형입니다. 논리적입니다. 무엇이든지 논리에 맞아야 받아드립니다. 그렇기 때문에 하나님을 느끼는 것도 여성보다 더딥니다. 남성은 감성을 길러야 합니다. 여성은 논리성을 길러야 합니다. 그래야 균형잡힌 크리스천이 될 수가 있습니다.

40장 영적인 상태를 수시로 진단해야 하지요

하나님은 성도들이 말씀과 성령으로 수시로 자신의 영적인 상태를 진단하기를 원하십니다. 진단하여 영육의 문제를 사전에 치유 받는 것이 하나님의 뜻입니다. 하나님은 영적인 상태를 바르게 깨닫고 문제를 치유 받고 영육으로 건강하게 지내기를 소원하십니다. 43세가 된 여 집사가 저희 교회집회에 참석하여 상담을 요청했습니다. 이유 없이 몸이 피곤하고, 졸리기만 하고, 머리가 아프고, 밤에 잠이 깊지 못하고 꿈이 많아 생활하기가 너무 힘이 든다는 것입니다. 이런 상태가 6개월 정도 되었다는 것입니다. 문제는 한약방을 가서 침을 맞고 약을 먹어도 효과가 없었다는 것입니다. 양방에 가서 각종 검사를 해보아도 명확한 증상이 나타나지 않았다는 것입니다. 고통을 당하다가 제가 쓴 책"하나님의 복을 전이 받는 법"을 읽고 치유 받고자 왔다는 것입니다. 제가 기도하니 성령님이 감동하시기를 충격적인 일을 당한 상처로 인한 질병이라는 것입니다.

여 집사에게 충격적인 일을 당한 일이 없었느냐고 질문을 했습니다. 한참을 생각하더니 5년 전에 남편이 교통사고를 당하는 바람에 충격을 받았었다는 것입니다. 별로 큰 사고가 아니었기 때문에 그냥 지나가기는 했지만, 교통사고를 당했다고 전화가 왔을 때 가슴이 철렁했었다는 것입니다. 놀라서 그날 저녁에 잠을 제대로 자지 못했다는 것입니다. 지금은 잊혀진 사건이라는 것입니다. 그래서 제가 그때 사건으로 인하여 상처가 생기고 영적인 문제가 발생했는데 치유하지 않고 그냥 지나서 지금 고통을 당하는 것이라고 말했습니다.

4주 동안 다니면서 상처를 치유하고 영적인 문제를 치유하면 정상이 될 것이라고 조언을 했습니다. 여 집사가 순종하여 4주 동안 다니면서 치유하여 완치가 되었습니다. 이분의 경우 성령의 역사가 강한 교회에서 영적진단을 받았으면 사전에 해결이 되었을 것입니다. 그러나 일반적인 믿음 생활을 하여 사전에 알아내지 못하여 6개월 이상 고생을 한 것입니다.

우리가 건강하게 살기 위해서 주기적으로 건강진단을 받아야 하는 것처럼, 건강한 영적 삶을 살기 위해서는 주기적으로 영적진단을 받을 필요가 있습니다. 암은 조기에 진단하면 100% 치유가 되지만, 검진을 하지 않으면 말기가 될 때까지 우리 몸은 암을 느끼지 못합니다. 영적인 병도 이렇습니다. 병의 바이러스인 마귀나 귀신이 들어왔는데도 우리의 몸이 느끼지 못하는 경우가 많습니다. 영은 신호를 보내는데도 무지해서 그 신호를 놓치는 경우가 많습니다. 그러므로 주기적으로 자신의 영적인 상태를 점검할 필요가 있습니다.

자신 안에 숨어있던 영육의 문제의 근원을 수시로 영적진단을 통해서 드러나게 하여 치유하는 것입니다. 이것이 예방신앙입니다. 자신 안에 잠재하여 있던 영육의 문제근원은 반드시 성령의 역사가 일어나야 드러납니다. 성령이 충만한 곳에서 예배를 드리면서 성령으로 뜨겁게 기도하며 드러내어 미리 치유하는 것입니다. 그런데 문제는 숨어있는 영육의 문제의 근원은 예수 믿고 교회에 나간다고 드러나지 않을 뿐더러, 떠나가지도 않는 다는 것을 알아야 합니다. 많은 성도들이 예수를 믿고 교회에 나가면 모든 문제가 자동으로 해결이 되고, 귀신이 떠나가는 것으로 알고 있습니다. 그러나 이것은 이론이고 실제는 그렇지 않습니다. 숨어있던 문제의 근원은 인내력을 가지고 자신의 때를 기다라고 있습니다. 절대로 자신의 정체가 폭로되기 전에는 요동하지 않고 떠나가지 않습니다.

영적이고 정신적인 문제로 고통을 당하는 분들은 이미 자신의 내면에 잠재하여 있던 요소들이 드러난 것입니다. 그러므로 사전에 얼마든지 발견하여 예방할 수가 있습니다. 이런 유형의 사람들의 가계력을 조사해 보면 조상 중에 무당이 있다든지, 남묘호랭객교를 믿었든지, 절에 스님이 있다든지, 우상을 지독하게 섬겼다든지, 절에 재물을 많이 시주 했다든지, 영적이고 정신적인 질병으로 고생하다가 돌아간 사람이 있다든지, 등등의 원인이 반드시 있었습니다. 이런 사람들은 태아시절에 귀신이 침입을 하기도 합니다. 유아시기에도 침입을 합니다. 그러니까, 영적정신적인 문제 보균자들입니다.

이렇게 잠재하여 있던 영적정신적인 문제들이 사업파산, 결혼실패, 직장해고, 학교공부 스트레스, 충격적인 상처, 놀람 등 자신이 감당할 수없는 충격을 받거나 장기간 스트레스를 받아 체력이 급속이 저하되었을 때 밖으로 나타납니다. 그래서 저는 균형 잡힌 영성이 되어야 한다는 말을 많이 합니다. 영-혼-육이 균형이 잡혀야 정상적인 생활을 할 수가 있다는 말입니다.

이런 불미스러운 일을 당하지 말고 미리 예방하자는 것입니다. 미리 자신의 영적인 상태를 진단하여 치유하는 것입니다. 말씀과 성령으로 영적인 진단을 하여 미리 예방을 할 수가 있다는 것입니다.

잠재해있던 영육의 문제는 17-18세에 나타나기도 합니다. 초등학교, 중등학교, 고등학교에 들어가 공부를 잘하던 아이가 갑자기 고등학교 2학년이 되자 공포감에 사로잡히고 두려워하고, 불안해하면서 정상적인 생활을 못하게 됩니다. 그래서 능력이 있다는 이 목사 저 목사에게 안수만 받으러 다니다가 1년 이상이 흐르게 됩니다. 1년 이상이 자나면 치유하기가 그리 쉽지 않습니다. 미리 영적인 진단을 통하여 치유하는 것이 금상첨화(錦上添花)입니다.

또 28세에 나타나기도 합니다. 대학을 수석으로 들어가 공부를 잘해서 대학을 졸업하고 대학원에 들어가 1학년 1학기에 발생하기도 합니다. 34살에 발생하기도 합니다. 직장생활을 잘하다가 갑자기 간질을 하면서 쓰러지는 사람도 있습니다. 어떤 사람은 43살에도 발생하여 가장이 가장 노릇을 못하는 경우도 있습니다. 그래서 이곳저곳을 다녀도 치유 받지를 못합니다. 좌우지간 잠복해있던 영육의 문제의 근원이 밖으로 나타나면 치유하는데 시간이 많이 걸립니다. 아예 치유되지 않을 수도 있습니다. 이런 여러 문제의 근원은 이미 태중에서 들어와 있는 경우가 많습니다. 좌우지간 들어와 좌정한 영육의 문제의 근원은 반드시 때가 되면 밖으로 나타납니다. 그래서 예방 신앙이 중요한 것입니다.

문제는 자신의 영적 상태에 문제가 있더라도 이를 깨닫지 못하고 있는 성도들이 많습니다. 거의 모르고 살아갑니다. 문제가 있어도 그것이 자신의 성격에서 온 것이려니 생각하고 대수롭지 않게 여깁니다. 자신을 사람들이 반가워하지 않고 왕따 시킨다고 생각합니다. 사람들에게 호감을 얻지 못하는 것을 기질의 문제로 생각합니다. 그러는 동안에 잠복한 영육의 문제의 근원은 자꾸 지경을 넓힙니다.

그러나 자신 속에 마귀의 역사가 깃들어 있음을 알아채지 못하는 경우가 흔합니다. 이를 생명의 말씀과 강력한 성령의 역사로 밖으로 노출되게 하는 것이 영적인 진단입니다. 저희 충만한 교회는 주일날 성령의 강력한 역사가 일어나는 예배를 인도하면서 영적인 진단과 치유를 병행합니다. 성령으로 충만 받아 일주일 동안 세상에 나가 마귀와 싸워 승리하도록 합니다. 그래서 성도는 주일이 중요합니다. 그런데 요즈음 주일 예배를 성령으로 충만하게 드리는 교회가 얼마나 됩니까? 참으로 안타까운 현실입니다. 성도들 역시 주일 예배를 거룩하게 드리는 것이 당연한 것으로 생각을 합니다. 주일을 이용하여 사전에 영적인 진단을 하여 치유 받아야 한다는 것은 몇몇 성도들 외에는 알지 못합니다.

다만 문제가 들어나면 그때야 이리 뛰고 저리 뜁니다. 그러나 때는 늦었습니다. 우리나라에 이렇게 밖으로 드러난 영육의 문제를 치유할 수 있는 목회자가 드물기 때문입니다. 세상에 영육을 치유하는 목회자가 널려있는 것 같지만, 막상 문제가 생겨서 찾으면 없는 것이 보통입니다. 그래서 사전에 예방을 하는 것이 중요합니다. 이렇게 잠복한 영육의 문제를 사전에 드러내기 위한 영적 진단과 치유는 이를 전문으로 하는 사역자의 몫입니다. 교회의 담임목사가 관심을 갖지 않으면 이런 일을 효과적으로 처리하지 못합니다. 학교의 생물 선생님이 병을 고치지 못하며, 오직 의사가 고치는 것처럼, 목회자는 그 내용을 알지만은 고치는 것과는 별개입니다.

병이 들었을 때 주변에서 안다고 해서 그 사람이 고치지 못하듯이 영적 질환도 같은 이치입니다. 병이 들면 전문의의 도움이 필요하듯이, 영적 질병 역시 전문 사역자의 도움이 필요한 것입니다. 목회자는 부분적으로 고칠 수는 있습니다. 그러나 전문가가 접근하는 방식과는 다릅니다. 전문가는 총체적으로 접근하며 병의 뿌리를 제거합니다. 그래서 전문가가 있는 것입니다.

영적 진단은 주기적으로 받아볼 필요가 있습니다. 병의 근원을 조기에 발견하면 치유가 쉽습니다. 그러나 그 시기를 잃게 되면 거의 치유가 되지 않습니다. 치유가 된다하더라도 시간과 노력이 많이 듭니다. 조기 검진 이것이야말로 효과적인 치유의 지름길입니다.

41장 능력오기 전 전조증상이 있지요

하나님이 성도에게 성령의 권능을 부여하기 전에 전조현상이 있다는 것입니다. 성령께서 영의신호를 보낸다는 것입니다. 영적인 일에서 능력의 전조가 있습니다. 하나님이 능력을 부어주시기 전에 우리가 하나님의 능력에 관해서 관심을 가지게 하기 위해서 신호를 보낸다는 것입니다. 하나님이 전조 증상이 나타날 정도의 경미한 능력을 부어주시는 경우가 있습니다. 어떤 사람들은 경험한 것이거나 경험하고 있는 부분일 것입니다. 내게 신유의 은사가 있는 것 같다는 생각이 들며 아주 간혹 가벼운 질병을 위해서 기도하면 치유가 일어나는 것을 볼 수 있습니다. 그래서 내게 정말로 신유의 은사가 임했구나 하고 생각하지만 시간이 흐르면서 아니구나 하고 생각하게 됩니다.

예언의 은사 역시 간헐적으로 예언 비슷한 증상이 나타나기 때문에 예언의 은사가 임했다고 생각하게 되지만 역시 시간이 지나면 아닙니다. 그래서 다음에 그런 증상이 나타나더라도 대수롭지 않게 생각하며 다른 사람이 같은 현상을 경험하면 일시적인 현상일 뿐이라고 단정해버리며, 그런 신비주의에 빠지면 위험하다고 조언해주기도 합니다. 세계적인 예언사역을 행하고 있는 미국의 예언자 신디 제이콥스는 소녀 시절부터 간헐적으로 예언적인 말을 하였던 경험이 있었다고 합니다.

자신이 예언자가 된 후에 이런 사실을 자각할 수 있었던 것입니다. 당시는 어려서 깨닫지 못하였듯이 우리 중에도 이처럼 영적인 일에 관심과 지식이 부족해서 알지 못하고 지내는 경우가 많은 것입니다. 하나님은 우리들에게 본격적인 사역자로 부르시기 전에 지속적으로 그리고 간헐적으로 그 직임에 필요한 영적 능력들을 경험하게 하는 것입니다. 그리고 이런 영적 증거들이 자꾸 쌓여가면서 점차로 능력으로 발전하게 되는 것입니다.

이전에 없었던 영적 현상들이 나타나기 시작한다면 대수롭지 않게 여기지 말고 신중하게 검토해볼 필요가 있습니다. 그러나 간혹 너무 과도하게 집중해서 조그만 현상이 나타나는 것을 보고 이제 온전한 능력이 임한 것으로 착각하고 서둘러 능력을 드러내려고 시도하는 사람들도 있습니다. 모든 능력은 반드시 일정 기간 동안의 성숙기를 거쳐야 하는 것인데도 불구하고 받은 즉시 사역을 하려는 성급함이 있습니다. 은사를 받으면 그것을 사용할 때 더 강해진다고 생각하는 사람이 있습니다.

물론 하나님의 뜻에 맞게 사역할 때 더욱 강화되는 것은 사실입니다. 그러나 처음 능력을 받은 사람은 어느 정도 숙성하는 기간이 필요한 것입니다. 세상의 일에도 마찬가지가 아닙니까? 입사한 신입사원이나 새로 대학에 들어간 새내기들에게 있어서 일정기간 동안 적응하는 연수기간과 오리엔테이션 기간이 있습니다. 부서의 일을 어느 정도 파악하고 적응하기까지 실제 업무에 들어가지 않고 연수과정을 거치는 것처럼 능력 역시 마찬가지입니다.

하나님은 능력을 단번에 몽땅 부어주시는 경우는 없습니다. 예외적으로 복음전하는 전도자의 경우에는 단번에 엄청난 능력을 부어주시는 경우가 있습니다. 성경에서는 빌립이 그 대표적인 예인데, 우리들 가운데에 이런 사역자들이 간혹 나타납니다. 이들은 자신에게 주어진 엄청난 능력으로 인해서 때로는 시험에 휘말리기도 하고, 자신의 직임을 제대로 이해하지 못해서 교회에 물의를 일으키는 경우가 있습니다. 교회 역시 이들에 대한 이해가 부족해서 다툼을 만들어냅니다.

대부분의 성도들에게는 능력이 점진적으로 긴 세월을 두고 강화되는 것이 원칙입니다. 그래서 처음에는 대수롭지 않기 때문에 무시하거나 자각하지 못하는 경우가 많습니다. 달란트 비유에서 보듯이 각 사람이 받은 분량이 다릅니다. 처음에는 있는 듯 없는 듯 그렇게 미미하기 때문에 대부분의 사람들이 망각해버립니다.

많은 시간이 걸려 차츰 증대되기 때문에 성질이 급한 현대인들에게 있어서 이것을 참아내기란 쉬운 일이 아닙니다. 단번에 뚜렷하게 드러나야만 제대로 무얼 해도 할 것이 아니겠습니까? 가뭄에 콩 나듯이 사람들의 눈에 잘 띄지도 않게 그렇게 시작하기 때문에 제대로 인식하는 것이 힘든 일입니다. 제게 메일을 보내오는 성도들 가운데에는 이런 부분에 있어서 고민하는 사람들이 있습니다. 어떻게 생각하면 은사를 받은 것 같고 어떻게 생각하면 안 받은 것 같아서 혼란스럽다고 말합니다. 그렇습니다. 처음 시작은 그렇게 미미하게 시작하는 것입니다. 우리가 자주 사용하는 성경구절 가운데 "네 시작은 미약하였으나 네 나중은 심히 창대하리라"라는 욥기 8장 7절의 말씀을 모르는 사람이 없을 것입니다. 이 성구는 새로 개업하는 사람들이 사랑하는 구절입니다. 이 말씀에서처럼 우리의 시작은 미약합니다. 그래서 성에 차지 않기 때문에 무시하는 것입니다.

작다고 무시하거나 작은 것을 너무 서둘러서 침소봉대(針小棒大)하는 일도 없어야 할 것입니다. 무시하는 일이나 과장하는 일이나 다 하나님으로부터 책망을 받을 것이기 때문입니다. 새로운 영적 현상을 경험하였다면 그 의미를 알아야 합니다. 무언가 자신 안에서 역사가 일어나기 때문에 그런 현상을 경험하게 되는 것입니다. 아무런 까닭 없이 역사가 일어나는 것이 아니기 때문입니다. 증상과 그에 따른 원인을 안다는 것은 쉬운 일이 아닙니다.

그리고 많은 시간이 필요합니다. 그렇지만 관심은 저버려서는 안 됩니다. 제대도 성숙한 사역을 감당하기까지 여러 단계의 과정을 거쳐야 합니다. 이 과정에서 지속적으로 나타나는 다양한 증상들에 대한 이해가 있어야 하고, 끊임없이 관심을 가지고 사모해야 합니다. 그리고 본격적으로 은사가 나타나기 시작할 때에는 제대로 숙성하기까지 짧게는 몇 개월 길게는 수년을 인내하는 숙성기간이 필요합니다. 인내와 소망으로 능력은 점차 증대되어 가는 것입니다. 너무 서둘러서 제대로 숙성하기도 전에 사용하면 쉽게 고갈이 되고 맙니다. 태만해도 안 되지만 조급해도 안 됩니다. 균형이 필요합니다.

42장 영성 전문인이 필요한 때지요

영적인 흐름이 막히면 여러 가지 증상들이 나타납니다. 이것을 전조증상이라고 하는데 그 증상들을 열거하면, 불신, 의심, 반발심, 무관심, 나태함, 의기소침, 방황, 빈정대기, 타종교에 대한 호기심, 고집 부리기, 인색함, 이기주의, 세속적 쾌락에 빠짐, 질병에 걸림, 사업의 어려움을 만남, 이중적인 삶, 기쁨이 사라짐, 다툼, 갈등, 비겁함, 사소한 일에 매달림, 이혼, 귀신들림, 우울증에 빠짐 등입니다.

가장 많이 나타나는 증상이 믿음이 약해지면서 의심이 들어온다는 것입니다. 이것으로부터 시작해서 앞에서 열거한 그런 증상들이 나타나게 됩니다. 그런데 사람들은 이런 증상이 영적 흐름이 막혀서 생기는 것이라는 의식을 별로 하지 않는다는 것이 더 문제입니다. 영적 흐름이 일단 막히면 그것을 스스로 처리하기란 쉽지 않습니다. 물길이 막히면 물에서 스스로 헤쳐 나갈 수 없는 것처럼 말입니다. 물론 큰물이 흐르면 막혔던 것이 뚫리지만 그렇지 않은 경우 사람의 손이 닿아야 합니다.

영적 흐름이 막히면 다른 사람의 도움을 받아야 하는데 이런 일을 하는 사람이 전문적인 사역자입니다. 사역자의 도움을 받으면 아주 쉽게 문제가 해결되는 것을 가지고 오래도록 고통스럽게 지내는 사람이 있습니다. 영적인 일을 전문으로 하는 사역자들은 일반인들의 영적 흐름이 막히는 것을 바로 뚫어주어야 하는 책임이 있습니다. 어떤 사람들은 우리 모두가 성령을 받았기 때문에 자신의 문제는 자신이 해결할 수 있어야 한다고 말하기도 합니다. 물론 이렇게 된다면 얼마나 좋겠습니까? 그러나 실제적으로는 그렇지 못합니다. 이 말은 의학적 지식이 열려있기 때문에 모든 사람이 자신의 병은 자신이 처리해야 한다고 말하는 것과 다를 바가 없습니다.

그렇다면 전문의사가 왜 필요하겠습니까? 세상에는 전문가가 따로 있듯이 영적인 일에도 전문가가 있는 법입니다. 그래서 전문가의 영역에 대해서는 그 전문가가 책임을 지는 것입니다. 전문가는 그 분야에 10년을 종사하여 이론과 임상적인 경험이 축적된 사람입니다. 나도 할 수 있다고 생각하여 전문가의 영역을 무시하면 그 피해는 자신이 받습니다. 아주 사소한 문제인데도 불구하고 자신이 해결하겠다고 고집을 부리다가 고생만 하고 결국에는 전문가에게 나오는 경우가 너무 많습니다.

자신이 해결하려고 하였을 때는 그렇게도 풀리지 않던 문제가 전문 사역자를 만나면 순간에 해결되는 까닭이 어디에 있겠습니까? 하나님은 공동체의 결속을 위해서 세우신 사역자가 다루어야 할 문제에 대해서는 반드시 사역자의 손길을 통해서 다루시게 합니다. 그래서 교회 안에 여러 가지 기능을 허락하신 것입니다. 여러 가지 영적인 전문 사역자를 세우신 까닭을 우리는 바르게 이해해야 합니다. 영적 막힘은 자존심의 문제가 아닙니다. 질병의 문제입니다. 질병에 걸리면 불신자인 의사에게 몸을 맡깁니다. 영적 흐름이 막히면 영의 의사인 사역자에게 진단을 받고 치유함을 받아야 합니다. 치료 받고 건강을 되찾아 주님에게 더욱 헌신하는 것이 올바르지 자존심을 세우면서 스스로 해결하겠다고 고집을 부리면 병은 더욱 깊어지게 됩니다.

영적 지도자는 가르치는 것뿐만 아니라 치유하는 일도 할 수 있어야 합니다. 영적 흐름이 막혀있는 사람에게는 가르침 보다는 치유가 우선입니다. 치유가 필요한 사람에게는 치유를, 가르침이 필요한 사람에게는 가르쳐 주어야 합니다. 이런 필요를 알지 못하면 올바른 지도를 할 수 없는 것이지요. 모든 사람이 가르침만 필요하다고 여기는 것은 지도자가 제대로 알지 못하는 무지에서 오는 것입니다. 온전한 지도자는 가르침을 받을 사람들의 영적 상태에 대해서 분명하게 진단할 수 있어야 합니다.

오진은 때로는 사람을 죽음으로 몰아가기도 하듯이 영적 진단을 제대로 하지 못하면 치료시기를 놓쳐 그만큼 치유하기 어려워집니다. 과거에는 치유의 은사를 받은 분들이 대부분 기도를 많이 하는 집사님 권사님들이었습니다. 이 분들은 영적 지식이 부족해서 그저 단순히 안수하는 것으로 그 직임을 다하였지만 이제는 그런 시대가 지나가고 있습니다. 지금은 지식을 갖춘 영적 사역자들이 점차로 그 자리를 대신하고 있습니다. 전문가 시대가 열리고 있는 것입니다. 영적 지식을 갖춘 전문적으로 훈련된 전문 사역자들이 그 자리를 물려받게 되었습니다.

지금 의술이 얼마나 발전했습니까? 의사들은 거의 모두 그 분야에 박사들입니다. 전문인들이라는 것입니다. 영적인 일도 이렇게 주먹구구식으로 하던 시대가 서서히 사라지고 있고 그 자리를 훈련된 전문 사역자가 대신하는 시대가 되고 있는 것입니다. 음악목사가 나오기 전까지는 찬송은 그저 예배를 위한 준비 정도로 이해하는 수준이어서 아무나 나와서 인도하는 준비찬송을 불렀지만, 이제는 찬양이 예배의 중요한 한 부분임을 알게 되면서 전문 사역자들이 인도하게 되었습니다.

이제는 영적 치유에서도 전문 치유 사역자가 제대로 자리 매김을 할 차례입니다. 치유 사역을 전문으로 하는 사역자들이 많이 나오면서 우리는 문제들이 단순한 것이 아니라 영적으로 깊은 연관이 있다는 사실들을 속속 깨닫게 되었습니다. 전문 사역자가 나오게 되면서 영적인 지식의 폭이 넓어지게 되었고 그만큼 풍성하고 건강한 삶을 살게 된 것입니다. 이제까지는 담임목사가 이런 일들을 다 하는 것으로 생각했습니다. 그러나 이제는 그렇지 않은 시대가 되었습니다. 찬양은 음악목사가 담당하고, 가르치는 일은 교육목사가 담당하고, 행정은 행정목사가 담당하며, 치유는 치유목사가 담당해야 하는 전문 목회 시대입니다.

담임 목사가 이 모든 것을 다 할 수 없음에도 불구하고 다 할 것처럼 생각하고 고집하면 고통을 당하는 것은 일반 성도들입니다. 이제는 이런 부분에 대해서 과감하게 눈을 떠야 하는 시대에 우리가 서 있는 것입니다. 세상은 이미 고도의 전문화 시대를 가고 있는데 교회는 아직도 그 뒤도 못 따라가고 전근대적인 목회스타일만 고집합니다. 혼자 할 수도 없으면서 할 수 있는 것처럼 생각하기 때문에 오로지 단독 목회만 고집하여 모든 교회가 천편일률적입니다. 도무지 특색을 찾을 길이 없습니다. 목회를 시작하는 당신이 성도라면 그런 교회에 가겠습니까? 갈 이유가 없습니다. 대형 마트와 겨루는 구멍가게와 비슷합니다. 그러니 고전하는 것은 아주 당연합니다. 세상의 사업을 하는 사람들은 자본금이 모자라든가 기술력이 부족하면 컨셔시움이나 기업합병을 통해서 자본력을 키우고 기술력을 보강하여 경쟁력을 기릅니다. 이것은 생존을 위한 불가피한 선택입니다.

이윤을 추구하는 세상 사람들도 경쟁에서 이기기 위해서 이렇게 연합하는데 믿음으로 주께 헌신하고자 하는 주의 종들이 연합하지 못할 이유가 어디 있겠습니까? 가르치고 찬양하고 치유하는 전문 달란트를 가진 사역자들이 서로 연합하여 사역을 분담하여 성도들의 영적 삶을 제대로 살필 수 있어야 합니다. 사역자 세계에서 먼저 이러한 변화가 있어야 그 아래 평신도 사역자들이 사역할 수 있는 자리가 마련됩니다.

하나님은 우리 가운데 평신도 사역자를 계속 불러내지만 이들을 교회 안에서 제 자리를 찾아 헌신할 수 있도록 훈련 할 전문 사역자가 아직은 턱 없이 부족합니다. 설교와 가르치는 일에만 편중된 사역의 극심한 불균형을 이제는 적극적으로 개선하려는 노력이 필요한 때입니다. 이 일의 선구적인 역할을 할 담력 있고 전문성 있는 일꾼을 주님이 부르시고 계십니다.

43장 느낌으로 하나님을 아는 것이 중요

사람도 영-혼-육으로 구성했으며, 하나님의 말씀도 기록된 성경과 살아있는 말씀 레마로 구성하고 있습니다. 성경은 눈으로 보고 머리로 이해하게 하기 위한 것이며, 레마는 몸으로 느끼고 머리로 이해하도록 하기 위한 것입니다.

기록된 말씀만을 강조하는 사역자들은 감정이란 혼에 속한 것이기 때문에 이것에 치우치지 말라고 주장합니다. 감정은 수시로 변하고 근거가 육신에 속한 것이기 때문에 감정(느낌)을 따라 행동하는 것은 육신을 좇는 행위이며 위험하다고 주장합니다. '영에 속한 사람'이라는 책으로 유명한 워치만니 역시 그렇게 주장하는 사람 가운데 있습니다. 그는 많은 탁월한 영적 지식으로 우리에게 많은 도움을 주었지만 영-혼-육이라는 삼분설로 인간을 설명합니다. 자연인이든지 영으로 거듭난 사람이든지 우리의 삶은 기본적으로 육신이라는 그릇을 공유하여 살아갑니다. 영을 따라 살아가는 사람이라고 해도 먹고 마셔야 하며, 잠자고 활동해야 합니다. 따라서 육신이라는 몸을 벗어나서는 존재 자체가 불가능한 것입니다.

보고 듣고 느끼는 모든 것으로부터 오는 정보는 우리의 뇌에서 식별하게 됩니다. 영에서 오는 것 역시 우리 뇌에서 식별합니다. 따라서 모든 것은 우리 뇌의 작용에 의해서 우리가 깨닫게 되는 것입니다. 뇌의 작용을 이성적으로 깨닫는 사람이 있고 감성적으로 깨닫는 사람이 있습니다. 그런데 이성적으로 깨닫는 것은 문제가 없다고 생각하고 감성적으로 깨닫는 것을 문제로 삼는 것은 편견 때문입니다. 사회구조에서 남성 우월주의가 오랫동안 자리 잡았고, 남성은 이성적인 성향이 강하고, 여성은 감성적인 성향이 강하기 때문에 이런 편견이 진실처럼 오해되어온 것입니다. 하나님은 이성과 감성을 사용해서 우리에게 말씀하십니다. 기록된 말씀은 주로 좌뇌에 속한 사람들에게 유리하며, 기도로 얻어지는 레마는 우뇌에 속한 사람에게 유리합니다. 그러므로 성경은 남성에게, 기도는 여성에게 더 유리한 것처럼 생각하게 되었으며, 기도를 별로 하지 않고 성경책에만 매달리는 목회자들의 절대 다수가 남성이므로 이런 감성적으로 하나님을 인식하는 것에 대해서 지식이 부족한 것입니다.

다양한 영성적 색깔이 있음을 우리는 이미 알고 있지만, 그 모든 것이 결국에는 성경과 느낌이라는 두 가지로 나뉘게 됩니다. 우리는 어느 한 쪽으로 치우치는 것은 바람직하지 못하지만 그러나 현실적으로 우리는 한 쪽으로 치우치기를 강요받는 구조 속에 살아갑니다. 상당수의 목회자들은 기도가 중요하다고 가르칩니다. 중요하다는 사실만 강조할 뿐 어떻게 왜 중요한 지에 대해서 구체적으로 세밀하게 가르치지 못하기 때문에 초보자들에게 많은 어려움이 생깁니다. 기도하는 것이 중요한 것이 아니라 식별하는 것이 중요함에도 불구하고 이 부분에 대한 가르침이 부족한 것이 사실입니다. 그래서 주먹구구식으로 스스로 알아서 해야 하는 방임 상태이므로 기도를 오래 했다고 해도 기도를 통해서 구체적으로 주님과 친밀함을 누리는 데에 이르지 못하는 사람들이 많습니다.

느낌이란 외부에서 오는 정보를 우리 몸이 파악하는 본능적 작용입니다. 이 기능을 우리 영과 성령과 악령이 이용해서 그 주체가 우리에게 전달하고자 하는 뜻을 나타내는 것입니다. 이것을 저는 '신호'라고 표현하는데 기록된 말씀은 상징을 통해서 의미를 제공하는 것처럼, 이 신호는 '이미지'를 통해서 우리에게 뜻을 전하는 것입니다. 신호를 보내는 영의 주체마다 독특한 성향이 있습니다. 우리 영과 성령이 보내는 신호가 다릅니다.

악령은 두 말할 나위가 없습니다. 이는 마치 고급 커피와 싸구려 커피의 향과 맛이 다르듯이 다릅니다. 그러나 처음에는 이것을 잘 구분할 수 없습니다. 우리 모두는 어떤 음식을 먹을 때 겉맛과 속맛을 구분할 수 있기 위해서는 그 음식을 여러 번 먹어 보아야 합니다. 회를 처음 먹는 사람은 비린내 밖에는 모릅니다. 그러나 자주 먹게 되면 여러 가지 감칠맛과 감촉을 깨닫게 되며, 눈을 감고 먹어도 재료가 무엇인지 알게 되며, 신선한지 어떤지도 알게 됩니다.

이와 같이 우리의 감각기관은 반복적으로 사용해야만 제대로 구분할 수 있는 능력이 생깁니다. 감각기관을 통해서 구분하는 미묘한 차이는 언어로 설명할 수 없는 부분입니다. 이것은 느끼는 것이지 설명해서 구분할 수 있는 것이 아닙니다. 성경을 통해서 알게 되는 하나님은 설명을 통해서 그리고 삶 속에서 나타나는 증거를 통해서 이해할 수 있지만 감성으로 깨닫는 영의 하나님은 몸으로 많이 느껴보아야만 분별할 수 있게 되는 것입니다.

이와 같이 느낌을 중요하게 생각하고 주님과 친밀함을 누리게 되면, 우리의 영적 삶은 더욱 고급화하게 됩니다. 우리의 영적 삶은 더 나은 것을 향해서 달려가는 것입니다. 더 나은 것이란 각종 '신령한 은사'를 의미하는 것입니다. 우리가 그리스도 안에서 누리는 삶이란 결국 '제자가 되는 것'과 '섬기는 것'입니다. 이 신분은 주님으로부터 소명을 얻고 은사를 얻을 때 가능해지며, 이것을 통해서 우리는 한 차원 격이 높은 신앙생활을 하게 되는 것입니다. 요한 계시록은 우리가 '이기는 자'가 될 때 주님으로부터 선물을 받게 됨을 분명히 가르치고 있습니다.

느낌은 우리가 주님을 몸으로 알아가는 중요한 수단입니다. 감성은 이성과 함께 우리에게 주신 두 가지 도구입니다. 이 두 가지를 적절하게 조화시킬 때 우리는 주님을 더욱 세밀히 그리고 구체적으로 알아갈 수 있습니다. 말씀은 우리의 신앙의 기초와 골격을 만드는 것이라면 느낌은 그 집을 아름답게 꾸미는 인테리어와 같습니다. 어떤 면에서 보면, 골격보다는 실내 장식이 집을 더 값지게 할 수 있습니다. 어떤 재료를 썼느냐에 따라서 집이 고급스러워지듯이 우리의 영적 삶에서 우리가 얼마나 느낌을 제대로 개발하느냐에 따라서 풍성한 누림의 삶이 이루어지는 것입니다. 느낌은 우리 육체의 기관 중 하나입니다. 이 기관이 육신의 것이라고 해서 믿을 만한 것이 못된다고 말한다면 머리는 어디에 속한 것입니까? 머리로 성경공부를 하는 것은 믿을만 하고 몸으로 느끼는 것은 못 믿을 것이라는 주장은 설득력이 없을 뿐만 아니라 스스로 무지함을 드러낼 뿐입니다.

말씀과 레마 두 가지가 다 소중한 것은 주님으로부터 오는 것이기 때문입니다. 지금 살아계신 주님이신 성령께서는 우리의 감각기관을 사용하여 그 뜻을 제공합니다. 자신의 신체 감각기관을 지금 어떤 주체가 사용하고 있는지를 파악하는 일은 말처럼 쉽지 않습니다. 그러나 우리의 감각기관이 커피 향을 정확하게 구분해내는 것처럼 오랫동안 주님과 친밀한 교제를 가지기만 하면 저절로 그 분위기를 알게 됩니다. 우리가 아직도 이 부분에 대해서 서투르고 두려워하는 까닭은 교회에서 이 점을 제대로 이해시키지 못했고 가르치지 않았기 때문입니다. 신앙은 이성보다는 감성이 더 중요합니다. 신앙생활을 하는 대부분이 여성이라는 사실을 보아도 알 수 있지 않습니까? 남성보다는 영적분위기를 파악하는 능력이 여성에게는 강합니다. 그래서 영성적인 면에서는 여성이 훨씬 유리할 수 있습니다. 현재의 하나님은 영의 하나님이기 때문입니다.

갈릴리를 다니신 육신의 예수는 지금 우리 곁에는 없습니다. 그 분이 다시 오시기까지 우리는 감각으로 주님을 느껴야 합니다. 영이신 그리스도를 만나기 위해서는 느낌을 소중하게 생각하고 감각을 통해서 주님과 친밀함을 누리는 비결을 깨달아야 합니다. 기분이 좋으면 봉사도 잘 하다가 기분이 나빠지면 모든 것을 내려놓습니다. 이렇게 감정을 따라 신앙생활을 해서는 안 된다고 주장하는 사람들은 감성을 따르는 삶과 지배된 삶을 구분할 줄 모르기 때문입니다. 이성에도 그것을 따르는 삶과 지배되는 삶이 있습니다. 이성의 지배를 받으면 말씀주의가 됩니다. 맹목적으로 말씀만 최고라고 여기고 그 이상의 것들은 모두 배격하게 됩니다. 얼핏 보아 믿음이 좋은 것 같지만 실제는 말씀을 우상으로 만들어 맹목적으로 그것만을 추구하는 것입니다. 이단들이 대부분 이렇습니다. 여호와의 증인들이 이런 면에서 극단에 치우친 자들입니다.

우리가 운전을 할 때 이성으로 하는 것이 아닙니다. 감으로 합니다. 이성적으로 증권투자를 했다고 해서 그런 사람이 다 이익을 얻는 것이 아닙니다. 감을 사용해서 하는 '묻지마 투자'로 성공하는 사람들이 얼마나 많습니까? 이성적인 사람들의 편에서는 자료를 사용해서 하는 투자가 안전하다고 주장합니다. 성령께서는 우리의 감성을 사용하셔서 말씀하신다는 사실을 안다면 우리의 느낌을 제대로 식별할 수 있기 위해서 다양한 방법들을 개발하려는 노력을 해야 합니다. 성경공부 매뉴얼은 많지만 기도공부 매뉴얼은 거의 전무한 것은 이성을 가치 있는 것으로만 여기는 남성 본위에서 온 부작용입니다.

수많은 여성 목회자들이 등장하고 있지만 이들 대부분은 자신들이 가지고 있는 장점은 돌아보려 하지 않고 남성 목회자들을 따라가려고 합니다. 남성들이 만들어놓은 구조의 모순을 극복하고 여성이 지닌 장점인 감성을 따르는 목회를 여성 목회자들은 발전시켜야 합니다. 지금은 성령이 역사하는 교회시대입니다. 이제까지 남성들의 이성적인 구조로 인해서 성령은 제한되었고 따라서 역사하심이 위축되었던 것입니다. 이제 여성들이 이 부분에서 분명한 정체성을 드러내야 할 시기가 무르익고 있습니다. 사회가 여성들의 진출을 허용하고 많은 부분에서 여성들이 비중 있게 활동하는 시대가 의미하는 바가 무엇인지를 깨달아야 합니다. 하나님은 하나님의 일을 하시기 전에 사회를 통해서 그 징조를 먼저 나타내 보이시는 것이 원칙입니다. 교회는 이런 사회적 현상을 보면서 영의 일을 깨달아야 합니다.

주님이 "너희는 천기는 분별할 줄 알면서 시대의 표적은 구별할 수 없느냐"(마 16:3)라고 말씀하셨습니다. 여성의 사회적 진출의 증대는 감성의 시대가 왔음을 말하는 것입니다. 감성을 주된 재료로 하는 생명공학과 컴퓨터 프로그램의 개발과 문화 사업이 두각을 드러내기 시작하는 까닭 역시 무엇을 말하는지를 알아야 합니다. 아시아는 감성의 영성을 지닌 사람들이 사는 지역입니다.

수많은 여성들이 기도에 매달리고 있지만 교회는 이들을 제대로 알지 못하는 남성 목회자들로 인해서 바른 가르침을 제공하지 못했음을 깊이 반성해야 합니다. 감성은 하나님이 이성과 조화하기 위해서 주신 다른 축입니다. 우리는 지금까지 이 부분을 멸시한 것은 여성을 멸시했기 때문입니다. 교회가 가부장적인 로고스 위주에서 벗어나 모성적인 영성인 레마를 제대로 이해해야 합니다. 지금 우리는 이 부분에 대한 거센 도전을 사회로부터 받고 있습니다. 이것은 말로 설명할 수 있는 것이 아니라 행위로 나타내 보이는 것입니다. 따라서 행함이 없는 믿음은 죽은 것처럼 머리로만 알고 몸으로 느끼지 못하면 죽어가게 됩니다. 하나님은 사랑입니다. 사랑은 머리로 하는 것이 아니라 몸으로 하는 것입니다. 남성은 육체를 따라 살고자 하지만 여성은 감성을 따라 살고자 합니다. 육체와 감성이 조화를 이루어야 합니다. 그래서 남성과 여성이 조화하는 것이 가정이며, 이것이 교회이며, 이것이 하나님의 나라입니다.

하나님은 살아계십니다. 그렇기 때문에 글씨로 하나님을 알수가 없습니다. 몸으로 느끼는 감성으로 하나님을 알 수가 있습니다. 지금 크리스천들이 권능이 없는 것은 이성주의(머리로 아는 것)로 가르치고 배웠기 때문입니다. 이론으로 하나님을 알아가려고 했다는 것입니다. 하나님은 몸으로 느끼고 체험해야 합니다. 살아계신 하나님이시기 때문입니다. 기도하면 성령하나님이 나타남을 느껴야 합니다. 지금은 성령이 역사하시는 교회 시대입니다. 성령의 역사를 몸으로 느끼려고 해야 합니다. 살아계신 하나님이 몸으로 느껴져야 비로소 권능 있는 크리스천이 되는 것입니다. 몸으로 느낀다는 것은 자신 안에 계신 성령하나님이 밖으로 나타난 것이기 때문입니다.

44장 영성 중독에 빠지면 곤란하지요

영성 중독에 빠지면 안 됩니다. 중독에 빠진 사람은 더욱 자극적인 것을 원합니다. 일중독에 빠지면 더욱 어려운 일을 벌립니다. 알코올 중독에 빠지면 더욱 많은 양의 술을 마십니다. 평범한 것에 만족하지 못하고 더 자극적이고 강도가 강한 것을 요구하는 것이 중독의 특징입니다. 중독의 전단계가 메니아(광적인 열중) 증후군입니다.

좋아하는 일에 많은 시간과 돈을 들이고 동호회를 만듭니다. 중독자와 메니아의 차이는 전자는 혼자 그 일에 빠져드는 것이고, 후자는 단체로 즐긴다는 점에서 다르다고 봅니다. 중독은 중증이고 메니아는 중독보다는 경합니다. 중독은 그 일 이외에는 관심이 없고 메니아는 다른 일도 합니다. 중독은 위험하지만 메니아는 아직 그런 정도는 아니지만 위험요소를 많이 가지고 있다고 보아야 할 것입니다.

영성 중독이란 영적 지식을 갈망하여 더 깊은 영성을 추구하려고 어떤 위험도 무릅씁니다. 여기저기를 돌아다니며 보다 강력한 영적 지식을 추구합니다. 그들은 영적 지식을 추구할 뿐 영적 실제이신 그리스도에게는 별로 관심을 가지지 않습니다. 영적 중독에 빠지면 모든 영성에 대해 관대해집니다.

기독교 영성뿐만 아니라 불교 영성, 힌두교 영성 등 모든 영적인 것이면 다 경험하고자 합니다. 모든 영적인 것은 결국 한 가지를 추구한다고 보기 때문에 범신론적인 견해에 빠져들어 갑니다. 영성 중독은 치유하기가 어렵습니다. 그러므로 그 전조 단계인 메니아의 수준에서 치유를 시작해야 합니다.

자신의 영성이 극단에 서 있는 것은 아닌지 스스로 점검해 보십시오. 육이신 그리스도를 부인하거나 무시하려고 하는 것은 아닌지요. 일상의 현실적인 삶을 부인하려고 하고 가치 없는 것으로 여기고 소홀히 하는 것은 아닌지요. 영적인 것만을 제일의 가치로 생각하는 극단적인 태도를 취하는 것은 아닌지 살펴보고 너무 극단으로 나가는 것을 피하십시오. 행동이 없는 영성은 죽은 것입니다.

실천 없는 지식적인 영성 또한 아무런 힘을 내지 못합니다. 자신의 영성에 맞는 능력이 나타나는지를 점검하십시오. 영적 성숙은 그에 따른 증거로 능력이 나타납니다. 이 능력은 타인을 돕고 섬기기 위한 능력입니다. 자신을 과시하거나 뽐내려는 마음이 있다면 위험합니다. 영성 중독에 빠지면 안 됩니다. 무엇이든지 적당해야 합니다. 욕심을 버리고 성령의 인도를 받으세요. 영성도 영-혼-육 균형이 잡혀야 하는 것과 같이 영성도 진리를 아는 것과 실제가 같이 가야합니다. 그리고 정상적인 세상생활을 하면서 영성을 유지해야 합니다. 특별한 척하면 문제가 됩니다. 보편 타당성이 인정되어야 합니다.

45장 어떤 사람이 신령한 사람일까요

하나님은 예수를 믿는 우리가 신령한 사람이 되기를 원하십니다. 영성이 발달하고 영적인 지식을 많이 가지고자 하는 이유를 무엇이라고 생각하십니까? 이 질문에 대한 답은 사람마다 다를 수 있을 것입니다. 일반적으로 우리는 신령한 사람이라고 하면 무언가 남다른 부분이 있을 것이라고 생각합니다. 기도도 많이 하고 하나님과 가까운 사람이라고 여깁니다.

또한 신령한 사람이라고 하면 부정적으로 보기도 합니다. 일반적인 사람들과 잘 어울리지 않고 세속적인 것과는 멀리 하고, 다소 고립된 삶을 사는 사람이거나 영적인 일에만 치우쳐 현실적인 일에는 관심을 가지지 않는다고 생각합니다. 이것은 막연한 세속적인 판단에 의한 것이지 하나님의 말씀에 근거한 것이 아닙니다.

영적인 것에 관심을 가지는 이유가 어떻든 간에 우리가 반드시 알아야 할 성경적인 가르침은 우리 모두가 신령한 사람이 되어야 한다는 것입니다. 신령한 사람이 되는 것은 우리의 노력에 의해서 그 자격을 얻는 것이 아니라, 우리 안에 이미 주어져 있는 신령함에 눈을 뜨는 것을 말합니다.

우리는 그리스도로 말미암아 하나님의 영이신 성령을 받았습니다. 이 성령은 하나님의 깊은 곳까지 아시는 분입니다. 그러므로 우리는 하나님이 우리에게 은혜로 주신 것들을 성령으로 말미암아 알게 되는 것입니다.

신령한 자로 세워진 우리가 신령한 자로서의 자세를 가지지 못하고 여전히 육체에 속한 사람들처럼 행동하는 것은 신령한 자로 세우신 분의 뜻을 어기는 것입니다. 신령한 자로 세워진 가장 큰 특권이 고린도전서 2장 15절에 언급되어 있는데 즉 "신령한 사람은 모든 것을 판단하나, 자기는 아무에게도 판단 받지 않습니다."라는 말씀입니다. 이 얼마나 가슴 설레는 말씀입니까? 저는 이 말씀을 대하면 그야말로 힘이 마구 솟는 것 같습니다.

여기서 사용된 '판단하다'라는 말의 헬라어는 '아나크리노'라는 단어인데 이 말이 의미하는 바는 '질문하다', '검사하다', '판단하다'. '평가하다', '법정에 서다', '소환되다' 라는 등의 내용입니다. 사용된 용어들을 보면 주로 법정에서 사용되는 그런 말들이 아닙니까? 그렇습니다. 재판과 연관되어 사용되었던 단어입니다. 바울이 신령한 사람을 설명할 때 이와 같은 단어를 채용한 까닭은 법관이 법관석에서 소송 당사자들을 판결할 때 그들이 자신들의 생각을 가지고 판단하는 것이 아니라 정해진 법률에 근거해서 법적 지식을 가지고 판결하는 모습과 같기 때문에 이런 표현을 사용했다고 봅니다.

신령한 사람은 하나님의 기준이 무엇인지를 아는 사람입니다. 앞 절에서 성령은 하나님의 모든 것을 살피고 심지어 경륜까지 살핀다(10절)고 말했습니다. 그리고 그런 성령을 우리가 소유하고 있기 때문에 필요하다면 그런 것까지 알 수 있기 때문에 신령한 사람의 판단은 법률에 근거해서 판결하는 법관들처럼 모든 것을 판결할 수 있는 자격이 있으며 그 판결이 다른 어떤 사람들로부터 침해를 받지 않는다는 것입니다.

신령한 사람의 또 다른 특권은 "그리스도의 마음을 가지는 것"입니다. 우리가 그리스도의 마음을 가졌다는 사실 역시 굉장한 특권입니다. 바울은 "누가 주의 마음을 알았습니까? 누가 그분을 가르치겠습니까?"라고 반문합니다. 이 말이 의미하는 바는 우리의 특권이 이처럼 독특하고 아무나 얻을 수 있는 것이 아니라는 사실을 강조하기 위해서 이런 반문을 하는 것입니다. 신령한 사람이 이런 특권을 가지고 있고 이것은 곧 그리스도의 마음을 소유하는 그런 엄청난 특권이라는 사실입니다. 이런 특권을 가진 사람이 곧 신령한 사람이며, 이어서 이와 같지 않은 사람에 대해서 언급하고 있는데 그들은 육에 속한 사람이라는 것입니다.

바울은 우리가 그리스도와 연합한 그 즉시 이미 우리는 이런 신령한 사람으로서의 특권이 주어졌음에도 불구하고 우리가 젖만 먹고 밥을 먹지 않아서 성장하지 못했기 때문에 그러하다는 것입니다. 젖은 부드러운 음식이며, 밥은 단단한 음식입니다. 음식은 말씀을 상징하는 것이며, 부드러운 젖은 말씀을 알기 쉽게 설명하는 설교나 강해를 의미하며, 단단한 음식인 밥은 성경의 기록된 말씀을 의미합니다. 우리 가운데는 사람들이 쉽게 설명하는 설교나 강해만을 들으려고 하고 성경말씀을 읽으려 하지 않는 사람들이 많습니다.

설교를 들으면 쉽고 재미도 있는데 성경을 읽으려면 힘들고 이해도 잘 되지 않기 때문에 그렇습니다. 바울은 육에 속한 사람의 특징을 어린아이로 비유하고 있고 그들이 먹는 것은 젖이지 밥이 아니라고 말합니다. 즉 부드럽고 쉬운 말씀만 먹을 수 있는 사람은 어린 아이이며 그리고 육에 속한 사람이라고 지적합니다. 이런 사람들은 신령한 사람이 누리는 그런 특권을 누릴 수 없다는 것입니다.

처음 그리스도인이 되면 불가불 젖을 먹어야 하는 시기가 있습니다. 그런데 그 시기를 지나 이제는 밥을 먹어야 할 만큼 성장했음에도 불구하고 여전히 젖만 먹는다면 그런 사람은 신령한 사람으로 설 수 없게 됩니다. 우리는 기본적으로 신령한 사람에 속합니다. 그런데 이런 사실을 인식하지 못하면 우리는 여전히 육에 속한 사람처럼, 아무런 권리도 누리지 못하게 됩니다. 신령한 사람은 자신 속에 주어진 성령의 움직임과 역사하심을 알고 성령의 가르치시는 것을 아는 사람입니다.

그런데 여기에 문제가 있습니다. 성령의 가르치시는 것들을 자연적으로 알기란 말처럼 쉽지가 않습니다. 모든 사람들이 자연적으로 그런 사실을 알려면 많은 시간과 시행착오를 겪게 됩니다. 또한 영에는 성령만 있는 것이 아니라, 마귀의 영이 있고 자신의 속사람의 영이 있습니다. 이렇게 복잡하기 때문에 이런 것들을 먼저 경험한 사람들로부터 배워야 실수도 적게 하고 무엇보다 빠르게 신령한 사람이 되어 하나님이 주신 특권을 누리는 삶을 살 수 있게 됩니다. 그리스도의 마음을 알고 하나님의 뜻을 알면 우리는 아무에게도 판단 받지 않게 됩니다. 실상 이런 상태가 하나님이 원하시는 바이며 우리가 바라는 최상의 소망이지요. 하나님의 뜻을 알고 그대로 행한다면 우리는 죄에서 떠난 삶을 살게 될 것입니다. 그러면 우리에게 약속된 축복이 임하여 건강한 삶을 살게 되는 것이지요.

신령한 사람은 딱딱하고 거친 음식을 먹는 사람입니다. 딱딱하고 거친 음식이 무엇을 의미하는지 우리는 잘 알고 있습니다. 이 음식을 계속 먹어야 신령한 사람으로서 누리는 특권에 참여할 수 있는 것입니다. 우리가 신령한 사람으로 온전히 서기까지 이런 음식에 해당하는 영적 훈련을 거치고 가르침을 받아서 바로 서야 하는 과정을 거치게 되는 것입니다. 이 과정은 몸에는 고달프고 괴롭지만 우리의 영은 날로 강건해져서 성령의 가르치심을 제대로 소화해 낼 수 있게 될 것입니다.

성령은 우리에게 가르치시는 방법이 여러 가지입니다. 계시와 감동을 비롯해서 느낌과 떠오르는 생각, 꿈과 환상, 들리는 음성, 환경, 사람들의 가르침, 교훈과 말씀, 여건 등 수많은 다양한 방법들이 있습니다. 그런 다양한 것들 가운데 자신에게 맞는 몇 가지 주된 통로가 있습니다. 이 통로를 발견하고 집중적으로 개발함으로써 성령의 가르침을 받을 수 있게 되며, 이로써 신령한 사람으로 서게 되는 것입니다.

신령한 사람은 하나님의 뜻을 아는 사람이며, 그리스도의 마음을 소유한 사람입니다. 신령한 사람은 하나님과 교통하는 사람입니다. 신령한 사람을 영매나 선승처럼 이해하는 것은 올바르지 못한 생각입니다. 능력을 행하고 병자를 고치고 예언을 한다고 신령한 사람이 아닙니다. 물론 신령한 사람은 그런 능력을 행합니다. 그러나 그렇다고 해서 모두가 신령한 사람은 아닙니다. 능력을 행하더라도 여전히 육신에 속한 사람이 있습니다. 신령한 사람은 주님으로부터 받은바 은혜의 의미를 제대로 알고 사람들을 섬기는 그리스도의 사랑으로 가득한 사람입니다. 우리는 신령한 사람입니다. 다만 이 사실을 절실하게 자각하고 그렇게 행동하고 있으면 신령한 사람에게 주어진 특권인 판단받지 않는 자리에 서게 될 것입니다.

신령한 사람은 예수님의 마음을 품은 사람입니다. 성령의 인도를 받는 사람입니다. 성령으로 기도하는 사람입니다. 하나님의 말씀의 비밀을 많이 깨달은 사람입니다. 말씀 속에서 영적인 원리를 찾아서 적용하는 사람입니다. 성령의 열매가 나타나는 사람입니다. 하나님의 음성을 듣고 순종하는 사람입니다. 하나님이 주신 권세를 사용할 줄 아는 사람입니다. 예수를 믿고 성령으로 거듭난 사람은 모두 신령한 사람이 될 수가 있습니다.

6부 영적인 습관

46장 진리를 깨달은 만큼 권능이 나타나지요

영의 일은 지식이 있든지 없든지 상관없이 나타나는 경우가 있지만, 그것은 지식이 부족했던 시절의 이야기이고, 오늘날처럼 지식이 풍성해지고 있는 이때에는 '아는 것이 곧 힘'인 시대가 된 것입니다. 영의 일도 아는 만큼 역사가 일어나며, 더 빨리 그리고 더 깊이 나타나게 됩니다. 왜냐하면 영의 현상들과 역사는 그것이 자신을 통해서 나타날 때 바로 인식하고 다음 자세를 취하는 것이 중요하기 때문입니다. 영적 지식을 전체적으로 알고 있으면 영의 흐름과 그 작용에 대한 분명하고 구체적인 의식을 가지게 됩니다. 전반적인 지식을 가지고 있으면 큰 시각에서 영의 움직임을 알 수 있기 때문에 혼란이 적어집니다.

영에 관한 총체적인 지식이 우선 필요합니다. 모르고 행하는 것보다 알고 행하는 것이 훨씬 유익하기 때문에 자신에게 어떤 능력이 구체적으로 나타나기 전에라도 영적인 지식을 잘 갖추는 것이 꼭 필요합니다. 영적 지식은 우리를 겸손하게 만듭니다. 어설픈 목수가 연장 나무라듯이 영적 지식이 제대로 갖추어지지 않은 상태에서 능력을 받으면 자칫 교만해질 수 있습니다. 교만의 영에 사로잡히면 그 다음에는 누구의 말도 들으려고 하지 않고 배우려고도 하지 않습니다. 이렇게 되면 지식이 없이 사역을 행하기 때문에 '나 홀로 사역'이 되어 갖가지 문제를 만들어내며, 올바르지 못한 조언을 하게 되어 사람들을 혼란에 빠뜨리게 되는 것입니다.

영적 지식을 갖추었다고 해서 그것이 바로 능력으로 이어지는 것은 아닙니다. 지식과 실제가 제대로 연결되어야 하는 부분에서 많은 사람들은 어려움을 겪는 것 같습니다. 실제로 성령 컨퍼런스에 참석해서 은혜도 받고 기름 부음도 느끼지만 성령의 능력이 나타나지 않아서 실망하고 또 다시 다른 세미나를 찾아가야만 하는 사람들이 있습니다. 영적 능력은 은사와 권세라는 두 가지 측면에서 나온다는 사실을 이미 설명했는데, 우리는 이 두 가지 가운데 어느 하나를 배경으로 영적 사역을 행할 수 있게 되는 것입니다. 은사는 그 일에 전문가가 되게 하려는 뜻에서 하나님의 부르심에 따라 성령께서 나누어주시는 것이지만 권세를 배경으로 오는 능력은 하나님의 영광을 위해서 언제든지 하나님이 필요로 하는 곳에서 능력을 나타낼 수 있게 하기 위해서 주신 것입니다.

우리는 먼저 이 부분에서 능력을 개발하고 드러내는 일부터 해야 합니다. 모든 그리스도인에게는 예외 없이 주어진 하나님의 자녀 된 권세로서 능력을 행하는 일과 주의 백성으로서 마땅히 들어야 하는 주님의 음성을 어떻게 들어야 할지를 알아야 합니다. 이론적으로는 너무도 잘 알고 있지만 실제로는 들을 수 없어서 갈등이 심해집니다. 이론과 실제는 때로는 많이 다를 수 있습니다. 그 까닭은 이론을 만들어낸 사람들이 실제적인 경험이 거의 없이 성경을 연구하는 과정에서 그 원리를 발견하고 체계화한 경우가 있기 때문입니다. 이론에서 출발해서 이론으로만 끝나고 마는 것입니다. 실제적인 경험도 없고 그런 능력도 없는 사람이 성경을 많이 읽고 그 속에서 원리를 발견해서 정리한 이론은 가장 중요한 실마리에 대한 구체적인 설명을 할 수 없기 때문에 원론적인 수준을 벗어날 수 없으며 논리를 위한 이론일 경우가 많은 것입니다. 우기가 원하는 바는 바로 실제적으로 역사를 이끌어낼 수 있는 실마리를 얻는 것입니다.

영성훈련은 단번에 이루어지는 것이 아니기 때문에 많은 인내가 필요합니다. 어떤 한 부분은 즉각적으로 이루어질 수 있을 것입니다. 그러나 다른 부분과 조화를 이루기 위해서는 더 많은 노력이 필요하고 시간도 많이 걸리는 것입니다. 영성훈련을 통해서 능력을 얻고 개발하기 위해서는 얼마나 많은 임상적 경험을 쌓았느냐가 중요합니다. 하나님의 음성 듣기는 혼자서도 할 수 있는 일이지만 예언이나 축사나 신유는 대상이 있어야 합니다. 그러므로 실질적으로 문제를 가진 사람을 대상으로 구체적인 임상훈련을 거쳐야 합니다. 날마다 이론적인 연습만 하면 실력이 늘지 않습니다. 실전적인 연습을 해야 합니다. 그러나 문제를 가지고 온 사람은 실험 대상이 아닙니다. 그들이 지닌 문제는 심각하고 처리 되어야 하는 절박한 마음을 가지고 있기 때문에 훈련이라 할지라도 마음가짐은 전문가의 그것이어야 합니다. 저는 처음부터 주님이 실질적인 문제 앞에 서게 함으로써 무척 긴장할 수밖에 없었고, 하나씩 처리하는 과정을 통해서 예민한 관찰로 성령이 저에게 가르치고자 하는 바가 무엇인지를 알려고 노력했습니다. 그렇게 해서 알게 된 지식을 마음에 깊이 새기고 다음에 그것을 적용했고 그렇게 해서 차츰 영적 지식의 폭을 넓혀 갔습니다. 이해할 수 없는 일들에 대해서는 성경을 살피고 그리고 성령께 끊임없이 질문을 했습니다. 수많은 날들을 그 문제를 곰곰이 묵상하면서 이해될 때까지 줄곧 주님 앞에 그 문제를 들고 나갔습니다.

자신에게 주어진 문제의 실마리를 찾는 것이 곧 문제해결의 열쇠이며, 이 과정을 통해서 능력이 나타나고 역사가 일어나는 것입니다. 첫 단추를 제대로 꿰는 일이 중요한데 이것이 실제로 되지 않아서 아무런 효과를 얻지 못하는 것입니다. 이 부분은 말처럼 간단한 것이 아닙니다. 그러나 때로는 너무도 간단합니다. 성령께서 자신의 앞에 내어놓은 문제의 의미를 제대로 알고 그것을 받아들이는 것이 실마리지만 그것이 서툰 초보자에게는 눈에 잘 들어오지 않기 때문에 놓치는 것입니다.

그래서 지도자의 도움이 필요한 것이지요. 자신 앞에 놓여진 성령의 은혜를 발견하기 위해서 우리는 꼼꼼해야 합니다. 영의 시각으로 보아야만 찾을 수 있는 것인데 육신의 눈으로만 사물을 보는 훈련에 익숙한 우리는 영적 시각을 갖추는 일이 제대로 되지 않는 것입니다. 그러나 이 일은 곧 익숙해집니다. 몇 가지

기본적인 자세 교정만 되면 쉽게 통과할 수 있는 아주 간단한 과정입니다.

실제로 영성훈련에 들어가서 이 느낌을 배우기 시작하면 그것이 곧 믿음이라는 사실을 절실하게 깨닫게 될 것입니다. 자신에게 마치 물이 스며들 듯이 생각 속에 들어오는 불확실한 어떤 느낌을 느끼게 됩니다. 그것이 너무 미약해서 느낌이라고 여길 수도 없을 것 같기도 하고, 때로는 너무 강렬해서 그것이 자신을 온통 지배하는 것 같습니다. 이 느낌대로 행동하고 선포하려면 믿음이 필요합니다. 믿음이 없어서 주저하게 되고 의심하게 됩니다. 그러면 부정적인 상황들이 마음속에 물밀 듯이 들어옵니다. '이 말을 했다가 망신을 당하는 것은 아닌가?' '역사가 일어나지 않으면 창피를 당할 수도 있는데.' '내가 목사인데 이런 확실하지도 않은 것에 모험한다는 것은 너무도 무책임한 짓이지.' '가만히 있으면 50점은 되는데 괜히 분명하지도 않은 일을 해서 망신을 자초할 일이 없지.' 이런 생각들이 스며들게 되면 믿음은 사라지고 현실적이고 합리적인 것처럼 보이는 생각들에 의해서 행동을 포기하게 됩니다. 이렇게 해서 아무런 일도 일어나지 않고 그렇게 되면 성령은 탄식하게 되며, 그 사람을 사용하는데 많은 제한을 받게 되는 것입니다. 이것이 우리가 성령을 제한하는 일이 되는 것입니다.

그렇기 때문에 지식이 있고 위치가 있는 사람에게는 성령의 역사가 무척 어렵습니다. 이것저것 재다보면 기회를 잃게 되고 아무것도 할 수 없게 됩니다. 영의 일에는 담력이 필요하고 한두 번 망신을 당할 각오를 하지 않고는 절대로 그 과정을 통과할 수 없습니다. 실패를 두려워하면 그 어떤 일도 할 수 없습니다. 처음 활시위를 잡은 사람이 첫 발에서 관중(貫中)할 생각은 버려야 합니다. 과녁에라도 맞추기만 하면 그것으로 대 만족입니다. 그러나 화살이 어디로 날아갔는지 방향도 찾을 수 없는 것이 초보자의 실력입니다. 영의 일에도 마찬가지입니다. 비슷하게라도 가면 얼마나 다행한 일이겠습니까? 이 과정을 통과해야만 능력 사역자가 되는 것입니다.

하나님의 음성 듣기에서도 처음에는 아무런 가치도 없는 일상적인 내용의 음성을 듣습니다. 처음부터 계시가 담긴 예언적인 음성을 듣겠다는 생각은 버려야 합니다. 자신이 이미 어떤 지위에 있기 때문에 그에 합당한 그럴 듯하고 품위 있는 역사를 이끌어내고 싶어 한다면 시작조차 하지 마십시오. 주님이 보시기에는 단순한 어린 아이일 뿐입니다.

우리는 하나님과 두터운 신뢰 관계가 이루어지기를 소망합니다. 우리가 땅에서 묶으면 하늘에서 묶이고 풀면 하늘에서 풀리는 그런 관계가 되고 싶습니다. "네가 하는 모든 말을 내가 시행하리라." 이런 관계가 되고 싶습니다. 그러기 위해서는 하나님으로부터 인정을 받아야 합니다. 그러기 위해서는 믿음이 필요하고 그 믿음을 보이는 과정이 느낌을 따르는 것입니다. 느낌은 믿을 만한 것이 못된다고 말하기도 합니다. 그런 말을 하는 분들은 무엇을 믿고 살아갑니까? 주님은 보입니까? 만질 수 있습니까? 기록된 말씀을 믿는다고 말합니다. 그것은 믿는 것이 아니라 아는 것이지요. 그것은 마귀도 압니다. 아니, 마귀는 더 잘 압니다. 그러나 그것으로 주님과 신뢰 관계가 이루어집니까? 바리새인들의 수준을 능가합니까? 그들의 지식과 열심을 능가합니까? 주님은 아는 것을 원하는 것이 아니라 친밀함을 원하십니다. 주님과 동행하기를 원하십니다. 그 마음을 헤아리기를 원하십니다. 그 수단이 감성입니다. 감성은 느낌으로 옵니다. 마음에서 마음으로 오는 그 수단을 이해하지 못하기 때문에 아무런 능력이 나타나지 않는 것입니다. "하나님의 나라는 말에 있지 않고 능력에 있습니다." 능력을 얻으려면 필연적으로 주님과 친밀해야 하고 그렇게 하면 능력은 자동적으로 나타나게 됩니다. 바꾸어 말하면 능력이 나타나지 않는다는 것은 그만큼 주님의 신뢰를 얻지 못하고 있다는 증거도 됩니다.

"다 능력행하는 자가 될 수 없습니다." 이 말은 다 주님의 신뢰를 얻을 수 없다는 말과 같습니다. 그러면 우리는 어느 편에 속해야 할까요? 신뢰를 얻는 편에 속해야 하지 않겠습니까? 다는 아니지만 신뢰를 얻는 소수의 사람이 있습니다. 다윗처럼 마음에 합한 사람이 있습니다. 그 사람이 바로 여러분이 되어야 하지 않겠습니까? 다른 사람은 아니어도 여러분은 그런 사람이 되어야 하지 않겠습니까? "내 양은 내 음성을 듣는다."라고 말씀하십니다. 이 음성을 어떤 이는 성경을 읽을 때 오는 감동의 수준으로 이해합니다. 그런 사람은 평생 그런 차원을 벗어날 수 없습니다. 모두가 그런 수준이라면 그것이 정답일 것입니다. 그러나 지금 우리 가운데는 모세가 시내 산에서 주의 음성을 듣듯이 그렇게 듣는 사람이 있습니다. 주님은 지금 그런 수준의 음성을 열어주시고 계십니다. 그러므로 그런 차원의 음성을 들어야 합니다. 지금은 그런 수준의 음성을 듣는 시대입니다. 우마차가 교통수단이었을 때는 그 수준의 속도가 최고였습니다. 그러나 지금은 시속 300키로의 속도를 살아갑니다. 이 속도가 우리가 경험하는 속도입니다. 그런데 우마차 수준 이상의 속도는 없다고 주장한다면 그 사람을 우리는 전근대적 사고를 가진 사람이라고 말하며 시대에 뒤떨어진 사람이라고 부릅니다. 영의 일도 마찬가지입니다. 오늘날의 영적 수준은 10년 전의 수준과는 비교할 수 없습니다. 그래서 모든 사람들이 분발해야 하고 페러다임의 변화가 없이는 따라잡을 수 없는 것입니다.

진리를 깨달은 만큼 권능이 강해집니다. 많은 목회자와 성도들이 능력이 있는 목회자에게 안수를 받아서 가슴이 뻥하고 뚫려야 강한 권능이 나타나는 줄 생각합니다. 제가 그동안 성령님의 인도를 받으면서 체험한 바로는 아닙니다. 하나님의 말씀 속에서 영적인 비밀을 깨달은 만큼 치유가 되고 권능이 강해졌습니다. 아는 것과 실제가 같이 가야 합니다. 그래서 기도만 많이 한다고 권능 있는 사람이 되지 않습니다. 말씀을 삶에 적용하여 체험하면서 진리를 깨달은 만큼 권능이 강해집니다.

47장 영의 원리들을 알아야 깊어져요

영의 능력이 강해지기 위해서 우리는 다양한 영의 원리들을 배우고 익혀야 합니다. 제가 성령치유 사역을 하다가 체험한 바로는 모든 것에 영적인 원리가 있다는 것입니다. 영적인 원리는 말씀 안에 있습니다. 가장 핵심이 되는 것이 기도의 원리이며, 그 다음에 예언의 원리가 뒤따르며, 그 다음에 적용해야 하는 원리 즉 실용적 원리들이 이어지게 됩니다. 한 가지 문제를 해결하는데 있어서 알아야 할 원리들이 많습니다. 이것을 정확하게 적용할 수 있어야 능력이 되는 것입니다. 기도의 원리 하나를 놓고 보아도 우리는 수박 겉핥기식으로 배웠고 그렇게 했습니다. 그냥 기도하면 된다고 가르쳤고 그렇게 배워서 기도해 왔습니다. 기도할 때 나타나는 다양한 증상과 역사들에 대해서 구체적으로 가르칠 수 없었던 것은 기도의 원리들을 세부적으로 알지 못했기 때문입니다.

우리는 '육신의 기도'와 '영 안에서의 기도'를 제대로 구분하지 못합니다. 제가 이 부분에 대해서 "성령으로 기도하는 법" 책에서 구체적으로 다루었기 때문에 잘 알고 계실 것입니다. '영 안에서의 기도'의 대표적인 것이 방언기도인데, 물론 '묵상' '관상' '집중' '렉시오 디비나' 등과 같은 고도의 기술이 필요한 기도도 있습니다. 그러나 가장 접근하기 쉬운 것이 방언기도인데 이 부분에 대해서도 우리는 아주 초보적인 수준에 머물러 있었습니다. 일반적인 방언과 은사로서의 방언이 있다는 사실조차 알지 못하고 방언하는 사람들이 대부분인 실정입니다. 방언 안에 포함되어 있는 다양한 영적 신호를 감지하는 것조차 알지 못합니다. 우리는 방언은 말하지만 그것에 대해서 구체적으로 알지 못하는 것이 마치 차는 운전할 줄 알지만 차에 대해서는 전혀 알지 못하는 초보운전자와 같습니다.

차를 운전할 때 나는 많은 소리들이 있습니다. 그것을 제대로 알아야만 고장이 나지 않도록 미리 미리 대처할 수 있습니다. 많은 부품에서 나오는 신호음을 아는 것이 쉽지 않지만 관심을 가지고 살피면 하나씩 알게 됩니다. 이렇듯이 영의 신호도 무척이나 많습니다. 이 많은 현상들에 대한 이해가 곧 영적 지식이며, 이 신호에 대한 원리들을 제대로 대입할 수 있는 것이 영적 능력으로 나타나는 것입니다. 수학이 원리만 알면 재미가 있듯이 영의 일 역시 많은 현상들에 따르는 원리들을 하나씩 알게 되면 재미있는 일이 됩니다. 막연하고 혼란스럽던 영의 일들이 흥미롭고 신비하게 느껴집니다. 그리고 문제를 하나씩 풀어나가면서 얻게 되는 자신감과 믿음은 세상에서 얻을 수 없는 즐거움을 줍니다.

영의 일을 하면서 영적 원리들을 하나씩 이해하게 되고, 그것을 문제 해결에 적용하면서 이해할 수 없었던 문제의 배경을 알게 되는 일이 참으로 즐거운 작업이 됩니다. 영의 원리를 깨닫고 적용하는 영의 일이 마치 수학문제를 푸는 것과 같습니다.

원리를 찾아내고 그것을 적용하여 문제를 풀어나가는 일은 결코 쉬운 일이 아닙니다. 수학은 절대원리에 의해서 풀어지지만 영의 일에는 절대 원리가 없는 것 같습니다. 모두가 상대적인 원리들입니다. 문제를 풀어나가는 과정에 여러 가지 변수가 있습니다. 얽히고설킨 문제에 대해서는 여러 가지 영적 원리들이 적용되어야 하고 그 원리들의 선후를 결정하는 일도 쉽지 않습니다. 그렇기 때문에 많은 현장 경험이 필요합니다. 수학 공식을 많이 알고 있다고 해서 문제를 잘 풀 수 있는 것이 아니므로, 문제를 많이 풀어보아 적응력을 높여야 하듯이 영의 일도 역시 적응력이 필요합니다.

문제 속에서 원리들을 찾아내고 그것을 적용하기 위해서는 경험이 절대로 필요한 것입니다. 이는 마치 노련한 의사는 많은 환자를 접촉한 경험이 만들어내는 것처럼 임상이 필수입니다. 이것이 영성훈련이며, 이 훈련을 통해서 자신감을 얻어가며, 문제에 접근하는 요령과 원리들을 이해해 가는 것입니다. 경험이 많은 지도자 아래에서 배움으로써 실수를 적게 하며, 적용의 비결을 배우는 것입니다. 이것이 수학의 응용력과 같은 것입니다. 수학 문제는 공식을 제대로 찾아낼 수 없도록 출제자가 교묘하게 인위적으로 위장해 놓습니다. 다른 공식을 대입하도록 속임수를 깔아두고 있는 것입니다. 그래서 깊이 생각하지 못하거나 문제를 많이 풀어보지 않은 사람은 이 속임수에 넘어가고 맙니다. 문제해결의 입구를 찾아내는 일은 유사한 문제들을 많이 풀어서 응용력을 기를 때 생깁니다. 영의 일에서 '실용적 적용'은 무척 중요합니다. 개인의 영적 성장은 실용적인 적용이 없이도 가능하며 하나님과 일대일의 친밀함만 누리면 그만입니다. 그러나 하나님의 일꾼으로 부르심을 받은 사람들에게는 이런 개인적인 친밀의 차원이 아닌 종으로서의 적용력(適用力)을 높여야 하는 과제가 있습니다. 이것은 실용적으로 원리를 적용할 때 생기는 힘이기 때문에 많은 실습이 필요한 것입니다. 영적 적용력을 높이기 위해서는 영의 원리들을 광범위하게 알아야 합니다. 치우치지 않고 평균적으로 수준이 높게 알게 되면 영의 세계가 이런 것이구나 하는 감이 잡히게 됩니다.

영의 세계와 원리들을 총체적으로 볼 수 있어야 합니다. 문제를 해결하기 위해서 종합적으로 접근할 필요가 있는 것입니다. 단편적인 지식을 가지고 다루면 착오가 생기기 쉽습니다. 쉬운 예로 병을 치유하기 위해서 어떤 사람은 죄의 문제만 부각시키며, 어떤 사람은 귀신의 문제만 들추어냅니다. 쓰러지는 문제에 있어서도 어떤 사람은 성령을 받는 문제로만 이해하기 때문에 쓰러지지 않으면 성령을 받지 못했다고 단정합니다. 그리고 어떤 사람은 귀신의 문제로 보기 때문에 쓰러지는 것은 귀신이 나가는 행동이라고 단정합니다. 우리 속에 있는 나쁜 영들이 나갈 때 쓰러지기 때문에 쓰러지는 것은 영으로 정결해지는 것이라고 주장합니다.

이렇듯이 일률적으로 단정하는 행동은 편향된 지식 때문입니다. 지식이 부족하면 고집이 세집니다. 다른 것을 볼 수 있는 눈이 떠지지 않기 때문에 한 가지만 고집하게 되는 것입니다. 영의 일은 다양한 경험과 적용이 필요한 종합적인 기술입니다. 모든 것을 한 가지로만 몰아가면 결국 극단이 되기 쉽습니다. 자신에게 어떤 한 가지 은사가 주어졌다고 해서 그 일에만 매달릴 것이 아니라 곁을 돌아보아 자신에게 부족한 것이 무엇인지를 살펴야 합니다. 이것이 수학에서 하나의 공식을 이해하기 위해서 연관된 다른 공식을 배워야 하는 것과 같은 이치입니다. 관련된 다른 원리들을 이해할 때 능력은 강해지고 넓어지는 것입니다. 한 가지만 고집하지 맙시다.

영적인 견문을 넓히려면 영적인 전문가들이 체험하여 저술한 책들을 많이 읽는 것도 좋습니다. 그분이 체험한 것을 자신의 것으로 만들 수 있기 때문입니다. 배우려는 자세가 중요하다는 말입니다. 나는 아직 배워야 할 것이 많다고 생각하고 성령의 인도를 받는 것입니다. 다 안다고 생각하면 발전이 없습니다. 아직 알아야 할 영적인 원리들이 많이 있다. 더 많이 체험하고 배워야 한다는 자세가 중요합니다. 영적인 권능은 영적인 원리를 많이 깨달을 수 록 강해지는 법입니다. 제가 체험한 바에 의하면 영적인 원리를 아는 만큼 성령의 권능도 강해졌습니다. 영적인 원리를 많이 깨달으려면 성령으로 충만해야 합니다. 성령으로 충만하려면 성령으로 기도해야 합니다. 기도가 바르게 되어야 모든 것이 열리는 것입니다.

48장 영의 원리를 삶에 적용해야 해요

영적인 원리를 삶에 적용하는 성도가 영적인 성도입니다. 하나님의 말씀의 비밀과 원리를 삶에 적용하라는 것입니다. 교회에서만 알고 지내지 말고 세상에 나가 살면서 영적인 원리를 적용하라는 것입니다. 제가 성령치유 사역을 하면서 안타깝게 생각하는 것이 교회 건물 안에서는 알고 행하는데 세상에 나가서는 적용하지 않는 다는 것입니다. 예수를 믿으면서도 세상에나가서 영적인 원리를 적용하지 않음으로 세상 사람들과 동일한 고통을 당하면서 살아간다는 것입니다.

사람이 동물과 다른 점이 바로 영적 존재라는 사실이며, 우리의 삶의 상당 부분이 영의 작용으로 인해서 영향을 받는다는 것입니다. 과학적 사고는 실험과 증거를 통해서 그 증상이 보편적으로 그리고 주기적으로 나타날 때 그것을 증거로 받아들이고 과학적으로 인정하게 됩니다. 따라서 증거주의는 과학의 생명과 같은 것입니다.

그러나 영의 일은 증거가 아니라 믿음이기 때문에 과학적 사고와는 거리가 있는 것입니다. 영적 증거란 과학적 사고구조가 정의한 것에 구속되는 것이 아니며, 여기에는 또 다른 원리들이 있는 것입니다. 즉 육신의 원리가 있듯이 영의 원리가 있으며, 이는 어떤 부분은 공통적이지만 어떤 부분은 전혀 별개이므로 영의 작용을 이해하기 위해서는 이 원리들을 받아들여야만 하는 것이며, 영을 인식하는 그리스도인들은 이 점을 사회 일반에게 가르치고 인식시키는 노력을 해야 합니다.

과학의 영역만이 절대라고 주장하는 과학일방주의의 오류로 인해서 영의 원리들이 무시되어 왔던 것입니다. 사람은 영적 존재이므로 영의 원리가 우선되는 것이며, 질병과 고통의 문제에도 영의 일이 우선되는 것임에도 불구하고, 그렇게 인식하지 못하는 까닭은 영의 일을 다루려면 영의 창조주이신 하나님을 반드시 언급하지 않으면 안 되기 때문입니다. 영의 일이란 하나님과 그 대적 마귀가 전부입니다. 즉 하나님을 중심으로 하지 않으면 절대로 이 문제가 해결될 수 없으며, 세상의 모든 질병과 고통스런 삶의 원천에는 반드시 하나님과 그에 대항하는 죄의 문제로부터 비롯되는 것이라는 사실을 사람들은 알지 못할 뿐만 아니라 알려고도 하지 않는 것입니다.

그래서 그들은 영의 원리로부터 시작해야 하는 모든 것들을 단순히 육체적인 것으로만 축소시키고 그것으로만 해결하려는 과학지상주의라는 허상을 사람들 앞에 내어놓고 있을 뿐만 아니라, 그리스도인조차도 이 속임수를 곧이듣고, 영을 무시하고 오로지 육신적으로만 모든 것을 풀어나가는 법을 개발하려고 애쓰고 있습니다.

절제되지 못하는 행위는 그 다음에는 후회와 자기 비하를 이끌어내며, 그런 행위에 계속 매달리는 자신이 한심스럽게 보이고 따라서 자신감이 축소되며 자신을 미워하는 자기 증오에 빠지기도 하며, 이것이 극심해지면 우울증과 같은 질병으로 발전하게 됩니다. 모든 질병의 근원에는 죄와 연관되어 있는 사단의 역사가 있습니다. 평범한 그리스도인들은 모든 질병을 죄와 연관시키거나 마귀와 상관지어 생각하는 것에 대해 거부감을 갖습니다. 그러나 이것은 사실입니다. 질병과 연관된 그 영향이 어느 정도냐 하는 정도의 차이만 있을 뿐입니다.

다만 자연적으로 노화되어 나타나는 죽음의 진행으로서의 질병은 예외입니다. 해 아래 있는 것은 모두 낡기 마련이며, 육체도 예외일 수 없습니다. 이것은 유전자의 구성에 따라서 자연적으로 오는 현상이지만 이것조차도 큰 의미로 보면 죄로 기인한 불행한 일입니다. 아담의 원죄로 인해서 발생한 생명의 소멸은 인류 모두가 피할 길이 없는 불행한 일이지만 그것을 피하는 유일한 길이 예수 그리스도를 믿음으로 말미암아 다시 회복되는 부활이 있는 것입니다. 따라서 해 아래 모든 일들은 원천적으로 죄와 연관이 있는 것이며, 이 죄의 문제는 우리 스스로 해결할 수 없는 것이라는 점을 성경은 가르치고 있으며, 따라서 이 죄의 문제를 제대로 다루는 것이 바로 생명현상을 다루는 길이며, 삶의 질을 다루는 비결인 것입니다.

삶의 질을 구성하는 경제활동 역시 죄와 연관이 되며, 각 개인이 삶의 현장에서 하나님으로부터 정결해지지 않으면 모든 것이 뒤틀리고 어려워지는 것입니다. 그 배경에는 영의 문제가 도사리고 있는 것입니다. 우리는 아직 이런 영의 원리들에 제대로 충분히 접근하지 못하고 있습니다. 과학적 진보가 제대로 된 것은 불과 100여년 남짓합니다. 과학은 오늘날 가속도를 얻어 눈부시게 발전하고 있지요. 모든 것이 시작은 느려도 속도가 붙으면 걷잡을 수 없을 정도로 속도가 나게 됩니다.

영의 일도 2000여 년 동안 거의 속도를 내지 못했던 것이 최근에 와서 비로소 속도가 나기 시작하고 있지만 아직은 초보수준입니다. 우리가 과학적 지식이 많아지면 질수록 영의 지식도 증가해야 합니다. 우리의 삶은 결코 육신적 삶이 전부가 아니기 때문이며, 사람은 영적 존재이기 때문에 이 부분에 대한 균형 있는 지식이 없으면 인류는 결국 기형으로 발전할 수밖에 없는 것입니다. 인본적 사고만을 향해 치달아가는 세상 사람들을 향해서 영의 진리들을 제시하고 가르칠 의무가 우리들에게 있으며 이것이 이 세대에게 주어야 할 복음의 새로운 형태입니다.

우리는 학교라는 거대한 지식의 전달 장소에 아직 영에 관한 지식은 명함도 내밀지 못하고 있습니다. 기독교 학교라고는 말하지만 그 속에 영의 지식을 전달하는 커리큘럼이 전무한 실정입니다. 수많은 사람들이 고통스런 삶을 살며, 질병에서 자유하지 못하고 있습니다. 새로운 약물을 개발하면 그 보다 더 강한 원인균이 나타나며 듣지도 보지도 못했던 강력한 질병이 새로 등장합니다. 사스니 조류독감이니 광우병이니 슈퍼 박테리아니 하는 모든 것의 출현 배경에는 마귀가 있습니다.

질병을 주관하는 천사가 타락해서 인류의 건강을 끊임없이 괴롭히는 질병을 일으키는 마귀가 판을 치는 한 인류는 끊임없는 질병의 위협으로부터 자유로울 수 없으며, 불행한 삶을 거듭 반복하면서도 그 치유가 제대로 되지 않습니다. 원리를 모르기 때문입니다. 알아도 적용하지 않기 때문입니다. 죄인들이 구원될 유일한 길은 철저한 죄의 처리와 그에 따라 들어와 자신을 끊임없이 위협하고 압박하는 마귀의 충동을 차단하는 일을 행하여야 합니다. 그리고 항상 성령 충만을 유지하고 악습이 사라질 때까지 오랫동안 경건한 무리들과 어울려 성령 충만을 유지하려는 본인의 노력이 있어야 합니다.

강력한 마귀는 강력한 죄를 바탕으로 작용합니다. 죄인들에게 있는 마귀는 그를 이용하여 사람들의 질서를 파괴하려고 합니다. 그와 같은 사람이 거듭 타락하는 모습을 보면 사람들은 교정에 대해서 회의를 갖게 되며, 신앙의 힘을 의심하게 됩니다. 사람의 타락은 사람들에게 많은 영향을 줄 수 있기 때문에 마귀는 그를 쉽게 포기하지 않습니다. 이것이 그를 더욱 힘들게 만드는 배경입니다. 따라서 그를 악습에서 구원하기 위해서는 강력한 축사와 철저한 죄의 회개가 있어야 합니다. 강도 높은 죄의 고백과 회개와 끈질긴 영적 싸움이 전개되는 과정에서 능력 있는 사역자들의 도움이 있어야 합니다. 30년간 혈루병이 든 여인은 의사들로부터 많은 시달림을 받았다고 합니다.

그녀가 주님을 만나자 그 끈질긴 고질병이 고침을 받았습니다. 반복되는 질병으로부터 온전한 구원은 오로지 영의 주인이신 하나님으로부터 오는 영적 절차에 따른 치유를 행해야만 가능합니다. 영적 지식이 거의 없는 세상을 향해서 이 사실을 외쳐야 하는 의무가 그리스도인들에게 있는 것입니다. 이것이 영의 원리로 세상을 다스리시기 원하시는 주님의 뜻을 알리는 복음 전도자의 소명이기도 합니다. 주님은 하나님의 나라는 보이게 임하는 것이 아니라고 분명하게 가르치셨습니다.

육신적 안목은 영의 안목을 얻기 위한 필수적인 과정입니다. 그리고 소중하고 중요한 것이기도 하지요. 그러나 더 중요한 것은 영의 일을 제대로 이해하는 지식을 갖는 것입니다. 이것이 그 어떤 지식보다 더 소중하고 귀한 것임을 성경은 우리에게 가르치고 있습니다. 그렇습니다. 교회 안에만 갇혀 있었던 영의 지식을 세상에 풀어내기 위해서는 가장 효과적인 접근법이 바로 질병과 삶의 문제입니다. 질병의 근원에 죄가 있다는 사실을 밝혀냄으로써 사람들은 누구든지 죄인임을 깨닫게 되고 그 죄를 구원하실 분이 오로지 한 분이신 그리스도 예수임을 가르치는 것입니다.

이것이 주님이 이 땅에 오셔서 우리에게 질병을 고치시면서 귀신을 쫓으시면서 죄의 문제를 바로 이해하게 하셨던 그 방법입니다. 주님이 오신 까닭은 오로지 마귀의 일을 멸하려는 한 가지 뜻이었듯이 그의 제자 된 우리는 마귀의 일을 드러낼 책임이 있습니다. 세상 사람들처럼 육신의 눈으로 모든 것을 보려고만 한다면 우리는 그리스도인이 아닙니다. 우리는 그들과는 전혀 다른 눈을 지니고 있습니다. 우리의 눈에는 마귀가 보여야 하고 그들이 꾀하려고 하는 수단이 보여야 합니다. 그래야 세상 사람들에게 그 사실을 가르칠 수 있을 것이 아닙니까?

마귀는 미혹하고 속이는 자입니다. 세상 사람들은 이 속임수에 걸려 꼼짝을 하지 못하고 있습니다. 그리스도인들이 자신이 살아가고 있고 속해 있는 공동체의 구조를 영의 구조로 바꾸어야만 됩니다. 그 최우선이 교회의 틀부터 바꾸는 일입니다. 영의 일이 잘 드러나서 사람들로 하여금 영의 눈을 뜨게 하는 일을 할 수 있는 구조로 개편하는 것입니다. 모든 일에 영의 문제가 관여되어 있다는 사실을 증명해야 합니다. 이것은 결코 쉬운 일이 아니며, 단시간에 해결될 문제도 아니지만, 그러나 이것을 위해서 주님은 우리에게 능력을 주시는 것입니다. 이것이 바로 주님의 뜻입니다. 세상의 모든 일들의 배경에는 보이지 않으시는 주님이 주관하는 힘이 있기 때문입니다.

이 힘을 증명하여야 할 책임이 우리 그리스도인에게 있으며, 말씀을 성령으로 깨달아 삶에 적용하는 것은 우리가 해야 할 일입니다. 이제까지는 육신의 방법으로 싸우려고 했던 도의 초보를 버려야 합니다. 말씀으로 깨달은 영적인 원리를 삶에 적용해야 합니다. 알기만 하면 무슨 소용이 있습니까? 교회 안에서만 영적으로 행동하지 말고 세상에 나가서 살 때도 영적인 원리를 적용하며 살아야 합니다.

49장 영의 일은 담대함이 필요해요

영의 사람이 되어 가는 징조 가운데 가장 두드러진 것이 모든 일을 영의 관점에서 보기 시작한다는 것입니다. 예전에는 세상을 돌아가는 이치로만 이해했고 눈으로 보고 느끼는 대로 판단했으며, 세상 사람들이 설명하는 방식으로 사물을 이해하려고 하던 것이 이제는 그 배경에 있는 영적 작용이 무엇인지 궁금해하기 시작합니다. 모든 일의 배후에는 성령과 악령이 있으며, 그 영들이 작용하게 된 원인이 무엇인지를 알고자 하는 생각이 생깁니다.

영의 일에 관심이 생기면 모든 것을 영적으로 연관하여 생각하는 것은 당연한 것입니다. 어느 정도 시간이 지나면 서서히 원래의 태도로 돌아옵니다. 그러나 아주 소수의 경우 그 속에 더욱 빠져 들어가 심취하는 경우가 있습니다. 그렇게 되면 분별력을 잃게 되어 문제가 될 수 있지만 한편으로 보면 전문가가 되려면 심취하지 않으면 안 되기 때문에 그 일에 빠져드는 것 자체로 좋고 나쁘다고 단정할 수는 없습니다. 전문가가 되려면 어떤 분야에 미치지 않으면 안 됩니다. 저는 영적인 사역을 하는 일에 미쳐(몰입해) 있다고 생각을 합니다. 밤낮으로 글을 쓰고 기도를 합니다. 집회를 인도합니다. 그러나 누구도 저를 미쳤다고 하지 않습니다. 그런데 어떤 사람은 경마에 모든 것을 다 걸고 허구한 날 경마장에서 살다시피 합니다. 그런 사람을 우리는 제정신이 아니라고 하지요. 무엇에 어떻게 미치느냐가 중요한 것입니다.

영의 일에 미치는 것은 영의 전문가가 되는 길입니다. 그런데 이 부분에 있어서 오로지 자신의 즐거움만을 위해서 빠져드는 것은 마약과 같습니다. 새로운 영적 현상을 쫓아서 기가 세다는 산마다 찾아다니고 명상에 빠져 영적 황홀경만 즐기려는 명상가들처럼 자신만을 위해서 영의 일에 몰두하는 것은 결코 바람직하지 못한 것입니다. 미국의 세도나라는 곳에 가면 세계에서 몰려온 기수련 생으로 북적인다고 합니다. 영적 감흥을 쫓아다니는 사람들이 많이 모이는 곳입니다.

그러나 그리스도 영성은 자신을 비워서 타인을 위해 희생하는 것입니다. 자신의 삶을 바쳐서 다른 사람들을 돕고 그들에게 같은 즐거움을 나누는 것이며, 이를 위해서 영의 일을 관찰하고 더욱 깊은 은혜로 들어가려고 하는 것입니다. 무슨 일이든지 서툴게 되면 문제가 생깁니다. 전문가가 되지 않으면 남을 돕는 것이 아니라 해를 끼치게 되지요. 그래서 영의 일은 더욱더 신중해야 하고 그러려면 많은 경험이 필요하고 더 깊은 영적 관찰이 있어야 합니다.

영의 일에 관심을 가지기 시작하면 영의 증상들을 마주치게 됩니다. 처음에는 단순한 내용이지만 시간이 흐를수록 우리가 이해할 수 없는 내용들을 경험하게 됩니다. 영적 성숙에 의해서 나타나는 증거들에 대한 이해가 제대로 되어 있지 않은 바탕에서 영적 경험들을 설부르게 이야기하면 그 의미를 살피려고 하기 보다는 신비주의로 몰아세워 그 일을 하지 못하게 만듭니다. 긍정적인 접근보다는 막연하게 부정적으로 몰아가는 것부터 하기 때문에 영의 일에 과감하게 도전하는 사람이 드문 것입니다. 우리는 영의 일에 대해서 막연한 두려움을 가지고 있습니다. 그렇게 된 까닭은 무지하기 때문입니다. 고대인들은 바다에 대해서 막연하게 두려워했습니다. 그래서 근해 이상을 벗어나려는 생각을 하지 못했고 계속 나가면 커다란 폭포처럼 끝도 없는 낭떠러지로 떨어져버린다고 생각했습니다. 그것이 지구를 평면으로 보는 시각의 결과입니다.

용감한 몇 사람의 탐험가로 인해서 대양의 길이 열렸으며, 지금은 누구도 바다를 두려워하지 않습니다. 자연과학의 모든 분야는 과감하게 모험을 시작하는 용기 있는 탐험가에 의해서 극복되었습니다. 영의 일도 마찬가지입니다. 미지의 세계를 향해서 과감히 도전하는 탐험정신이 필요한 부분입니다. 영안이 열리면 세상은 온통 마귀와 천사가 판을 치는 세상이라는 사실을 알게 됩니다. 지구 위에 50억의 사람들이 분주하게 오가는 것을 보듯이 영안이 열리면 수도 헤아릴 수 없을 정도로 많은 영적 존재들이 분주히 오가는 모습을 보게 됩니다. 이것은 또 다른 충격이 됩니다. 이 영적 존재들이 사람들에게 엄청난 영향을 주며 현실의 삶에 바로 밀착해서 우리의 삶을 주관하고 있다는 사실을 알게 됩니다.

영의 눈이 띄어지면 우리의 삶이 우리만의 역학 관계가 아니라 영의 복잡한 영향에 의해서 우리의 삶이 굴절되기도 한다는 사실을 알게 되는 것입니다. 우리의 현실적 삶에서 영의 영향을 배제할 수 없다는 사실을 알게 되면 무척 혼란스럽습니다. 눈에 보이지 않는 세계가 이제는 더 이상 안 보이는 세계가 아니지만 다른 사람들에게는 여전히 보이지 않는 세계입니다. 이들과 충돌이 생기며 이 점을 이해하지 못하는 사람들로 인해서 더욱 힘들어집니다. 그리고 자신의 행동이 과연 정상적인가 하는 의문도 들게 됩니다. 이것이 가장 큰 장애물이 되는 것입니다. 중세의 영성가들의 경우를 보아도 그들은 마치 금단의 지역에 다녀온 사람 취급을 당했고 심하게는 마녀라는 이름으로 죽임을 당했습니다. 오늘날에도 여전히 그와 같은 냉대 속에 살아야 하는 불편을 감수해야 합니다.

영의 일에 대한 증거를 하신 예수는 그 결과 십자가에 못 박혀 죽어야 했으며, 바울은 이 부분에 대해서 침묵으로 일관했습니다. 그리고 아주 평범해 보이는 말로 그 배경을 암시하고 있습니다. 이처럼 영의 일을 이야기하는 것은 고대에나 현대에나 쉽지 않은 일입니다. 천사와 악령에 대해서 아직도 신화적인 이야기로 취급하는 태도가 대세이기 때문에 이 부분에 대해서 구체적으로 언급하면 정신분열증 환자 취급을 당합니다.

그래서 영적 현상에 대한 깊이 있는 연구가 많은 장애를 겪고 있는 것입니다. 지적이고 논리적인 사고를 가진 사람들이 이 분야에 헌신해야 하는데 이런 사람들은 모험을 하려고 하지 않습니다. 대양 탐험에 나선 사람들이 모두 괴팍한 성격을 가진 사람들이었듯이 점잖은 학구파들은 이 일에 참여하려고 하지 않고 보다 안락한 쪽을 선택합니다.

막연한 두려움은 공포입니다. 미지의 세계는 두려움의 대상이 아니라 극복해야 할 과제입니다. 우리가 영의 눈을 뜨기 시작하면 만나게 되는 다양한 현상들은 이상한 것이 아닌데, 그 의미를 이해하지 못하였기 때문에 오는 막연한 두려움이 있습니다. 그러므로 적극적으로 의미를 찾으려고 노력해야 할 대상이지 기피하고 묻어둘 것이 결코 아닙니다. 우리가 경험하는 영적 현상들은 대체로 비슷합니다. 그런데 각 사람이 그것을 표현하는 서술 기법에서 차이가 납니다. 어떤 추상화를 앞에 놓고 사람들에게 느끼는 대로 설명하도록 하면 사람마다 다르게 설명합니다. 개인이 지니고 있는 지적 수준이나 감성에 따라서 설명이 다릅니다. 우리는 에스겔 선지자나 요한 사도가 환상 가운데 본 것을 설명한 성경말씀을 읽을 때 도무지 무슨 그림인지 알 수 없습니다. 도대체 그들이 무엇을 보았기에 그렇게 이상한 설명을 하고 있는 것입니까?

영의 현상을 우리가 받게 되면 그렇게 다양한 설명이 가능합니다. 그래서 복잡한 것 같지만 실상은 아주 단순합니다. 우리는 보았고 느꼈고 깨달았다는 점입니다. 그 환상이나 증거가 설명하기에 어려운 점을 지닌다고 해도 그것은 설명을 위한 것이 아니라 느끼기 위한 것이기 때문입니다. 요한이 목격한 환상은 기록을 위해서 어쩔 수 없이 자신의 느낌을 글로 표현해야 했지만 우리가 보는 것은 그럴 필요가 없습니다.

영의 일은 두려움을 모르는 과감한 도전을 요구합니다. 제가 예언을 할 때 하나님으로부터 지식의 말씀과 계시를 받는데 다 그런 것은 아니지만 대부분 확실하고 선명하게 주어지는 것이 아닙니다. 모든 예언자들이 그렇듯이 주어진 계시는 믿음으로 과감하게 선포할 때 역사가 나타납니다. 베드로가 미문에서 앉은뱅이를 일으킬 때 그는 과감하게 선포함으로써 그 일이 일어난 것입니다. 용기 있게 입을 열 때 역사는 일어납니다.

이 과감성이 없이는 아무런 일도 할 수 없습니다. 짧은 다리를 보고 과감하게 명령할 때 길어지는 역사가 나타납니다. 이런 일들은 샌님의 마음으로는 절대로 흉내도 낼 수 없습니다. 담대함이란 모험을 의미하며, 사람들로부터 돌을 맞을 각오가 없으면 생기지 않는 것입니다. 영의 일이란 이렇게 수치를 무릅쓰게 만듭니다. 안면이 두꺼워지는 것입니다.

영의 일에 가장 큰 적은 두려움입니다. 이것을 극복해야 합니다. 하나님은 우리의 영안을 열어 신비한 세계를 보여주시기를 소망합니다. 그러나 우리의 두려워하는 새가슴 때문에 그렇게 하지 않는 것입니다. 영의 일을 사모하는 분은 과감할 필요가 있습니다. 영의 일은 갈수록 담력을 필요로 합니다. 얼떨 결에 영의 일에 관여되어 일을 하게 되는 경우가 대부분입니다.

어느 날 느닷없이 영안이 열리고 혀가 말리며, 환상이 보이고, 귀신이 보입니다. 처음에는 신기하기만 하지만 시간이 지나면 서서히 두려워하기 시작합니다. 이러다가 내가 신비주의자가 되는 것은 아닌지, 영에만 치우치는 영지주의자가 되는 것은 아닌지, 합리적이고 균형 있는 신앙생활에 방해가 되는 것은 아닌지, 말씀보다 계시만 좇는 어리석은 사람이 되는 것은 아닌지 등등 생각이 복잡해지기 시작하면서 슬그머니 그 일에서 벗어나려고 합니다.

기도도 대충하고 그 쪽으로는 관심조차 두려고 하지 않게 됩니다. 제가 그랬거든요. 그래서 잘 압니다. 그러나 이 모든 것이 두려움 때문에 일어나는 서글픈 일입니다. 우리의 궁극적인 목표는 예수입니다. 예수는 영입니다. 영이신 예수를 만나고 그 속에 거하려면 영의 일을 이해해야 합니다. 책 속에 있는 것이 아니라 현실에 있습니다. 기도를 통해서 그리고 삶을 통해서 우리는 그 예수를 알아가고 만나고 소유합니다. 영이신 예수를 만나야만 그분이 다스리시는 주의 나라의 백성이 됩니다.

영의 소리를 들어야 합니다. 그러려면 영의 일에 지식이 있어야 하고 그러기 위해서 경험해야 하며, 그 폭을 더욱 넓혀가야 합니다. 두려움을 떨치는 일은 지식을 확보하는 일로부터 시작합니다. 아는 만큼 두려움은 사라집니다. 임상적인 경험을 많이 하면 할수록 두려움은 사라집니다. 두려움은 경험부족에서 나오는 것입니다.

50장 영의 일에 조급함은 금물이지요

예수를 믿고 성령으로 거듭난 성도가 하나님이 원하시는 영적인 수준으로 변화되는 것은 하나님의 시간표를 따라가야 된다는 말입니다. 예수님이 말씀하시는 회개란 유대인들이 생각하는 그런 안식일 준수와 우상숭배의 배척이라는 외형적인 내용에 있는 것이 아니라, 육체적인 시각에서 벗어나 영의 시각으로 돌이키는 것임을 그는 능력을 통해서 일깨우고자 하셨습니다. 이는 사마리아 여인과의 우물가 대화에서 보여주신 내용으로써 유대인의 회개에 대한 관심과 예수의 태도의 차이를 분명하게 하는 것입니다.

육신의 시각으로 보는 세대는 지나가고 이제 영의 시각으로 모든 것을 보아야 하는 시대가 도래한 것임을 귀신을 쫓는 일에서 분명하게 지적하고 있습니다. 귀신을 쫓고 병든 자를 치유하는 일련의 행위는 우리의 시각이 영으로 향하게 하기 위함이지 결코 그 능력을 만끽하게 하려는 것이 아니었습니다. 그러나 우리는 여전히 능력을 통해서 얻어지는 세속적 유익에 관심을 더 둡니다. 이는 유대인들이 자신들이 당한 심판의 배경을 외형적인 것에서 찾았던 것과 다를 바가 없는 것입니다. '구원을 선포하는 예언자'의 소리만을 듣던 일에 대해서 반성하려는 태도로 시작한 회개는 '재앙을 선포하는 예언자의 소리'를 오해하게 되었습니다. 우리는 항상 조급함을 떨쳐낼 수 없는 약점을 지니고 있습니다.

신약성경은 이스라엘이란 말 대신 유대인이라는 말을 사용하는 배경은 그들이 지닌 오류를 지적하고자 하는 의도가 있는 것입니다. 주님은 유대인들의 기대하는 바와는 항상 다른 행동을 취함으로써 그들을 진정한 회개로 이끌고자 했습니다. 주님이 바라는 회개는 안식일 준수와 우상숭배의 배척이 아니었습니다. 물론 이 주제도 중요한 것이지만 회개의 진정한 의미는 그것이 아니라 영의 시각을 얻는 것임을 강조하며 따라서 물세례 다음으로 얻게 되는 성령 세례를 소개합니다(요 3:1~21). 이스라엘이 역사적으로 메시야에 대한 기대가 항상 실패하고 낙망한 배경에는 육신적 안목으로 보려고 한 태도와 당장에 이루려고 하는 조급함이 원인으로 작용하고 있는 것입니다. 이 점에 대해서 주님은 "여기 있다 저기 있다"라고 말하지 말 것을 당부하며 영의 눈으로 볼 것을 강조합니다. 이스라엘의 기나긴 역사는 영의 일을 육안으로 해석하고 행동한 실패의 기록입니다. '재앙을 선포하는 예언자'의 소리마저도 육신으로 이해했습니다. 이런 행위는 오늘날까지 여전합니다.

우리는 여전히 '구원을 선포하는 예언자'의 소리가 더 매혹적으로 들리며, 그런 집회에 더 많은 사람들이 모입니다. '재앙과 심판을 선포하는 예언자'는 인기를 잃어가며 그들의 교회는 썰렁해지고 있습니다. 유대인들이 주님 앞에서 그토록 안식일 준수 문제에 목을 맨 까닭을 이해했다면 우리는 어떤 태도를 취해야 할까요? 신약성경이 구약에서 거의 거명하지 않은 유대인이라는 말을 그토록 많이 사용하는 이유가 어디에 있는지 이제 알게 되었다면 우리 가운데 이스라엘로 불리지 않고 유대인이라고 불릴 수 있는 요소들이 얼마나 많은지도 알 수 있게 되었을 것입니다.

영의 시각으로 회개할 줄 몰랐던 유대인은 결코 새 시대의 이스라엘은 될 수 없을 것입니다. 유대인도 하나님을 사랑하고 계명을 준수했으며, 십일조와 안식일을 지켰습니다. 그러나 이들이 간과한 것 하나는 그들이 지킨 모든 것과도 비교될 수 없는 중요한 것이었습니다. 그것이 바로 영으로 거듭나서 하나님을 영으로 인식하고 그 깊은 곳에 있는 하나님의 마음을 헤아릴 수 있는 능력을 얻지 못한 것입니다.

바울은 이렇게 말합니다. "하나님의 나라는 말에 있지 않고 능력에 있습니다."라고 말입니다. 정치적으로 문제를 해결하려는 시도는 메시야의 시대에 대한 기대가 무산된 스룹바벨 사건 이후에 등장하게 되는 이스라엘의 아픈 역사가 되었으며, 열심당의 일원인 가룟인 유다가 빠진 오류이기도 합니다. 초대 교회의 파루시아에 대한 절망은 그 후 교회로 하여금 영의 눈을 감게 하는 배경이 됩니다. 임박한 메시야의 도래를 기대한 것에 대한 낙망이 이스라엘로 하여금 묵시를 불신하게 하는 중요한 요인으로 작용하게 되고 스가랴 이후 말라기를 마지막으로 더 이상 묵시는 이스라엘에서 발을 붙일 수 없게 되며, 오로지 정치적 투쟁만이 이스라엘을 구원할 것이라는 기대가 전체를 지배하게 되었고, 요한이 등장하기까지 오랜 세월동안 하나님은 침묵하게 됩니다. 예언자가 떠난 그 자리를 폭력이 대신하게 되고 전쟁은 끊임없이 이스라엘을 괴롭게 하는 결과를 가져옵니다.

영의 일은 조급하게 임해서는 안 됩니다. 그것은 오히려 자신을 그릇된 길로 인도할 수 있는 위험한 함정이 될 수 있습니다. 저 개인의 일만 해도 성령치유 사역을 준비하는 시간으로 5년이 소모되었습니다. 저를 만드는 시간입니다. 조급하면 도무지 감당할 수 없는 일입니다. 국가적이고 교회적인 일에도 마찬가지입니다. 임박한 결과를 생각하고 서두르는 것은 낙망을 가져오고 그 후에 결과는 처음보다 더 심각하게 나빠지는 것을 역사를 통해서 배웁니다. 이제 새로운 영의 시대가 열려지고 있으며 이 결실은 어쩌면 한 세대를 지나야 가시적으로 나타날 수 있는 것일지도 모릅니다. 저는 이 사역을 위해서 초석을 놓도록 부르심을 받았고 젊은 세대들을 영적으로 무장하고 눈을 뜨게 하는 역할을 할 것입니다. 영의 일은 절대로 조급한 사람은 할 수 없는 일입니다. 달려갈 길을 다가고 난 후 주님께서 주실 면류관만이 그 보상입니다. 오직 성령의 인도를 받으며 따라가는 것입니다. 성령을 따라가다가 보면 영적인 크리스천으로 변화되는 것입니다. 마치 아브람이 아브라함으로 변화되는 것과 같이 변한다는 것입니다.

51장 영이 약한 사람이 있어요

신체가 건강하고 힘이 센 사람이 있듯이 영이 강하고 담대한 사람이 있고, 그와 반대로 병들고 유약한 사람이 있습니다. 우리의 속사람은 하나님의 말씀과 기도와 경험이라는 세가지 요소에 의해서 강건해지고 힘이 생기게 됩니다. 이 세 가지 요소가 균형을 이루지 못하면 영은 기형이 되고 한 쪽으로 치우쳐 힘을 내지 못합니다. 영이 강건하기 위해서는 자신의 영이 지금 어느 상태에 있는지를 먼저 알아야 하고 어느 부분으로 치우쳐 있는지를 살펴야 합니다.

영이 약한 사람은 무기력하고 외부의 자극에 반응을 하지 못합니다. 무기력하다는 말은 영적인 일에 전혀 관심을 가지지 못하는 것을 말합니다. 여전히 세속적인 일에만 흥미를 느끼고 영적인 일에 대해서는 알려고도 하지도 않고 흥미도 없습니다. 교회에 출석은 하지만 마지못해서 가거나 할 수 없이 끌려가는 수준입니다. 예배 시간보다도 교제의 시간이 더 즐겁고 세속적인 이야기만 하며 세상사는 것처럼 행동하며 교회 생활도 세상살이의 연장에 지나지 않습니다. 세상 이야기만 하면 신바람이 나다가도 영에 대한 이야기를 하면 금방 풀이 죽고 시큰둥합니다.

영이 약한 사람은 영적 감흥을 제대로 느끼지 못합니다. 부흥회에 가도 낯설기만 하고 그 분위기에 어울리지 못합니다. 그 자리가 거북스러워 견디지 못합니다. 기도는 물론 전혀 할 줄도 모르고 할 필요도 못 느낍니다. 이런 상태에 있는 사람은 영이 아사직전입니다. 이런 사람은 스스로 영을 키우고 강하게 할 수 있는 힘이 없기 때문에 주변의 도움이 절대로 필요한 사람입니다. 어떻게 해서든지 영이 힘을 얻을 수 있도록 말씀을 먹이고 기도에 합류시켜 영에 힘을 불어넣어주어야 합니다. 스스로는 일어설 힘이 전혀 없는 무기력한 사람이기 때문입니다.

영이 약한 사람은 방향감이 없습니다. 정신이 흐리멍텅하며 자신이 지금 어디로 향하고 있는지 위치 파악이 안 되는 것처럼 이런 사람은 지금 자신이 가고 있는 방향이 어디인지를 모릅니다. 목표와 방향이 없기 때문에 왜 신앙생활을 해야 하는지를 모릅니다. 무엇 때문에 교회에 출석하고 봉사하는지를 모릅니다. 무엇 때문에 말씀을 들어야 하는지도 모릅니다. 방향을 모르기 때문에 위치 파악이 되지 않고 주변 분위기를 파악하지 못합니다. 이리 저리 방황하며 어찌 할 바를 모르지요. 기도는 해야 한다는 사실은 알지만 어디서부터 시작해야 하고 어떻게 해야 하는지도 모릅니다. 무작정 닥치는 대로 이렇게 해보고 저렇게 해봅니다. 그리고는 쉽게 포기합니다.

영이 약한 사람은 감정을 이기지 못합니다. 속사람이 겉사람을 이기지 못하기 때문에 겉사람의 요구에 끌려 다닙니다. 감정적인 사람은 감정에 이끌리고 이지적인 사람은 논리에 끌려 다닙니다. 그러므로 한 쪽에 치우쳐서 생활하게 됩니다. 감성과 이성이 조화를 이루지 못하고 자연인의 상태로 더욱 기울어집니다. 감정적인 사람은 즉흥적인 행동을 하게 되고, 이지적인 사람은 논리적으로 따지게 됩니다. 감정적인 사람은 대부분이 여성이고, 이지적인 사람은 남성들이기 때문에 상대적으로 감정적인 사람이 무언가 부족하고 비합리적인 것으로 취급을 받지만 실상은 이 두 가지는 다 같이 문제입니다. 교회도 주도권이 남성중심으로 이루어졌고 게다가 영이 약한 사람들이 대부분이기 때문에 이지적이고 논리적인 것이 올바른 것처럼 오해되고 있습니다.

　말씀과 능력이 균형을 이루어야 하는데도 불구하고 어느 한쪽으로만 치우쳐 있기가 쉽습니다. 이 둘이 균형을 이루는 일이 말처럼 쉬운 일이 아니기 때문에 어려운 과정을 거쳐 바람직한 영적 균형을 이루려는 생각을 하지 못하는 것입니다. 영이 약하면 균형을 이루기가 쉽지 않습니다. 약한 영은 모험을 두려워합니다. 하나님에 대한 지식은 모험을 필요로 합니다. 학문적인 과정을 통해서 배우는 이론적이고 교리적인 지식은 시간을 필요로 하지만 성령을 통해서 배우는 지식은 많은 도전을 필요로 하고 위험하게 보이는 모험을 통과해야 합니다. 그래서 이 학교를 광야의 학교라고 부릅니다. 그런데 영이 약하면 이 과정을 소화할 수 없습니다. 영이 약한 사람은 광야의 시험을 두려워합니다.

　영이 약한 사람은 새로운 것을 거부합니다. 안전하고 일상적인 것을 좋아하고 새롭고 낯선 것은 싫어합니다. 항상 똑 같은 절차와 방식으로 살아가려고 합니다. 일정한 수준과 경계를 만들어 놓고 그 범위를 넘어서려고 하지 않습니다. 이런 태도는 본능에 기인한 것입니다. 사람이나 동물이나 본능적으로 영역에 대한 집착이 있습니다. 늘 다니던 길로만 다니고 자신의 영역 안에서만 활동합니다. 생명의 위험이 닥쳐도 영역을 벗어나려고 하지 않습니다. 이처럼 영이 약한 사람은 안전하고 예측이 가능한 길로만 갑니다. 그래서 성령의 변화와 다양한 역사를 받아들일 여지를 만들어내지 못합니다. 기적을 만드는 삶은 더더욱 꿈도 꾸지 못합니다. 제사장들이 율법에 기록된 대로 하듯이 틀에 박힌 종교 행위에만 관심을 가집니다.

영이 약한 사람은 기도가 형식적일 수밖에 없습니다. 늘 같은 수준의 기도와 같은 방법의 기도만 합니다. 기도 역시 틀에 박힌 교과서적인 것입니다. 성령의 감동을 받지 못하기 때문에 성령이 인도하는 기도를 하지 못합니다. 영이 약하기 때문에 성령의 충격을 받아들일 만한 자신감이 없습니다. 기도하다가 무언가 이상한 느낌을 받게 되면 두려워서 기도를 끝내고 더 이상 들어가려고 하지 않습니다. 이상한 현상이 나타날 것 같으면 마귀라고 생각하고 거부합니다. 자신이 만들어 놓은 틀에서 벗어나면 모두 위험하고 마귀의 침해라고 여깁니다. 자신의 방식으로 하나님이 응답하지 않으면 모두 거부합니다. 그렇기 때문에 실제적 응답이라는 것을 별로 경험하지 못하고 살아가며, 하나님과의 친밀함이란 도무지 이해되지도 않고 이해할 필요도 느끼지 못합니다.

영이 약한 사람은 삶에서 영적 경험이란 거의 없습니다. 그래서 영적인 일이란 성경을 읽고 배우고 실천하는 것이 전부라고 생각하고 그 이상은 오히려 신비주의로 위험한 것이라고 생각합니다. 자신의 의지로 판단하고 세상적 안목으로 결정하려고 합니다. 도덕적이고 윤리적이고 상식적이기 때문에 사람들에게 거부감을 주지 않습니다. 합당한 논리도 있고 말씀에 근거하기도 하므로 이상하게 여길 것이 전혀 없습니다. 이런 결정은 하나님의 뜻에 따른 것이라고 여깁니다. 그러나 그들의 삶은 봉사의 수준은 될지언정 기적을 만들고 하나님의 능력을 드러내는 것에는 미치지 못합니다. 정말로 하나님이 원하시는 것이 무엇인지 모르기 때문에 성령의 열매는 맺지 못합니다.

우리가 하나님의 마음을 알 수 있는 유일한 길은 우리 안에 계시는 성령님을 통해서 감동을 받는 것입니다. 성령을 통해서 하나님의 마음을 알기 위해서는 우리의 영이 성령으로 인해서 단련되고 훈련되어야 하며, 그러기 위해서는 영이 강건해야 하는 것은 필수입니다. 어느 정도의 수준에 이르지 않고서는 성령의 역사하심을 알지 못합니다. 그러므로 이 수준에 이르기까지 불가불 지도자의 도움을 받아야 하고 영이 강건해지는 법을 배우고 실천해야 하는 것입니다. 영이 강건해지는 세 가지 요소를 우리가 어떻게 균형 있게 행하는가 하는 문제가 영성을 개발하는 과제인 것입니다. 이 과정은 개인적 성향과 특성으로 인해서 일률적으로 공식화할 수 없다는 점을 지니고 있습니다. 그래서 영성훈련은 개별적이고 개인적이어야 하는 것입니다. 주님도 12명을 한계로 설정하고 그들을 가르쳤습니다. 실제로 한 사람이 다룰 수 있는 제자는 이 수준을 벗어나지 못합니다.

영이 약한 사람이 기도를 혼자하면 힘을 얻기 어렵습니다. 그래서 함께 기도하는 기도모임에 나아가 영의 힘이 강한 사람으로부터 도움을 받는 것이 좋습니다. 5~6명의 기도모임을 만들어 주기적으로 기도회를 가지고 영이 강건하기 위한 훈련을 하는 것이 유익합니다. 반드시 자신보다 더 강한 영적 힘을 지닌 지도자가 포함되어있어야 하고 영적인 현상에 대한 이해와 지식을 나눌 수 있는 전문 사역자가 있는 기도모임이어야 합니다. 기도를 통해서 경험하는 다양한 영적 변화에 대해서 설명을 받을 수 있어야만 영적 진보가 이루어집니다. 기도모임은 주 1~2회에 걸쳐 주기적으로 하는 것이 바람직합니다. 기도훈련을 받은 사람들로 구성된 기도모임이 별로 없어서 이런 모임을 현실에서 찾기란 쉽지 않습니다. 교회는 많아도 영적 성장에 도움이 되는 내용을 가진 교회가 드뭅니다.

경험은 우리의 영적 성장에 필수적인 요소입니다. 경험이 없이는 모든 것이 이론에 지나지 않습니다. 하나님의 일은 반드시 증거가 나타납니다. 그것은 하나님이 살아계신 영이시기 때문입니다. 성령이 우리 안에서 역사하시는 현재적 하나님이기 때문에 반드시 영적 현상은 피할 수 없는 것입니다. 그러므로 경험이 없는 이론은 쓸모없는 것이며, 알맹이가 빠진 허울에 지나지 않습니다. 경험은 우리의 영적 믿음을 더욱 강하게 하며, 실존하시는 주님을 만나는 것입니다. 경험이 많은 지도자는 영적 행위에 따르는 영적 증거들을 알고 있기 때문에 적절한 지도를 할 수 있습니다. 영적 현상이 나타나지 않는 것은 자신의 영이 약하기 때문인데 영이 강해지는 훈련을 행하면 그에 따라서 영적 현상이 나타나는 것입니다.

경험은 배운 것이 진실임을 보장하는 증거입니다. 현실에서 증거되지 않는 일체는 이론일 뿐입니다. 우리가 믿는 하나님은 지나간 역사를 배우는 그런 것이 아니며 살아계신 하나님을 만남으로써 확인하는 증거 위에 세워지는 믿음입니다. 그런 까닭에 우리의 믿음은 경험을 바탕으로 하는 증거된 믿음이어야 합니다. 하나님의 응답을 이끌어내는 일이 쉬운 것이 아니며, 우리가 원한다고 그대로 되는 것도 아닙니다. 그러나 하나님의 정한 원칙에 충실하면 응답은 얻을 수 있는 것입니다. 지도자는 그 원칙을 잘 알고 있고 적절한 때에 적절하게 하나님의 응답을 이끌어낼 수 있어야 합니다.

증거는 하나님의 보장이며 모든 다툼의 최후 판결입니다. 히브리서는 이 부분에 대해서 분명하게 언급하고 있습니다(히 6:16~17). 하나님은 거짓말이 아니라는 사실을 두 가지 증거로 맹세하시는데 오늘날에도 이 원리는 그대로 적용됩니다. 두 가지란 영적 증거와 육적 증거입니다. 보이지 않은 믿음의 증거와 보이는 현실적 증거입니다. 이 두 가지는 우리의 믿음을 영육으로 강건하게 하기 위함이며, 하나님은 우리의 영의 하나님일 뿐만 아니라 육의 하나님이시기도 하기 때문입니다. 그래서 이 두 가지 증거는 우리에게 절대로 필요한 것이며, 지도자는 이 증거를 이끌어내는 능력이 있어야 합니다. 이런 능력이 있을 때 지도자로 나설 수 있는 것입니다. 그렇지 못하다면 이 역시 아직 배워야 하는 제자일 뿐입니다.

말씀을 배우고 기도로 그 말씀을 자신의 것으로 받아들이고 그리고 증거를 통해서 확증 짓는 것이 영을 강하게 하는 단계이며 절차입니다. 이 세 가지가 어느 한쪽으로 일방적으로 치우치지 않고 균형을 유지해야 하며 어느 한 가지라도 결여되었다면 그것은 온전하지 못한 것입니다. 우리는 하나님이 완전한 것처럼 완전해야 합니다. 완전하다는 말의 헬라어는 '텔레이오스'인데 '전체로 가득하다'라는 뜻을 지닙니다. 이 세 가지 구성 요소 중 어느 것도 빠짐없이 다 들어있는 상태입니다. 우리의 영이 강해지는 것은 이 세 요소를 다 갖추고 있다는 것을 말합니다. 하나님은 우리가 이런 상태로 살아가기를 원하시는 것입니다.

영을 강하게 하기 위하여 성령으로 세례를 받고 불세례를 체험하며 겉사람을 치유해야 합니다. 속사람이 겉사람을 장악하면 영은 강해지게 되어 있습니다. 영이 약한 사람은 성령치유 집회에 많이 참석하여 성령으로 기도를 해야 합니다. 성령으로 충만하면 영은 강해지게 되어 있습니다.

52장 성도의 적은 영적 게으름 이지요

사람들 가운데 육체적으로 게으른 사람이 있듯이 영적으로도 게으른 사람이 있습니다. 게으른 자체를 두고 좋다 나쁘다고 단정할 수는 없습니다. 그러나 보편적으로 게으르다는 것은 긍정적이기보다는 부정적입니다. 그러나 구체적인 일에서는 이런 단순한 흑백 논리가 맞지 않는 경우도 있지요. 세속적으로는 이와 같은 의미를 가지고 있기 때문에 절대적인 기준이 없지만 영적인 일에서는 게으르다는 것은 환영할 만한 것이 되지 못합니다. 성경은 게으른 것에 대해서 경고하고 있습니다.

그러므로 영적 게으름(spiritual slothfulness)은 경계해야 할 요소입니다. 특히 사역자에게 있어서 게으름은 용서되지 못합니다. 하나님의 일을 태만히 하는 사람은 저주의 대상입니다(렘 48: 10). 영적 게으름은 어느 정도 육신적 게으름과 연관이 있는 것 같습니다. 평소 게으른 사람은 영적인 일에도 게으를 가능성이 높습니다. 영적인 일은 많은 노력을 필요로 합니다. 육신적인 일도 해야 하고 영적인 일도 해야 하기 때문에 더 많은 노력이 필요합니다.

어느 정도 영적인 수준에 이르면 몸에 익숙해져서 쉬워지지만, 그러기까지는 힘이 들고 지루하게 느껴집니다. 생소한 일일수록 몸에 익숙해지기까지는 힘이 드는 법입니다. 하지 않던 일을 하면 새로 근육을 사용하여야 하기 때문에 익숙한 사람보다

갑절 힘이 들기 마련입니다. 이렇듯이 영적으로 익숙하지 못한 사람은 어설프고 힘이 들어 조금 해 보고는 곧 싫증을 느끼고 포기하게 됩니다.

영적인 일을 소명으로 확신한 사람들도 역시 어려움을 겪습니다. 공부하는 것을 좋아하는 사람은 성경공부가 힘이 들지 않고 재미있지만 기도하는 일은 몸에 익숙한 것이 아니어서 힘이 들어 포기하기 쉽습니다.

하나님의 일꾼으로 세워지기 위해서는 거쳐야 할 단계들이 있습니다. 신학교 과정을 통해서 올바른 교리를 세웠으면 그 다음은 능력을 소유하기 위한 영성 훈련을 받아야 하는 것입니다. 능력 없는 사역은 한 마디로 속 빈 강정과 같습니다. 지도자는 모든 부분에서 기본적인 능력을 최소한도로 갖추어야 합니다. 그리고 자신의 전문 분야에 대해서는 최고의 기술과 능력을 소유해야 하는 것입니다. 그러기 위해서는 누구보다 더 부지런히 기술과 능력을 갈고 닦아야 합니다.

그런데 대부분의 예비 사역자들은 신학교를 마치고 나면 그것으로 다 되었다고 생각합니다. 그래서 목회지를 찾고 목회를 시작합니다. 학교에서 배운 기술을 가지고 목회를 시작합니다. 그런 목회는 기술을 바탕으로 한 목회이지 성령의 인도에 따른 목회와는 거리가 있는 것입니다. 그렇기 때문에 교리 교육에는 만점을 받을 수 있을지 모르지만 치유와 회복이라는 부분에서는 거의 낙제 수준입니다. 성경 지식에는 박식하지만 고통 속에서

헤매는 성도들의 문제에는 자연적으로 외면할 수밖에 없습니다. 영적 지식이 부족하기 때문에 그들의 아픔을 치유할 수 없는 것이지요. 그저 피상적인 위로만 할 뿐이지요. 여기서 목회의 한계를 실감하고 양심의 가책도 느끼지만 때는 늦었습니다. 돌아가려 해도 너무나 멀리 왔기 때문에 엄두가 나지 않습니다.

이렇게 고민하고 갈등하는 가운데 우리 교회는 점점 세속화되고 있습니다. 젊은 세대들 가운데 영적인 일을 학문적 기술로 대치하려는 사람들이 많아지고 있습니다. 학위가 능력을 대신하며 학벌과 학연으로 교회를 시무합니다. 교회가 오래 되면서 자리를 잡게 되고 교회 성장에 대한 기술이 발달해서 인위적인 운영이 가능해졌습니다. 그러므로 더욱 인맥에 의지하게 되는 것입니다. 좋은 학위가 목회지를 보장합니다. 그래서 더욱 학위에만 매달립니다. 박사 학위 하나로는 위험하기 때문에 가능하면 여러 가지 학위를 얻으려고 노력하고 세월을 거기에 다 쏟아 붓습니다. 성공한 목회자는 자기 아들에게 자리를 물려줍니다. 일종의 가업이 되는 것입니다.

이런 형태의 목회자들이 기존의 교회를 차지하고 그 세력을 과시하기 때문에 새로 사역을 하려는 예비 사역자들은 더욱 공부에 매달리고 학위에만 집착합니다. 그리고 영적인 사역자들은 소수이기 때문에 다수의 세력으로 그들을 교회 밖으로 몰아냅니다. 여러 가지 이유를 붙여서 말입니다. 예비 사역자들은 이런 현실적인 문제 앞에서 그 벽을 넘어서지 못합니다. 목회지를 얻기 위해서는 기성 세대에게 순종하지 않으면 안 됩니다. 그들이 요구하는 것들을 갖추어야 출세할 수 있고 직업이 보장되기 때문입니다. 새로 개척한다는 것은 엄두도 내지 못할 일입니다. 어려움과 고통이 따르고 또한 성공한다는 보장이 없기 때문입니다. 그래서 이미 성장한 교회에 부목으로 있기를 바랍니다. 그러려면 기성세대의 요구를 따라야 하는 것이고 수구적으로 그들의 입장을 옹호해야 하는 것입니다.

이런 일이 우리 교회의 현실입니다. 이렇게 된 까닭은 영적 지도자로 세워질 사람들이 영적인 일에 무지하고 현실적인 성공만을 보기 때문입니다. 그래서 영적인 일을 신비주의로 몰아 자신들의 입장을 옹호하려고 합니다. 한 자리에 앉아 3시간의 기도를 해 보지 못한 사역자는 기도에 대해서 말할 자격이 없습니다. 감기 환자 한 사람 치유해 보지 못한 사역자는 성도의 고통에 접근할 생각조차 가지지 마십시오.

성도들이 가지고 있는 문제는 그런 감기 정도의 단순한 문제가 아닙니다. 얽히고설키고 그 뿌리가 칡뿌리만큼이나 깊고 복잡하게 얽혀 있습니다. 이런 문제를 피상적으로 다룹니다. 이런 사람에 대해서 주님은 "이 백성의 문제를 심상히 다룬다"라고 지적하지 않았습니까?(렘 6:14, 8:11) 대다수의 세속적인 목회자들은 평소 끈질긴 기도와 훈련을 거치지 않았기 때문에 성도의 문제를 그저 대충 다룹니다. 자기 일이라면 그렇게 하겠습니까? 하나님은 대충 하지 않게 하려고 그 사역자를 혹독하게 다룹니다. 울부짖는 기도는 자신의 문제로 인해서 울부짖는 것이 아닙니다. 자신이 맡아야 할 주의 백성들의 문제를 그처럼 임하게 하시려고 그렇게 가혹하게 다루는 것입니다. 이 가혹한 훈련을 통해서 인내를 배우고 그 과정을 소화함으로써 하나님의 대리자로서의 자격을 얻게 되는 것입니다.

그런 근면하고 부지런한 과정을 거쳐야만 성도들의 문제를 처리할 수 있는 자격이 생기는 것입니다. 그런데 그런 자리를 피합니다. 고난의 광야 학교는 가고 싶어 하지 않고 간다 하더라도 오로지 벗어나려고만 몸부림쳤지 그 과정에서 오는 하나님의 뜻을 제대로 파악하려 하지 않습니다.

지금 어려움을 겪는 사역자들이 있을 것입니다. 하나님은 사역자들에게 왜 고통을 주시는 것입니까? 그 이유는 단 한가지입니다. 주의 백성을 그런 마음으로 다루게 하기 위해서입니다. 그렇기 때문에 고된 훈련 과정을 거쳐야 합니다. 이 과정이 없으면 그의 사역은 교리적이고 피상적이며 인본적일 수밖에 없습니다. 잘 짜인 제도 속에서 프로그램과 조직으로 얼마든지 성장시킬 수 있습니다. 이런 것은 이방 종교가 행하는 것들입니다.

우리 교회도 이렇게 그리스도의 생명에 의지하지 않고 인간적인 기술에 의해서 성장할 수 있습니다. 이런 성장을 주의 생명으로 성장하는 것과 착각해서는 안 되는 것입니다. 주의 음성을 한 번도 들은 적이 없고 환상 한 번 본적이 없고 감기 환자 한 사람 치유해본 경험이 없고 마귀를 본 적도 없고 끈질긴 기도를 해본 경험이 없고 이것도 없고 저것도 없이 오로지 성경 공부 한 가지만 한 그런 편향된 경험으로 다양하고 복잡하고 심각한 영적 세계를 다루겠다고 영적 지도자로 나서는 것이 얼마나 무지하고 어리석은 일입니까?

출세하고 좋은 사역지를 얻는데 별로 도움이 되지 않는 영적인 훈련 보다는 확실하게 성공이 보장되는 박사 학위를 얻는데 더 많은 시간과 정열을 쏟습니다. 그것이 확실한 성공의 길이니까요. 그리고 대다수의 성공한 목회자들이 다 그렇게 했으니까 그들의 요구에 따라야 하지 않겠습니까? 영적인 일로 성공한 목회자는 아직은 소수이고 다수는 학위를 바탕으로 한 목회자들이기 때문에 자연히 답이 나오는 것입니다. 힘들고 가능성이 적은 능력 사역보다는 확실한 출세와 성공이 보장 되는 길로 안전하게 가려는 것입니다. 성도들은 자신의 아픔과 고통을 해결해 줄 치유자를 원하지만 목회자는 그것을 원하지 않습니다. 성도의 고통이 자신의 출세보다 중요하지 않기 때문입니다. 우선은 내가 살아야 하고 내 교회가 부흥해야 하고 내가 성공한 목회자가 되는 것이 우선입니다. 그 다음에 성도의 문제가 있고 하나님의 일이 있는 것이지요. 이런 사역자를 성경은 삯군이라고 부르고 있고 그런 사역자가 받게 될 대우가 어떤 것인지는 너무나 명확하게 기록되어 있습니다.

영적인 일에 관심이 없는 사역자가 어디 있겠습니까? 그런데 그 관심이 순수하지 못합니다. 사역을 준비하는 예비 사역자들은 이 부분에 대해서 분명한 구분이 있어야 합니다. 대부분의 선배 사역자들이 능력 사역에서 배제된 까닭 중 하나가 영적 게으름입니다. 하나님이 시키는 훈련을 게을리 하고 회피했기 때문입니다. 당사자들은 이렇게 저렇게 자신의 입장을 설명하고 있지만 핑계 없는 무덤이 어디 있습니까? 관심이 곧 그 일을 성취시키는 것이 아닙니다. 반드시 훈련의 과정을 통과해야 합니다. 훈련을 거쳐야 불순물이 제거되는 것입니다. 그것도 주님이 원하시는 과정을 순종으로 통과해야 하는 것입니다.

기도가 시간이 길다고 능력 있는 기도가 되는 것은 아닙니다. 그러나 하나님이 원하시면 그렇게 해야 합니다. 엘리야가 왜 머리를 무릎 사이에 넣고 7번이나 기도했겠습니까? 사역자는 하나님이 원하는 것을 하는 사람입니다. 사람들이 좋아하는 것을 하는 것이 아닙니다. 오로지 부르신 분이 기뻐하시는 일을 하는 것입니다. 그러기 위해서는 절대로 게을러서는 안 됩니다. 게으름은 하나님을 만홀이 여기는 생각에서 나오는 것이며 철저히 이기주의에서 오는 행동입니다. 힘들고 어렵고 출세가 보장되지 않고 더욱이 소수라고 해서 능력사역을 업신여기고 그 길로 가지 않으려는 사람들은 이 말씀을 기억하십시오. "하나님의 나라는 말에 있지 않고 오직 능력에 있느니라" "성령이 너희에게 임하면 능력을 받고 사마리아와 땅 끝까지 내 증인이 되리라" "너희는 좁은 길로 가라 그 길은 좁고 어려워 찾는 사람이 적으니라"

53장 영적 경험은 신앙이 견고해져요

하나님은 크리스천이 영적인 체험을 하게하여 신앙이 자라게 하십니다. 어떤 사람은 영적 경험을 많이 하는데 어떤 사람은 거의 못하는 경우가 있습니다. 신앙이 어릴 때는 적게 하는 사람은 많이 하는 사람을 부러워하기도 하며, 어떻게 하면 그런 경험을 많이 할 수 있을까 하고 고민하기도 한답니다. 신앙의 연조도 많지 않은 초신자에게 영적 현상이 나타나는 것을 보면서 오래도록 신앙생활을 한 자신에게는 그런 현상이 전혀 나타나지 않는 이유가 도대체 무엇인지 이해가 되지 않습니다.

자신에게 특별히 어떤 문제가 있어서 그런 것은 결코 아닐 터인데 영적경험이 전무한 까닭을 알 수 없어 갈등과 의문만 생길 뿐입니다. 영적으로 상당히 민감한 사람에게 영적 현상이 잘 나타나는 것은 사실입니다. 그러나 그것만이 이유는 아닙니다. 상당히 둔감한 사람에게도 나타납니다. 그런데 많은 경우 거듭난 직후에 이런 경험들을 많이 하게 되며, 특히 회개한 직후부터 경험하게 된다는 것이 사실입니다.

특별히 능력 집회에 참석하는 경우 그곳의 영적 분위기에 의해서 경험을 하게 되기도 하지요. 영적 경험을 하기 위해서는 강력한 영적 분위기 속에 들어갈 필요는 있지만 그곳에서도 경험을 하지 못하는 사람이 더 많습니다. 영적 경험은 자신의 의지나 어떤 방법으로 가능한 것은 사실 아닙니다. 다양한 의미가 있고 현상이라고 해도 그 수준의 차이와 이미지의 형태와 감각의 차이 등으로 많은 형태가 있어서 단정적으로 어떤 한두 가지만을 지목해서 영적 경험이라고 말할 수는 없지요. 그러나 일반적으로 '환상' '이미지' '열감' '청량감' '진동' '황홀경' 등과 같은 현상을 우선 생각할 수 있습니다. '영적 분위기' '천사의 출현' '악령과의 대면' 등과 같은 더 깊은 차원의 영적 경험으로부터 삶 속에서 경험하는 은혜에 이르기까지 다양합니다.

이런 경험을 하면 신앙이 성장되고 더욱 견고해지는 것이 보통입니다. 하나님의 역사가 아니면 세상 어디에서도 경험할 수 없는 영적 현상들은 우리의 믿음을 더욱 굳게 만드는 유익이 있지만, 자칫 그 특수성 때문에 교만해질 수도 있습니다. 하나님이 자신을 특별히 더 사랑해서 이런 귀한 은혜를 베푸는 것은 아닌가 하는 우월감을 가지게 될 수도 있습니다.

날마다 온몸을 휘감는 열감과 전율, 포근하고 신비한 영적 분위기가 내려와 자신을 뒤 덮는 이루 형용할 수 없는 그윽한 분위기, 영적 눈이 열려 천사의 존재들을 보며, 환상이 보이고, 하나님의 음성이 귓가에 들리는 등의 경험이 거의 날마다 이어진다면 여러분은 이루 말할 수 없는 흥분 속에 살아가게 될 것이며, 신앙생활이 참으로 신바람이 날 것입니다.

그런데 이런 영적 경험의 뒤에는 하나님으로부터 오는 부담이 있다는 사실을 제대로 이해하는 사람은 많지 않은 것 같습니다. 하나님이 특별한 사람에게 특별한 영적 세계로 인도하는 까닭은 그에게 부담을 주기 위해서입니다. 오순절 주의 제자들이 마가 다락방에서 신비한 영적 경험을 하고난 뒤에 그들은 성령의 충만을 받았고, 방언을 하게 되었습니다. 그 결과 그들은 복음을 전하는 험난한 길로 나가게 되었으며, 마침내는 순교하는 데까지 이르게 되었습니다. 영적 경험을 하면 모두 순교자가 되는 것은 아니지만 그에 따른 영적 부담이 주어지는 것입니다. 하나님은 많이 준 자에게서 많이 찾으시는 분입니다.

영적 경험은 달콤하고 행복하고 우월한 지위를 누리게 하려고 주시는 것이 결코 아니며, 다른 사람이 경험하지 못하는 독특한 경험을 하게 하는 이유는 더 나은 헌신으로 불러내기 위해서이며, 그 헌신이 때로는 엄청난 고난과 어려움을 동반할 수도 있기에 그 어려움을 견디는 유일한 힘은 신비한 영적 경험을 통해서 만들어진 굳은 믿음이기 때문입니다.

바울이 자신 스스로 사도로 여기고 험한 전도여행을 끝까지 달려갈 수 있었던 배경에는 다메섹에서 경험한 신비체험이었으며, 이어서 '직가'에서 '아나니아'로부터 듣게 된 소명에 대한 계시의 말씀이었습니다. 그는 이 사실을 어려움을 만났을 때마다 상기시켰고 공회에서 또는 위급한 상황에서 유대인들에게 이 사실을 여러 차례 언급하였습니다. 그는 평생의 사역에서 이 경험이 힘이 되었고 스스로를 사도로 칭하도록 요구하게 되는 배경도 이 다메섹 경험이었습니다. 신비한 영적 체험이 그 수단이 꿈이었든지 환상이었든 지는 문제가 되지 않으며, 다양한 형태의 경험들의 메카니즘 역시 문제가 아닙니다. 그 경험은 우리 각 사람에게 영적 부담을 던지는 상징으로 주어지는 경우가 많은 것입니다.

영적 경험의 각각의 요소들은 각 사람의 직무와 연관이 깊습니다. 즉 은사로 나아가고 이어서 직무로 성장하는 일련의 과정에서 그 직무를 제대로 감당할 수 있는 힘을 주며, 또한 그 직무의 독특한 기능과 연관이 되는 것입니다. 예를 들며, '선견자'의 경우 환상을 집중적으로 보게 됩니다. 자신이 선견자로 세워질 것이라는 사실도 모를 때부터 그는 환상을 다양하게 경험하게 됩니다. 또 '예언자'로 세워지는 사람은 주로 '나바'라는 기능으로 예언을 하게 되기 때문에 '예언의 영'이 임하는 그 분위기에 익숙해지기 위해서 이슬비처럼 내리는 예언적 분위기를 수시로 경험하게 됩니다. 다윗은 그가 수금을 탈 때 이런 예언적 분위기를 자주 경험했습니다. 이 분위기는 매우 감미로워서 그는 이런 분위기를 갈망해서 자주 수금을 탔습니다.

특히 '선지자'로 세워질 사람은 격렬한 영적 분위기를 경험하게 됩니다. 선지자는 기름부음이 주로 영적 분야에 집중하기 때문에 일반적인 사역자나 은사자들이 전혀 경험할 수 없는 매우 독특하고 깊이 있는 영적 경험들을 수도 없이 행하게 하십니다. 이렇듯이 영적 경험은 직무와 연관된 부담을 주기 위해서 치르게 되며, 또한 타인을 섬기게 하기 위해서 주어지는 것입니다. 이것은 매우 중요한 의미를 지니는데 신비한 경험을 한 사람은 예외 없이 이 부담을 지니게 된다는 사실은 절대로 잊어서는 안 됩니다. 타인을 섬기는 것은 자신을 부인하는 데서부터 시작합니다. 고린도 전서 13장은 우리 모두가 '사랑장'이라고 알고 있듯이 사랑의 의미를 정확하고 분명하게 언급한 곳입니다.

그 말씀 가운데 "자신의 유익을 구하지 않고…"라는 내용이 말하듯이 섬김은 헌신입니다. 이 헌신을 하게 되는 배경에는 남다른 특별한 영적 경험을 함으로써 가능해집니다. 신비한 경험뿐만 아니라 주님을 영접하는 감격적인 만남의 경험도 포함합니다. 엠마오로 내려가는 제자들이나 갈릴리 해변가에서 부활하신 주님을 만난 사도들처럼 강력한 은혜 속에 주님을 만남으로써 평생 동안 주를 위한 헌신의 길로 나가게 되는 것입니다. 이렇듯이 영적 경험은 주를 위해서 타인을 섬기게 하려는 부담이 주어지는 것입니다. 섬김의 형태는 이루 헤아릴 수 없이 많으며, 사람마다 다르지요. 그러나 그 일은 힘들며, 일시적인 감동이나 감흥으로 인해서 행할 수 있는 것이 아닙니다. 섬김은 우리가 평생 해야 할 일이며, 특히 전문 사역자로 나가는 사람들에게는 이 일이 평생의 일이 되는데 여기에는 많은 경험이 있어야 합니다.

누구든지 초심을 유지하기란 쉽지 않습니다. 불행하게도 일부 사역자들은 처음 사랑을 잃고 타락해서 돈이나 명예를 따라가는 사람들이 있습니다. 그런 극단적 타락에 이르지 않더라도 설렘과 감동은 사라지고 어느덧 상투적이고 습관적으로 사역을 행하는 직업인이 되어버리는 경우도 적지 않습니다. 기교가 능력을 대신하며, 타성이 신비를 대신합니다. 감격은 사라지고 영적 부담도 아무런 의미가 없어지며, 헌신의 모양은 있지만 누구를 위한 헌신인지 도무지 알 수 없을 정도로 둔탁해져버리기가 쉽습니다. 자칫 이런 불행한 지경에 이르는 것은 순식간입니다. 영적 경험은 우리의 영적 삶을 신선하게 하는 것이지만 자칫 이것으로 인해서 자신의 삶을 망치는 자리에 들어갈 수도 있음을 알아야 합니다.

많은 헌신이 사랑을 전제로 하는데 그 사랑이란 쉬운 것이 아님을 고린도 전서 13장이 우리에게 일깨워줍니다. 자신을 불사르는데 내어줄 지라도 사랑이 없으면 아무런 유익이 없지요. 그런데 그 사랑이란 "모든 것을 참으며, 모든 것을 믿으며, 모든 것을 바라며, 모든 것을 견딥니다." 이것은 결코 쉬운 공과가 아닙니다. 절대로 경솔하게 취급할 것이 아니며, 우리 모두는 이 조건 앞에 엄격하게 서 있는 것입니다. 많은 영적 경험을 한 사람은 많은 희생과 헌신을 주께 드려야 합니다. 남들이 할 수 없는 경험을 한 사람은 남들이 할 수 없는 헌신을 주께 드려야 합니다. 오순절 경험을 한 주의 제자들은 순교에 이르기까지 나아갔으며, 다메섹의 신비체험을 한 바울은 '40에 하나 감한 매'를 여러 번 맞았고 한 번은 죽기까지 했습니다.

신비한 영적 경험은 자랑하기 위함이 아닙니다. 고린도 교인들은 그들이 경험한 것들에 대해서 서로 자랑하고 누가 큰 사람인지 키 재기만 했습니다. 그들은 당을 지어 분열했고, 하나님이 주신 신비한 경험을 웃음거리로 만들었습니다. 우리 가운데는 이런 사람들이 여전히 있습니다. 하나님이 주신 신비한 경험을 만난 후에 그들은 이것을 자랑하며, 많은 사람들 앞에서 자신이 우월함을 드러내려고 합니다. 전단지를 만들어 천국을 몇 차례 다녀왔다고 자랑하며, 불의 종이라고 스스로를 높여 사람들을 모으려고 합니다. 이 모든 것들은 육체를 따라 온 것이라고 바울은 설명합니다. 이런 사람들은 천국을 소유할 수 없다고 우리에게 가르칩니다.

신비한 영적 경험은 다른 사람들이 할 수 없는 헌신을 위해서 긴장시키고 격려하는 주님의 사랑이 담긴 배려입니다. 그러므로 우리는 이런 영적 경험을 통해서 주님의 부르심을 깨닫고 타인을 섬기는 자리로 나아가야 할 것입니다. "각 사람은 주신 믿음의 분량을 따라 분수에 맞는 생각을 하십시오"라고 말씀하십니다(롬 12:3).

영적 경험으로 끝나면 되지 않습니다. 영적 경험을 하면서 진리를 깨달아야 합니다. 진리를 많이 깨달아야 깊어지기 때문입니다. 영적으로 깊어져야 주님의 일을 감당할 수가 있습니다. 예수님은 우리가 영적으로 깊어지지 않으면 사용하시는 시기를 늦추십니다. 말씀과 기도로 심령을 정화하여 주님이 원하시는 수준들이 되셔서 주님이 사용하시는 귀한 분들이 되기를 바랍니다.

54장 취미 속에 숨은 영을 분별하세요

　귀신의 영향을 받아 습관적으로 귀신이 시키는 행동을 하는데 정작 자신은 모른다는 것입니다. 예수를 믿었기 때문에 자신에게는 귀신의 역사가 없다고 단정하기 때문입니다. 하지만 영적인 눈을 뜨고 자세하게 자신의 취미를 살펴보면 답이 나오게 되어있습니다.

　여행, 춤, 노래, 등산, 낚시, 무용, 점, 술, 도박, 게임, 여색, 남색 등등…. 분별하는 방법은 자신의 취미를 생각하고 가계의 내력을 살피는 것입니다. 자신과 같은 선조들이 있었는지 보라는 것입니다. 춤을 추기를 좋아하는 성도는 무당의 내력을 살펴야 합니다. 예배 시간에 다른 짓을 하고 있다면 분별해야 합니다. 많은 분들이 예배나 집회 시간에 다른 곳에 마음을 두고 행동하는 경우가 많습니다. 제가 그동안 성령치유 사역을 하면서 체험한 바로는 모두 영육의 문제를 가지고 있었습니다. 귀신이 다른 곳에 마음을 돌리도록 한다는 것입니다. 취미에 역사하는 영을 분별하라는 것은 취미로 인하여 인생의 마지막을 맞이하게 할 수 있다는 것입니다. 가계에 역사하는 영들이 자신도 모르게 취미 생활을 하도록 역사 한다는 것입니다.

　그런데 문제는 자신에게 역사하는 귀신은 취미 생활하는 것으로 끝나지 않고 보이지 않는 여러 가지 문제를 일으키고 있다는 것입니다. 이정도가 되었다면 이미 세대에 역사하는 귀신이 완전하게 장악을 했다는 것입니다.

이런 상태에 이르렀다면 본인이 알아차리고 취미 생활을 끊고 귀신을 축귀하려고 힘쓸 때 떠나가기 시작을 합니다, 상당한 기간을 귀신과 싸워야 합니다.

그래서 귀신에게 많은 것을 빼앗기고 불행한 삶을 살아가는 많은 환자들에게 있어서 귀신은 낭만적이지도 않고 재미있는 이야기 거리도 아닙니다. 처절한 고통의 몸부림만 있을 뿐입니다. 이런 귀신들림에 있어서 귀신이 하고자 하는 일을 하고 살아가는 사람들이 있습니다. 실제로 대부분의 귀신들림은 이런 사람들입니다. 그러나 이들은 어떤 특정한 부분에서 전혀 이성적이지도 합리적이지도 못한 심각한 결점을 드러냅니다. 이해하지 못할 일들이 생깁니다. 그러면서도 자신은 전혀 그 사실을 알지 못합니다.

이런 사람들을 우리는 일반적으로 마귀의 영향을 받는 사람이라고 부를 수 있지만 그들 가운데는 일부 귀신들림이 있습니다. 귀신들림과 마귀의 영향을 구분하는 경계점인 회색지대에 놓여 있는 사람은 귀신과 마귀의 특성 모두를 드러냅니다. 그래서 때로는 마귀 같기도 하고 때로는 귀신같기도 합니다. 마귀와 귀신은 역할이 다르다는 점은 이미 설명한 것인데, 그러므로 드러나는 결과도 다릅니다.

회색지대에 있는 귀신들림은 얼핏 보면 정상인 같기도 하지만, 그를 내면에서 조정하는 영이 무지한 귀신이라는 점을 인식한다면 그 행위는 결과적으로 파괴적일 수밖에 없습니다. 귀신은 몸과 마음을 황폐하게 만드는 주범입니다. 귀신들림이 진행될수록 그 사람의 인격은 점차로 귀신을 닮아가게 되고 정서적으로 감성적으로 거칠어지며 조급하고 포악한 면을 보이기 시작합니다. 귀신은 유혹적이기 때문에 한 번 걸려들면 그 유혹에서 벗어나기가 쉽지 않습니다.

약물 중독자의 경우에 중독을 일으키는 귀신은 피해자로 하여금 달콤한 유혹에 휘말리도록 계속 자극하는 것입니다. 끊임없는 환상에 의한 유혹은 그 덫에서 벗어날 수 없을 정도로 자극적이고 집요합니다. 이런 회색지대에 있는 귀신들림으로부터 자유롭기 위해서는 이런 유혹으로부터 벗어나려고 하는 본인의 노력이 필요합니다. 왜냐하면 피해자는 이성적인 생각을 할 수 있기 때문입니다. 정신분열과 같은 귀신들림은 스스로 판단할 수 있는 사고력을 상실하게 됩니다. 그렇기 때문에 이들에게는 오로지 외부에서 강력한 능력을 갖춘 축사자의 도움 이외에는 방법이 없습니다.

자신이 알지 못하는 채로 귀신과 맺어진 관계를 단절하기 위해서 자신을 살펴보아야 합니다. 스스로 살펴서 끊으려고 하지 않는다면 귀신은 절대로 떠나가지 않습니다. 마귀를 이기는 가장 원론적인 방법은 '대적하는 일'(약 4:7)과 '하나님의 전신갑주를 입는 일'(엡 6:11)입니다. 마귀와 형성된 신호체계를 분쇄하는 일이 대적하는 일의 구체적인 내용 가운데 하나입니다.

그런데 아쉽게도 그렇게 하려고 하지 않습니다. 그런 까닭은 마귀의 속임수 때문입니다. 귀신이 이미 자신의 마음을 주장하는 위치에 있기 때문에 그런 말이 귀에 들리지 않고 의심하게 되는 것입니다. 자신은 합리적으로 생각한다고 하지만 결국 어떤 부분에 가서는 전혀 합리적이거나 이성적이지 못합니다. 귀신의 영향 때문인데, 그러므로 영적인 집회에 가서 하나님의 말씀을 듣고 능력 있는 사역자의 도움을 받아 귀신의 영향을 차단한 후에 하나님의 말씀을 들어야 합니다. 이것이 전신갑주를 입는 일입니다. 귀신이 방해하는 상태에서는 입을 수 없습니다. 귀신과 맺어진 신호체계를 거부하고 성령의 도움을 구하면서 대적기도를 합니다. 그리고 충동과 유혹을 단호하게 거부하고 귀신의 주장에 동조하거나 받아들이지 않습니다.

귀신이 자신을 속이고 있는 점을 알았다면 대적기도에 사용해야 합니다. 더 이상 그런 것으로 자신을 묶거나 유혹할 수 없다고 선포합니다. 그리고 자신의 신분은 거룩한 하나님의 것이라는 사실도 선포합니다. 전문 사역자의 도움을 받는 것도 좋습니다. 이런 일들을 지속적으로 해야 합니다. 아주 오래 걸릴 수도 있습니다. 인내를 가지고 귀신과의 작별을 시도해야 합니다. 이 과정에서 축사자의 도움을 지속적으로 받을 수 있다면 더 효과적일 것입니다.

55장 영적인 무관심에서 벗어나야 해요

영적인 일에 시큰둥해지는 일은 영적 침체와는 같은 것 같지만 다릅니다. 영적 침체는 주님에게 향한 열심이 많은데 그 열심만큼 효과도 나타나지 않고 열매도 거두지 못한 자기 한계를 느낌으로써 비롯되지만, 망각은 그런 열심이 있는 것이 아니라 익숙해짐에 따라 오는 무감각인 것입니다. 영적 침체는 벗어나려고 해도 벗어나지 못해서 더욱 갈등이 깊어지지만 망각은 전혀 잊고 살기 때문에 갈등도 일어나지 않습니다.

망각 역시 발전하지 못하고 정체된다는 점에서는 영적 침체와 같지만 갈등이 없기 때문에 자각도 없습니다. 잊고 살기 때문에 획기적인 도전을 받지 않으면 그 잠에서 깨어나지 못한다는 점에서 보면 영적 침체보다 더 깊은 병이라고 할 것입니다. 성숙하지 못하는 것에 대해서 별로 의미를 두지 않는 대다수의 그리스도인들은 이런 망각의 깊은 늪에 빠져 있지만 서로 모릅니다. 영적인 성도가 되는 것은 영적인 것에 관심을 갖어야 가능합니다. 영적인 전문가의 도움을 받을 필요성이 있습니다. 이런 망각에서 벗어나 영적 성장을 이루는 길을 살펴봅시다.

첫째, 망각의 늪에서 벗어나기 위해서는 도전 받아야 합니다. 스스로는 자신의 상태를 치유하는 자리에 가려고 하지 않기 때문에 주위에서 권유할 필요가 있습니다. 영적 성장을 제때에 이루지 못하면 여러 가지 질병들이 생깁니다. 육체적으로 정신적으로 어려움을 겪게 되지요. 그러므로 질병에 시달리는 사람에게 치유를 위한 집회나 부흥회 등에 초대해서 도전 받는 기회를 제공해야 합니다. 이것은 주변에 있는 사람들의 역할이 중요합니다. 치유 집회에서 단순히 육신의 질병만 다루는 것이 아니라 영적인 문제도 아울러 다루는 건강한 집회에 참석하는 것이 좋습니다.

둘째, 기억을 되살려야 합니다. 언제 어디서부터 은혜가 끊겼는지 그 자리로 되돌아가는 것입니다. 아무리 신앙생활을 오래 했다 해도 성장이 멈추면 그 시점에서 고정됩니다. 영적 변화에 대한 인식을 잃은 그 시점부터 성장은 멈춘 것입니다. 그 자리로 되돌아가야 합니다. 그 기억을 되살려 받은 은혜를 다시 생각하면서 회복을 위한 기도를 해야 합니다. 영적 무지와 망각으로 인해서 하나님의 뜻을 이루지 못한 죄를 용서해 주시도록 회개기도를 해야 합니다. 그리고 그 은혜가 다시 회복되어 영적 성장이 이루어지기를 간절히 소망해야 합니다.

셋째, 적극적으로 맨토를 찾아야 합니다. 영적 성장에는 필수적인 것이 올바른 지도자를 만나는 일입니다. 영성에 관한 책이 많이 나와 있으므로 도움을 받을 수도 있지만 세부적이고 개인적이며 구체적인 사항에 대한 도움을 받기 위해서는 인간적 접촉을 이루는 맨토가 있어야 합니다. 어느 정도 영적 성장을 이루어 독립적으로 발전해 나갈 수 있기까지는 지도자의 도움이 필수입니다. 자신을 온전히 돌보아 줄 지도자를 만나기를 소망하십시오. 홀로서기가 제대로 될 때까지 도움을 받는 것은 여러 가지 위험에서 자신을 보호하는 중요한 일입니다.

넷째, 사소한 변화라도 기록해야 합니다. 기록은 우리의 기억을 도와줄 뿐만 아니라 일관된 발전을 이루는데 큰 도움이 됩니다. 사소한 것은 잊기 쉬운데 하나님의 일은 사소한 것들을 소중히 여길 때 큰 은혜를 받을 수 있습니다. 영적 큰 변화는 작은 변화를 쌓아갈 때 얻게 되는 것입니다. 영적 변화와 증거들 하나 하나를 꼼꼼이 기록하는 습관이 있어야 다른 사람을 도울 수 있습니다. 하나님은 대충 대충하는 것을 매우 싫어하십니다. 오늘의 은혜는 내일을 위한 발판이 됩니다. 이 발판이 견고해야 딛고 올라설 수 있는 것이지요. 기억력이 월등하지 않고서는 그 많은 은혜를 어떻게 다 기억할 수 있겠습니까?

다섯째, 시각을 바꾸어야 합니다. 자신만 보아왔던 시각에서 다른 사람을 보는 시각으로 바뀌어야 합니다. 영적 성장은 다른 사람을 배려하고 그들을 섬기려는 마음이 있어야 제대로 이루어집니다. 하나님이 주시는 은혜는 먼저는 자신을 위한 것이지만 그 다음은 지체들을 섬기기 위한 것입니다. 그러므로 남을 생각하는 마음이 있어야 망각에서 벗어날 수 있습니다. 하나님이 이끌지 않으면 우리는 절대로 성장할 수 없습니다. 자신의 유익을 구하지 않고 다른 사람을 배려하는 태도를 취할 때 더 큰 은혜가 임하는 것입니다. 새로운 변화를 위해서 주시는 은혜는 이런 사람에게 임하는 것이지요.

여섯째, 관념에 매이지 말아야 합니다. 고정관념이나 인습은 우리의 행동을 정형화시킵니다. 어떤 틀을 만든다는 점에서 볼 때 정체성을 만들고 자신의 색깔을 확실하게 한다는 장점도 있지만 반대로 새로운 것을 받아들이는데 다소 소극적이고 심하면 강한 거부를 하게 됩니다. 특히 망각은 이런 고정 관념에 기인합니다. 의례 하나님이 자신과 함께 할 것이라는 믿음과 망각과를 제대로 구분하지 못합니다.

예수의 부모가 성전에서 돌아오는 사흘길 동안 아들 예수가 그들을 따라 왔을 것이라는 인습적 믿음은 망각과 같은 것입니다. 우리에게 아주 당연하게 여기는 것이 전혀 사실과 다를 수 있는 경우가 의외로 많습니다. 틀은 견고한 성이 되고 그것은 새로운 것에 대한 높은 장벽이 됩니다. 그러므로 어느 정도 자신의 영역의 일부를 개방하는 용기가 있어야 합니다.

이상과 같은 점들을 극복할 때 우리는 비로소 망각이라는 굴레에서 벗어나 진정한 영적 성장을 이룰 수 있을 것입니다. 하나님의 은혜를 잊으면 우리는 마침내 주님마저도 잊는 최악의 상태에까지 이를 것입니다.

56장 영적변화의 시기를 포착해야 해요

자신에게 다가오는 영적 성장의 기회를 우리는 어떻게 깨닫고 제대로 반응할 수 있을까요? 사람마다 처한 환경과 성향이 다르기 때문에 일률적으로 단정하기란 어려운 일이지만 조금만 마음을 쓰게 되면 그 변화를 읽을 수 있습니다. 처음 주님을 영접한 사람의 경우를 제외하고 이미 신앙생활을 어느 정도 하였지만 영적 성숙이 되지 않아서 답답한 사람의 경우에 이들에게 다가오는 기회는 그리 쉽게 알아차릴 수 없는 경우가 많습니다.

그런 까닭은 그만큼 감각이 무디어져 있기 때문이며 고정관념에 쌓여 변화를 싫어하는 안일함에 젖어들어 있기 때문입니다. 영적 변화는 그것을 갈망할 때 일어납니다. 그러므로 자신의 삶에 무언가 다른 변화를 갈망하는 열정이 일어나야 합니다. 그런데 이런 갈망은 실상 자신의 내부에서 오는 것이 아니라 하나님으로부터 오는 것입니다.

영적 변화의 시기가 되면 주님은 자신의 내면에 새로운 변화를 갈망하는 갈급함을 갖도록 하십니다. 이것이 영적 성숙으로 나아가기 위한 기본 단계입니다. 자신의 내면에서 일어나는 갈급함으로 인해서 무언가 모를 막연한 것을 찾으려고 노력하게 됩니다. 이제까지의 신앙생활을 돌아보게 되고 어딘가 부족한 점을 느끼게 됩니다. 영적 지식이 없어서 그것이 구체적으로 무엇인지는 확실하게 잡을 수는 없더라도 어쨌든 현재의 신앙 태도로는 안 된다는 갈급함이 스며들게 되어 경건서적을 읽게 되고, 기도회를 찾아가게 되고, 보다 나은 영적 지도자를 찾게 됩니다. 이 과정에서 많은 갈등을 경험하게 되지요. 일반성도의 경우 교회에서 주어지는 설교만으로는 도무지 채워지지 않는 갈급함이 있지만 다른 곳을 기웃거리는 것은 담임목사에게 여러 가지로 미안스럽게 여겨지기도 하고 그래서 주저하게도 되고 소심한 사람은 그런 생각이 드는 것을 죄스럽게 여겨 억누르고 맙니다.

영적 갈급은 새로운 것에 눈을 뜨게 하는 변화의 신호이지만 이것을 제대로 이해하고 그에 따른 적절한 조치를 받지 못하는 경우가 일반적입니다. 영적 갈급은 기도에 힘쓰게 만들며 이때의 기도는 더욱 간절해집니다. 갈급함을 가지고 기도하기 시작하면서 겪게 되는 것이 영적 현상입니다. 그러나 이런 현상들을 제대로 소화할 수 있는 영적 지식을 얻을 길이 없을 뿐만 아니라 영적 현상에 대해서 부정적으로 보는 목회자가 많기 때문에 더욱 어려워집니다. 목회자들이 영적 현상을 부정적으로 보는 가장 근본적인 이유는 자신들이 그런 현상을 경험하지 못했거나 이에 대한 지식이 부족하기 때문입니다. 다양한 현상에 대한 구체적이고 세부적인 지식을 갖추지 못한 것이 오늘날의 지도자들의 현실이기 때문에 이에 대해서 경계를 하는 것입니다.

그러나 낯설어 보이는 영적 현상들을 통과하지 않고는 영적 변환은 제대로 이루어질 수 없습니다. 물론 이지적으로 그리스도를 닮아갈 수는 있을 것입니다. 그러나 능력을 통한 주님과의 친밀함을 얻기 위해서는 다양한 영적 경험을 반드시 거쳐야 합니다. "하나님의 나라가 말에 있지 않고 능력에 있다"는 점을 염두에 둔다면 우리는 살아계신 주님을 영적으로 접촉하지 않으면 안 되는 것입니다. 이 영적 경험은 우리의 체질을 변화시키는 중요한 요소입니다. 우리는 이지적으로 어느 정도 변화할 수 있으며, 경건의 훈련을 통해서 우리의 모습이 어느 정도 거룩한 모양을 갖출 수는 있습니다. 이것은 불교의 스님들이 많은 수행을 통해서 인자한 모습을 갖추는 것과 다를 바가 없습니다. 그러나 본성의 변화는 주의 기름부음이 임하지 않으면 불가능합니다.

영적 경험은 우리를 전혀 새로운 피조물로 바꾸는 능력을 지니고 있으므로 우리가 그런 능력 속에 휩싸이기를 주님은 원하시는 것입니다. 우리의 겉모습만 바뀌는 것이 아니라 우리의 체질이 변하기를 원하시기 때문에 강력한 영의 접촉을 이룰 수 있는 기회를 주시는 것입니다. 이것은 말로도 아니요, 오로지 하나님의 능력으로 가능한 것이므로 우리가 그렇게 변화되기 위해서 우리에게 먼저 갈급함을 주시는 것입니다. 변화의 시기에 이르면 누구든지 갈급한 마음이 내면에서 용솟음치게 됩니다. 이 때 이런 변화를 이끌어낼 수 있는 지도자의 도움이 있다면 더욱 확실하게 들어가게 될 것입니다.

물론 혼자도 가능합니다. 그러나 그것은 매우 힘들고 단순하지 않기 때문에 영적 지도자의 도움이 유익합니다. 그런데 우리의 현실은 그런 지도자를 만나기가 그리 쉽지 않습니다. 그러므로 찾으려는 노력도 필요합니다. 영적 경험과 지식이 풍성한 지도자들의 글을 읽고 배워야 합니다. 이 일은 목회자가 해야 하는 일이지만 오늘날의 대부분의 목회자는 죄송한 표현이지만 이런 능력을 갖추지 못했습니다. 그러므로 제자훈련이나 성경공부는 이끌 수 있지만 능력을 이끌어내는 데는 여러 모로 부족한 것이 현실입니다. 영적 경험과 그에 따른 변화에 적절히 대응할 수 있는 가르침을 줄만한 지도자가 별로 없다는 것이 우리의 서글픈 현실이며, 그래서 정말로 본성 자체가 변화하는 그런 영적 변환을 일으키는 일이 드뭅니다.

영적 갈급으로 변화의 시작이 자신에게 다가왔을 경우 당사자는 용기가 필요합니다. 영적 변환은 담대함을 요구합니다. 결단과 시행이라는 남다른 용기가 있어야 합니다. 엘리사에게 엘리야가 다가왔을 때 그는 용기 있는 결단을 했습니다. 그의 삶의 단절을 가져온 결단은 쉬운 일이 아니듯이 우리에게도 역시 쉽지 않은 용기가 필요합니다. 하나님이 자신에게 독특한 영적 변화를 일으키는 일에 있어서 우리는 결단의 시험대 앞에 서는 것입니다.

아무도 걸어간 적이 없는 아주 생소한 길을 갈 수도 있으며, 그것이 자신을 무척 난감하게 만들며, 때로는 공동체에서 배척을 받아 끊길 수도 있습니다. 이것은 바울이 고백한 것과 같은 것인데 주님을 따르려는 삶에는 이런 결단이 필요한 것입니다.

용기가 없으면 주님은 그 사람에게 영적 변화를 일으키지 않습니다. 주의 영은 매우 독특하고 개인적이어서 공동체가 전혀 공유하지 못하는 일도 자신에게 행하게 됩니다. 이는 색다를 뿐만 아니라 다른 사람들에게는 거부감을 줄 수도 있는 것이며, 삶이나 행위 모두가 그렇게 될 수 있다는 것입니다. 그러므로 용기 있는 결단이 필요한데 이런 결단을 할 수 있는 배경에는 무엇보다 주님을 지극히 사랑하는 열정과 믿음이 있어야 합니다. 누가 무어라 해도 자신이 주님을 사랑하기를 목숨보다 더 사랑한다는 확신이 있어야 하며, 하나님 앞에서 늘 진실하게 사는 삶이 바탕에 깔려 있어야 합니다. 바울이 스데반을 죽일 때 그는 누구보다도 하나님을 진실로 사랑했습니다. 그러므로 그는 스데반이 죽는 일은 당연한 일로 받아들였습니다. 이 마음이 주님으로부터 인정을 받았고 전혀 다른 사람으로 변환되는 기회를 얻게 했던 것입니다.

영적 변환을 맞게 되는 사람에게는 용기와 아울러 더 큰 은사를 사모하는 기대감이 있게 됩니다. 영적인 것에 늘 호기심이 있고 더 나은 경험을 사모하며 더 깊은 은혜를 위해서 늘 부러운 눈으로 바라보는 그런 기대가 있게 됩니다. 이해는 하지 못하고 그것에 대한 구체적인 지식은 없더라도 늘 기대하면서 자신에게 그런 변화가 올 것이라는 기대감에 살아가게 됩니다. 이런 소망은 머지않아 영적 변환을 일으키는 동기를 얻게 됩니다. 열정적 기대로 가득차서 늘 주님을 갈망할 때 그 사람에게는 자신의 삶 전체가 송두리째 변환하는 기회가 주어지게 됩니다.

인생역전이라는 말을 세상 사람들이 많이 쓰고 있는데 그리스도 안에서는 누구든지 인생역전이 가능합니다(고후 5:17). 본질적 변환은 오로지 하나님의 능력 안에서만 가능합니다. 이런 변환이 일어난 사람을 하나님은 사용하십니다. 그러나 실제는 주님이 사용하시기 위해서 우리의 삶이 본질적으로 변환되게 하십니다. 그런데 우리는 그 기회를 제대로 깨닫지 못해서 상실하는 경우가 많은 것입니다. 크게 사용되든 적게 사용되든 그것이 중요한 것이 아닙니다. 주님은 적은 일에 사용될 사람이라고 할지라도 그 삶이 전적으로 변환되기를 원하십니다. 하나님이 사용하시는 일꾼은 본질적으로는 동일하기 때문입니다. 한 번 쓰이고 버려질 임시적인 도구는 그런 변환이 필요하지 않습니다. 그러나 하나님의 진정한 일꾼으로 쓰여질 사람에게는 주님의 이름을 위해서 본질적 변환을 요구하십니다. 그래서 주님은 능한 손으로 우리를 새로운 피조물로 바꾸려고 하는 것입니다.

이런 주님의 의도하심이 영적 변환이라는 모습으로 우리에게 다가오며 그것이 때로는 시험의 모습으로 때로는 은혜의 모습으로 오게 됩니다. 그러나 이 과정을 통과해서 정말로 주님의 온전한 도구로 사용되느냐 못되느냐는 우리의 태도에 달려 있습니다. 우리의 결단과 과감한 도전을 통해서 하나님의 나라가 능력으로 드러나게 됩니다. 우리 모두는 세상이 경험하지 못할 뿐만 아니라 줄 수도 없는 그런 능력을 드러내는 도구입니다. 그럼으로써 주의 영광이 우리들을 통해서 나타나는 것입니다. 우리의 생각과는 전혀 다른 방법으로 행하시는 주님의 역사하심을 드러내기 위해서는 우리가 변환을 일으켜야 합니다. 하나님은 그것을 원하기 때문에 우리에게 그런 요구를 하시는 것입니다.

7부 영적 민감성

57장 영적 분위기를 파악할 줄 알아야 해요

성령의 역사가 강하게 나타나는 집회에서 사람들이 쓰러지거나 웃거나 뛰는 모습을 보았을 것입니다. 이런 성령의 기름부음의 외적 증상들을 통해서 우리는 성령의 임재를 확인할 수 있을 것입니다. 성령의 임재를 경험하고 느낄 수 있다는 것은 즐거운 일일 것입니다. 이런 경험이 일상적으로 일어나야 하는 것이지만, 실제로 그렇지 못한 것이 현실입니다.

자주 경험해야 하고 특히 영적 사역을 해야 하는 사역자에게 있어서 성령의 임재가 없이는 사역 자체가 의미가 없을 것입니다. 우리는 극렬한 임재의 경험 이외의 자신도 모르게 임하는 성령의 임재를 느낄 수 있어야 할 것입니다. "바람이 임의로 불어 어디서 와서 어디로 가는지 모르듯이" 성령의 임재는 때로는 우리가 전혀 의식할 수 없는 미세한 느낌으로 우리에게 다가왔다가는 사라지기도 합니다.

예민하지 않으면 잘 느낄 수 없는 강도 1 정도의 경미한 지진은 발생해도 대부분의 사람들이 알아채지 못하는 것처럼, 의식하지 않으면 잘 느낄 수 없는 그런 미묘한 임재가 일상적으로 일어나는 것입니다. 영적 임재를 자주 경험할 수 있기 위해서는 감각적으로 예민해야 합니다. 그러기 위해서는 정신을 집중할 필요가 있습니다. 기도할 때 우리의 태도는 주의 임재에 대한 기대가 우선 있어야 합니다. 기도는 어떤 주체에 의해서 다루어지는 영의 작용이라는 점을 안다면 영적 주체가 바뀌는 것을 기대하고 느낄 수 있어야 합니다. 영적 실체가 기도를 주관하게 되면 그 주체에 따른 영적 환경이 변하게 됩니다. 이 변화를 제대로 인식하기 위해서는 감각적으로 예민할 필요가 있습니다.

영적 변화는 이것을 처음 경험하는 사람들에게는 일종의 자연현상처럼 느껴질 수 있습니다. 몸이 따스해질 경우 실내온도가 높아서 그렇다고 여길 수 있습니다. 밝은 빛을 볼 때 때로는 전등불 때문이라고 생각할 수도 있습니다. 몸의 접촉을 느꼈을 때 무언가가 자신을 스치고 지나갔다고 생각할 수 있습니다. 몸이 나른해지면 피곤해서 잠이 든 것이라고 생각하기 쉽습니다.

우리는 영적 변화를 경험할 때 이런 저런 이유를 들어서 그것을 자연적인 현상의 일종으로 여기려는 불신앙을 우선 가지기 쉽습니다. 미묘한 변화는 심리적으로 안정이 되지 못해서 그런 것이 아닌가 하고 의심하게 되며, 너무 생각에 골몰해서 그렇게 느끼는 것이 아닌가 하고 의심하기도 합니다.

진동하고 소름이 끼치고 어지럽고 메스껍고 밝고 환하며, 여러 가지 색상이 보이며, 바람 소리가 들리며, 바람결이 이리 저리 휘감아 가는 것과 같은 분위기를 느끼며, 온화하고 따스한 분위기에 빠져 들며, 몸이 나른해져서 잠결에 빠지며, 말로 표현할 수 없는 행복감에 휘말립니다. 이런 영적 분위기는 영의 주체의 임재에 의해서 우리 영이 느끼는 것을 몸으로 전달해주어 우리가 느끼는 감각인 것입니다. 영의 존재를 우리 영이 파악하면 그 신호를 다양하게 우리에게 전달해 주는 것입니다. 감각적으로 전달되기도 하지만 이성적으로 생각이 스며들기도 합니다. 우뇌의 기능이 강한 사람은 감각적으로 느끼며, 좌뇌가 발달한 사람은 생각이 떠오르게 됩니다.

이 두 가지 수단은 우리가 영적 주체와 접촉했을 때 그것을 인식할 수 있게 하기 위한 영의 신호입니다. 이 신호의 의미를 제대로 파악할 수 있기 위해서 우리는 많은 노력을 해야 합니다. 영의 신호는 우리의 영이 자신에게 보내는 것으로써 일종의 영의 언어인 것입니다. 이 언어를 이해할 수 있기 위해서는 많은 경험이 필요하고, 그런 현상을 현실적인 증거를 통해서 이해할 수 있어야 하며, 기억해둘 필요가 있습니다. 다양한 영적 신호를 파악하고 기억하는 일은 중요합니다.

기도할 때 우리는 막연하게 무언가를 주님에게 보고하는 것처럼, 일사천리로 할 말만 하고 끝내는 초보적인 기도 태도는 버려야 할 것입니다. 기도는 영의 주체로부터 오는 신호를 우리가 받아서 그 의미를 깨달아 반응하는 일종의 의사전달 통로입니다. 이것을 '쌍방향 기도' 또는 '대화식 기도'라고도 부르는 것인데, 기도의 대화는 이런 다양한 영적 신호를 이해할 때 더 구체적으로 이루어질 수 있는 것입니다.

기도할 때 우리가 취할 태도는 기다림입니다. 자신이 해야 할 기도를 다 했다면 그 다음은 영으로부터 오는 신호를 기다릴 필요가 있습니다. 영적 기도에 익숙해지면 기도하는 중에 오는 영의 신호를 파악하고, 그 신호에 따라서 대응할 수 있을 것입니다. 하고자 하는 말을 하는 중에 방언으로 바뀌어 버립니다.

그러면 방언으로 기도하기 시작하며, 방언을 할 수 없는 사람은 기도의 주체가 바뀌면 자신이 의도하지 않은 내용을 기도하기 시작합니다. 이런 경우 미묘하지만 영적인 분위기가 바뀌는 것을 느낄 수 있어야 합니다. 대부분의 경우 분위기의 반전은 마음에서부터 일어납니다. 이는 주의 제자들이 엠마오로 내려갈 때 길에서 낯선 사람을 만나 이야기를 나누게 되는 경우에서처럼, 그때 그들의 마음은 알 수 없는 힘으로 인해서 뜨거워졌습니다(눅 24:32).

그들은 가슴이 뜨거워지는 그 당시에는 그것이 무엇을 의미하는지를 알지 못했습니다. 그러나 그들의 눈이 밝아져서 그 낯선 행인이 예수임을 알게 됩니다. 그러자 예수는 그 즉시 사라지고 그들은 가슴이 뜨거워졌던 이유를 알게 되었습니다. 이처럼 어떤 영적 주체와 접촉하게 되면 우리 몸은 감각적으로 그 사실을 느끼게 됩니다. 동행하면서도 주의 제자들이 전혀 눈치를 채지 못한 것은 그런 변화에 대한 의식이 없었기 때문입니다. 우리 역시 마찬가지일 것입니다. 영적 변화에 대한 지식이 없거나 그것을 알고자 하지 않기 때문에 우리는 많은 신호를 그냥 흘려보냈습니다.

우리가 기도할 때 영의 임재를 느낄 수 있어야 할 것입니다. 왜냐하면 기도는 인간의 독백이 아니라 영의 주체에 의한 접촉이 일어나는 현장이기 때문입니다. 우리가 기도할 때 우리 곁에는 다양한 영적 존재들이 임하게 되는 것이 당연합니다.

예수께서 겟세마네에서 기도할 때 천사들이 그 기도를 도왔습니다(눅 22:43). 고넬료가 환상 중에 밝히 볼 때에 천사가 그에게 다가와서 말을 합니다. 그는 이 광경에 놀라서 두려워 "주여 무슨 일입니까?"라고 질문합니다(행 10:4). 그는 자신에게 다가온 천사를 주님으로 착각했듯이 우리는 영의 주체를 경험할 때 그 대부분을 성령이라고 단순하게 생각하지만 그렇지 않은 경우가 더 많습니다. 천사들이 방문했을 때 사람들은 대부분이 그들을 주님으로 착각하고 경배하려고 했습니다. 천사들은 그런 행위를 만류했습니다. 이와 같이 우리들은 영적 감흥이나 어떤 임재를 경험할 때 단순히 성령의 역사로만 이해하지만 실제로 대부분이 천사의 영의 작용입니다.

사도행전에서 나타나는 주의 제자들이 겪는 영적 경험 대부분은 천사들과 관련이 있습니다. 주의 환상이라고 표현한 것 역시 천사의 방문입니다. 이처럼 우리가 기도할 때 주로 경험하는 영적 감흥의 경우에도 대부분이 천사의 방문이라고 볼 수 있을 것입니다. 일상적으로 경험하는 영적 감동은 미미합니다. 그래서 우리는 이런 현상을 제대로 느끼지 못하면서 기도합니다. 그렇기 때문에 기도가 자신만의 독백처럼 느끼며, 별로 감격스러워하지 못하는 것입니다. 그러나 조금만 신경을 써서 기도한다면 기도 중에 임하는 영적 존재를 느낄 수 있을 것입니다.

평범한 신앙생활을 하는 대부분의 성도들은 그런 경험이 무슨 의미가 있겠는가? 라는 질문을 할 것입니다. 그러나 주님과의 영적 만남의 경험은 우리의 삶을 새롭게 해줄 뿐만 아니라 생명력을 부어줍니다. 정말로 활력 있고 경건한 삶을 살기 위해서는 영적 경험이 중요합니다. 할 수 없는 일을 할 수 있게 하는 힘을 줍니다. 신령한 은혜와 계시를 통해서 우리는 세상에서 빛과 소금이 되는 것입니다. 기도는 하나님의 영을 직접 경험하는 수단입니다. 다양한 신호와 암호로 구성되어 있는 영의 접촉을 제대로 이해할 때 우리는 날마다 주를 경험하게 되는 즐거움을 맛볼 수 있을 것입니다.

반대로 악한 영의 역사를 알아차리고 성령으로 기도하며 자신의 영을 지키게 될 것입니다. 예수를 믿고 성령으로 거듭난 크리스천이 영적인 분위기를 알아차리는 것은 무엇보다도 중요합니다. 자신의 귀중한 영을 지킬 수가 있기 때문입니다. 사람들이 모이는 모든 곳은 각각 사람들이 추구하는 영의 성향에 따라 영적인 역사가 일어나기 때문입니다. 영적인 분별력이 없이 아무 곳에나 가서 마음을 풀어놓으면 그곳에 역사하는 영의 영향을 받아올 수가 있습니다. 영적분위기를 파악하는 능력을 길러야 합니다.

58장 영적실체를 느끼고 알아야 해요

영적 세계에는 다양한 영적 실체가 존재합니다. 천사들이 다양한 직능과 직급이 있듯이 사단의 무리들도 역시 그와 같은 계급과 직급을 지니고 있습니다. 이들 두 집단은 원래는 한 집단이었으며 모든 역할을 동일하게 수행하던 천상의 영적 존재였으나 일부가 타락함으로써 낙원에서 추방되어 공중으로 쫓겨 나왔고 우리를 위협하는 존재로 변질되었습니다. 동일한 속성을 지닌 이 두 그룹의 영적 존재는 한 무리는 우리를 돕는 하나님의 편이며, 한 무리는 우리를 해하고 넘어지게 하는 사단의 편입니다.

이 두 영적 존재를 우리가 인식하는 방법은 다양한 단계를 통해서 알 수 있게 됩니다. 가장 먼저 지식을 통해서 알게 됩니다. 성경과 그리고 이와 같은 글을 통해서 그 존재와 실체에 대해서 알게 되지만 이는 지식일 뿐입니다. 지식으로 아는 것은 영적 세계의 질서와 그 역할들에 대해서 이해의 폭을 넓힐 수 있으며 장차 실체를 접촉할 때 매우 유용한 역할을 하게 됩니다.

성경의 많은 부분이 그렇듯이 이 천상의 실체에 대한 지식도 한계를 가지고 있습니다. 특히 상위 계급은 우리가 원천적으로 접촉할 수 없는 무리들이므로 성경이 제시하는 범위를 벗어날 수 없습니다. 우리의 육체로는 전혀 접촉할 수 없는 '스랍'과 '그룹'과 '보좌'들은 알 수 없는 신비입니다.

우리가 접촉할 수 있는 중간단계와 하위 단계의 천사들과 그에 맞먹는 마귀와 귀신들에 대해서 우리는 영적인 감각으로 접촉하여 그 실체를 알 수 있습니다. 우리의 영이 살아나고 힘을 얻어가면서 자연스럽게 이 영들과 접촉하게 됩니다. 모든 그리스도인들은 예외 없이 이 영의 실존과 마주치게 되지만 많은 사람들이 이 사실에 대한 이해가 부족해서 그냥 지나치는 경우가 많이 있다고 봅니다. 지식으로 만나는 실존이 아닌 영으로 만나는 첫 단계는 영의 실존에 대한 감각적인 느낌을 얻게 됩니다.

처음에는 주로 기도하는 중에 그 실체와 접촉하게 되는데 천사는 물론이거니와 악령은 거의 없는 곳이 없을 정도입니다. 우리에게는 '수호천사'가 늘 우리를 지키며 우리의 행동을 눈여겨 봅니다. 우리의 모든 행동을 감찰하여 하나님에게 보고하는 이들이 있기에 우리의 행위는 모두 생명책에 기록되는 것이며, 이를 증거할 보증으로서 천사가 있는 것입니다.

이 수호천사를 비롯해서 특별히 하나님으로부터 주어진 명령을 시행하기 위해서 우리 곁에 다가오는 천사들이 있습니다. 이들에 대한 우리 영의 반응을 우리는 자각할 수 있게 되는데 그 첫 증상이 느낌으로 오는 것입니다. 영의 실존에 대한 깊은 이해가 부족한 단계에서 우리가 느끼는 감각적 이해는 무언가 자신의 주변에 다가와 있다는 알 수 없는 느낌을 받게 되는 것입니다. 우리를 돕는 천사에 대한 우리 영의 느낌은 평안입니다. 그 영적 실체에 대해서 구체적으로 알지 못하는 단계에 있는 우리들에게 다가오는 느낌은 평안과 밝은 인상이지만 악한 영이 곁에 다가

오면 우리가 받는 느낌은 불안과 두려움입니다. 섬짓하고 으스스 하는 영적 느낌을 계속 받게 되고 그 실체가 어둡다는 느낌을 받게 됩니다.

자신의 주변에 어떤 영적 존재가 다가와 있음을 느낌으로만 느끼는 단계는 오랫동안 계속되며 필요에 따라서 이 느낌은 언제라도 받을 수 있는 것입니다. 이런 단계는 초보는 물론이거니와 영적 사역을 오래한 사람에게도 언제든지 나타나는 증상인데 이 경험이 누적되면서 그 실체로부터 오는 미묘한 느낌의 차이를 잘 파악할 수 있게 됩니다. 다음 단계는 그 영적 실체로부터 오는 영력(spiritual power)을 직접 느끼는 단계입니다. 이는 주님이 허락하는 사람들에게만 느껴지는 현상인데 특히 영적 분별력을 필요로 하는 직무에 쓰임을 받는 사람들에게 적용됩니다. 선지자를 비롯해서 축사하는 은사가 있거나 영적 전쟁을 해야 하는 선교사들에게 주어지는 것입니다.

자신에게 다가온 영적 존재로부터 강력한 영적 힘이 몸으로 느껴지거나 그 힘이 육신을 파고듭니다. 천사의 경우 우리의 힘을 돕는 천사인 '권세'와 '덕풍'의 경우에 이들은 기도에 힘을 불어넣고, 영적 사역에 필요한 힘을 공급해줍니다. 다양한 은사를 감당할 수 있는 영적 힘을 이들이 불어넣어 주는데 특히 영적 에너지를 많이 사용하는 신유와 축사의 경우에 이들이 힘을 불어넣어주는 것을 느끼게 됩니다. 이 사역을 행하는 사람들은 천사들이 자신을 돕도록 하나님에게 구해야 하며, 이들이 자신에게 다가와 힘을 불어넣어주는 것을 경험하게 됩니다. 영적 실체가 자신의 곁에서 다가오는 느낌을 생생하게 감지할 수 있게 되고, 그로부터 강한 힘이 자신의 몸속으로 스며드는 것을 느끼게 됩니다. 이들이 힘을 불어넣어주면 속에서부터 강하고 든든한 힘이 솟구치면서 전혀 힘이 들지 않고 쉽게 사역을 감당하게 됩니다. 이들이 다가와 기도를 돕는 경우 기도는 힘을 얻게 되고, 지루하지 않고 어렵지 않게 장시간의 기도를 할 수 있게 됩니다.

악한 영이 다가와 자신에게 나쁜 영향을 줄 경우에도 역시 우리는 느낌으로 알 수 있게 됩니다. 이들은 우리에게서 힘을 빼앗아갑니다. 갑자기 기도하고 싶은 생각이 사라지며, 급속히 감정이 냉각되고, 힘이 쭉 빠져나가는 것을 느낍니다. 소름이 끼치고 역한 냄새가 납니다. 나쁜 감정이 들어오면서 자신의 의지와는 다른 감정적 분위기에 휘말리게 됩니다. 이런 영적 존재가 실존하는 것을 육안으로 인식하는 단계가 그 다음입니다.

흔히 영안이 열린다고 말하는 것인데 영적 시각이 열려서 다가와 있는 실체를 실물처럼 볼 수 있게 됩니다. 이런 능력은 일부 영적 사역을 하는 사람들에게 주어지는 것인데, 특히 영적 분별이 필요한 축사자들이나 예언적 중보 기도자들이나 영적 전투를 하는 사람들에게 주어지는 능력입니다. 엘리사가 그 종의 눈을 열어 하늘을 보게 하자 게하시는 하늘의 군대를 볼 수 있었습니다. 이와 같이 영적 눈을 떠서 볼 수 있도록 하는 특별한 능력이 있는 사람들도 있습니다.

선견자의 직무를 가진 사람에게는 천사의 다양한 존재들을 육안으로 볼 수 있을 뿐만 아니라 필요에 따라서는 일반적인 사람들에게 영안을 열어서 볼 수 있도록 도울 수도 있습니다. 영안이 열려 천사를 보게 되는 경우 느낌으로만 알았던 그 존재를 직접 볼 수 있다는 것은 매우 충격적입니다. 그러나 이런 직접적 접촉이 있기 전에 우리들은 꿈과 환상을 통해서 영적 존재를 먼저 경험하게 됩니다.

주로 꿈을 통해서 이 두 그룹의 영적 실존과 마주치게 됨으로써 실체와 접촉할 때 오는 충격을 완화하게 됩니다. 이들 두 존재는 영적 존재이므로 실체를 가지지 않습니다. 이들이 우리 영안에 들어오는 것은 이미지일 뿐인데 그 이미지란 우리가 지니고 있는 지식에 의해서 형성되는 것입니다. 그러므로 각 사람이 보는 대상은 다를 수 있는 것입니다. 우리 각 사람이 지니는 지식과 정보를 가지고 이미지화 하는 것이기 때문에 그렇습니다.

영적 실체와의 대화는 이미 귀신들린 사람들로부터 잘 알려져 있습니다. 귀신과의 대화는 많은 속임수가 깔려 있듯이 악령과의 대화는 이런 위험을 지니고 있습니다. 천사와의 대화는 다양한 계시를 이끌어내며 하나님의 뜻을 전해 듣게 됩니다. 천상의 존재와의 대화는 높은 차원의 영적 성숙을 필요로 할 뿐만 아니라, 성숙한 사역자에게 가능한 일입니다. 그러나 이런 경험을 얻기에 앞서서 우리는 이미 꿈을 통해서 이런 경험을 간접적으로 지속적으로 합니다. 다만 그것을 제대로 이해할 수 있는 지식이 부족할 뿐입니다.

특별히 이런 직접적 대화가 가능한 위치에 있는 사람은 선지자를 비롯해서 능력 행하는 자들과 중보적 예언자들입니다. 이들 가운데 일부가 가능한 일인데 구약의 선지자들 중에 천사와 접촉해서 그들로부터 계시를 얻은 기록들을 봅니다. 특별히 선견자에 해당하는 에스겔을 비롯해서 아모스 등이 그런 사람들입니다. 영적 실체와 대화가 가능한 일부 사람의 경우에도 그 영들을 실제로 보면서 대화하는 경우는 드뭅니다. 감각으로 느끼면서 깊은 영적 분위기를 통해서 그 의미하는 바를 전달 받는 수준에 머무는 경우가 더 많고 이것이 일반적입니다.

직접 대화가 가능한 경우에도 비몽사몽간에 영적 존재와 대화하는 경우가 많습니다. 바울이 큰 풍랑을 만났을 경우 뱃전에 주의 천사가 나타나 바울에게 두려워말라고 말하고 아무도 다치지 않을 것이라는 말을 전해줍니다. 이 경우 바울이 만나고 본 천사는 아주 평범한 모습이었고 그 대화를 통해서 힘을 얻었습니다. 베드로의 옥문을 열어주고 그를 옥에서 이끌어낸 천사는 실존하는 사람과 전혀 구분이 되지 않았습니다. 거리에 나와 제 정신이 들었을 때는 이미 천사는 사라진 뒤였습니다. 이처럼 비몽사몽(trance)의 상태에서 대화가 이루어집니다.

59장 영적실체와 접촉을 느껴야 해요

사람은 영적 존재로 창조되었지만 죄로 인해서 영이 죽었던 것을 예수를 믿음으로써 영이 다시 살아나게 되어 영적인 존재로 회복되는 것입니다. 그러므로 우리는 육신을 가진 영적 존재인데 현실에서는 여전히 육신이 모든 것을 주관하게 됩니다. 이 육신의 법칙을 제한하고 영의 법칙을 따라감으로써 우리는 더 많은 영적 경험을 하게 되며, 영의 작용들을 깨닫게 되는 것입니다. 그렇게 되면 우리는 영의 세계를 접촉하게 되고, 그 세계에 있는 존재들에 대한 실질적인 성향을 경험하게 되는 것입니다. 하나님의 세계는 영의 세계이므로 육신으로는 절대로 경험할 수 없는 것입니다. 오로지 영으로만 가능한 것입니다. 우리는 육신으로 살아가는 존재이므로 어쩔 수 없이 영적인 세력들을 통해서 그 세계를 깨닫게 됩니다. 육신적인 삶을 우리 뜻대로 살 것이 아니라, 하나님의 뜻대로 살아야 하므로 성경이 우리에게 주어진 것입니다. 그러므로 성경은 하나님의 모형이며, 이를 통해서 영의 실제를 깨닫는 길을 발견하게 되는 것입니다.

우리는 육신으로 하나님을 아는 길인 성경뿐만 아니라, 영으로 하나님을 아는 길인 영적 체험이 있습니다. 이 둘은 본질적으로 하나의 길이며, 서로 보완적이기 때문에 어느 한 쪽도 소홀히 할 수 없는 것입니다. 영으로 하나님을 만나는 우리의 육신적 기능은 우리 안에 있는 영입니다. 우리의 영을 통해서 외부의 영적 존재를 경험하게 되며, 이는 바로 우리의 마음에 느낌으로 전달되며, 이것을 우리의 뇌가 인식하여 깨닫게 되는 것입니다. 이런 일련의 과정을 통해서 우리는 영적 존재의 접촉을 알 수 있는데 천사와 악령을 깨닫게 됩니다. 영이 접촉한 세계에 대해서 우리 몸의 어떤 부분을 자극하여 인식하게 하는 것은 영의 선택사항이며, 우리의 의지와는 상관이 없는 것입니다. 영은 우리의 오관이라는 감각기관을 통해서 전달하고 그것을 뇌가 인식하는 것입니다. 따라서 느낌이라는 수단으로 우리는 영적 존재를 파악하게 됩니다.

영의 존재는 이미지를 지니지 않는 실존적 존재입니다. 그리고 그 힘을 지니고 있으며, 그 힘은 물리적인 것은 아니며, 따라서 자연계에 존재하는 힘(energy)과는 다른 것입니다. 그러면서도 그 효과는 동일하기 때문에 우리는 그것을 몸으로 느낄 수 있는 것입니다. 오래전부터 세상 사람들은 그 힘을 '기(氣)'라는 말로 표현했습니다. 이 힘은 작용으로 보아야 할 것입니다.

영의 작용으로서의 힘은 그 존재가 지니는 고유한 에너지인데 우리는 그 흐름을 감각적으로 느낄 수 있게 되며, 때로는 영적 안목으로 볼 수도 있는 것입니다. 즉 영이 우리의 오관 중 어떤 부분을 사용해서 우리에게 인식하게 하느냐에 따라서 때로는 영상으로 때로는 느낌으로 때로는 후각으로 미각으로 촉각으로 감지하게 됩니다.

베드로는 감옥에서 깊이 잠들었을 때 천사가 흔들어 깨우는 느낌을 받았습니다. 이것은 촉각을 통해서 인식하게 된 것인데 시각과 촉각을 통해서 현실과 동일하게 느끼는 것입니다. 그 감각이 너무도 강렬하면 실제와 구분이 되지 않으며, 그 사실이 현실인지 꿈인지 구분이 되지 않는 것입니다. 베드로가 천사의 방문을 인식하는 기구는 시각과 촉각이었습니다. 이 기능은 천사를 인식하게 하는데 중요한 기여를 하지만, 보다 중요한 것은 천사를 통해서 말씀을 듣고 도움을 받아 옥에서 풀려났다는 사실입니다.

성경은 우리에게 천사가 도와 어려운 고비를 극복하게 하시는 내용들을 소개합니다. 바울은 거친 풍랑 속에서 거의 살 소망이 없게 되었습니다. 당황한 선원들은 죄수들이 난동할까 두려워서 그들을 죽이자고 의논합니다. 그 때 예수의 영이 고물에 나타납니다. 이 모습을 본 바울은 그 형상을 주목했고 그를 통해서 말씀을 듣게 되어 담대함을 갖게 되고, 사람들 앞에서 격려와 위안의 말을 하게 되어 결국 모두를 안전하게 구원하게 됩니다.

천사를 만나고 악령을 발견하는 일은 그 자체로 의미가 있지만, 그에 따라서 오는 하나님의 말씀과 성령의 권능으로 악령의 방해를 제거할 수 있다는 것이 보다 중요한 것입니다. 우리는 보는 것이 가장 중요한 확증 수단이 됩니다. 모든 일에 있어서 듣는 것보다도 보는 것이 실제적이고 확실합니다. 그러므로 범죄행위에서 목격만큼 더 좋은 증거는 없습니다. 그러므로 보는 것이 중요하며, 보게 되면 관심이 가게 됩니다. 모세가 떨기나무를 봄으로써 하나님에게 이끌렸습니다. 사람들이 기적을 봄으로써 예수께 이끌렸습니다. 하나님은 우리의 영적 관심을 불러일으키는데 감각 이상 더 좋은 도구가 없다는 사실을 우리에게 인식시키기 위해서 이런 작용을 행하시는 것입니다.

영의 작용은 오관을 통해서 지각하게 하시는 것이 원칙이지만, 우리는 이 사실을 제대로 알지 못하기 때문에 초기부터 빗나가기 쉽습니다. 사람마다 다양한 영성을 가지고 있고 그것이 주의 일에 헌신하게 되는 다양성이며, 이것을 통해서 다른 사람들과 연합하고 보조하여 하나님의 일을 이루어내게 하시기 위한 것입니다. 따라서 영의 감각은 이런 면에서 서로 다르게 나타날 수 있는 것입니다. 오감 중 어떤 부분이 특히 강한 사람은 주로 그 부분을 통해서 인식하게 됩니다. 영적 접촉은 오감을 통해서 우리의 뇌에 전달되어 이것을 인식하게 되는 점이 원칙이며, 그래서 영적 접촉은 우리의 감각 수단을 통한다는 사실을 인정하는 것으로부터 시작합니다. 오로지 지식으로만 하나님을 알고자하는 독단적인 생각에서 마음을 열고 개방하여 영의 접촉을 기대하십시오. 다양한 방법으로 영을 접촉할 수 있다는 점에 대해서 안다면 우리는 오감을 다 동원해서 영의 접촉을 기대하는 것이 바람직합니다.

영의 실존적 접촉은 영의 존재의 다양성만큼이나 다양합니다. 온화하고 부드러운 느낌부터 시작해서 소름이 끼치고 혐오감이 드는 느낌까지 많은 차이가 있는데 이를 통해서 천사의 임재와 악령의 접근을 깨달을 수 있습니다. 오감 가운데 시각을 통해서 인지하게 될 경우 주님은 우리의 상식을 동원해서 이미지를 형성합니다. 천사는 자주 인간의 모습으로 나타나며, 때로는 빛으로 때로는 이상한 동물의 형상으로 나타납니다. 때로는 사람과 불이 동시에 나타나기도 합니다. 아주 낯익은 사람의 모습으로 접근하기도 합니다. 악령은 소름끼치는 전율로 느껴지며 악한 냄새를 동반하기도 하며, 온 몸에 닭살이 돋는 것과 같은 기분 나쁜 전율을 느끼고 소름이 끼칩니다. 그런 까닭에 악령의 접근은 불쾌해지고 그런 경험 자체가 싫어집니다.

영적 실체와의 물리적인 접촉을 통해서 존재를 파악하는 기능이 개발되었다면, 다음에 기대할 수 있는 것은 청각으로 오는 이미지입니다. 천사를 통해서 말씀을 듣는 것은 흔한 일은 아니지만 예언자에게는 보편적인 일이기도 합니다. 악령 또한 청각을 사용하는데 귀신 들리지 않아도 그 소리를 들을 수 있습니다. 유혹하는 소리, 시험하는 소리, 속이는 소리 등 우리는 하나님의 음성을 듣게 되면서 어느 때부터 이 마귀의 소리도 듣게 됩니다. 이런 경험들은 영적 실체를 파악하게 하기 위해서 주어지는 허락된 경험들이며, 이를 통해서 영을 분별하는 능력을 기르게 됩니다. 분별의 최후 수단은 기록된 말씀이지만 그러나 실제적이고 상황적인 분별은 이런 영적 경험을 통해서 얻은 지식이 더 유용합니다. 즉 귀신을 쫓는 일에 있어서 그 존재를 알아내는 일은 성경 지식으로 하는 것이 아니라 바로 영의 감각으로 하는 것이며, 그 후 내어 쫓을 때까지 모든 절차 역시 영적 경험을 통해서 얻은 지식들에 기반을 두는 것입니다.

영적 접촉은 실용적인 것을 위해서 우리에게 주어지는 능력입니다. 어떤 분들은 실용적으로 사용하는 것은 바람직하지 못하다고 주장하지만, 모든 일은 실용을 우선하지 않으면 아무런 의미가 없습니다. 우리가 예수를 믿는 것 역시 실용에 근거합니다. 우리의 최종 목표인 천국에 들어가는 실제적인 기대가 없다면 다 헛된 일이며, 하늘나라의 상급이 없다면 우리의 헌신은 의미가 없는 것입니다. 모든 것은 반대급부가 있는 것이며, 그것을 바라는 것이 우리들의 본성입니다. 따라서 모든 영적 접촉은 반드시 실용을 전제로 하는 것이며, 이를 통해서 우리의 영적 삶에 유익을 얻어야 합니다. 그렇지 못하다면 아무런 의미가 없는 것입니다. 실제적 접촉은 실질적 유익을 가져다주는 것이며, 이를 통해서 더 나은 것을 취하고자 하는 열심이 생기는 것입니다.

영의 실제적 접촉은 아주 미미하게 시작됩니다. 우선 꿈과 환상을 통해서 시작되며, 이것이 이어서 감각적 접촉으로 이어지며, 이런 경험들이 쌓여 영을 인식하기 시작하면 '계시의 영'과 '예언의 영'이 임해서 우리에게 하나님의 뜻을 전해주게 됩니다. 이런 일을 경험함으로써 자신이 해야 할 일을 알게 되고, 그 영적 존재들로부터 다양한 도움을 받을 수 있게 되는데 이 모든 일이 아주 미미한 경험으로부터 시작한다는 사실을 소홀히 해서는 안 됩니다.

60장 영적 지식의 폭을 넓혀야 해요

사역자들이 어느날 느닷없이 주님으로부터 능력을 받아서 사역하는 것이 아닙니다. 하나님의 면밀하신 계획과 섭리 가운데 시기가 되어 불러내시고 은사를 주십니다. 그것을 받았다고 해서 다 된 것이 아니라, 많은 세월동안 여러 모로 시험과 훈련을 통해서 비로소 한 사람의 능력 사역자로 우리 앞에 나서게 되는 것입니다.

영적인 문제에 대한 지식을 가지고 항상 자신을 돌아보아야 합니다. 육신이 병들면 갈 병원도 의사도 많지만, 영이 병들면 사실 많은 사역자들이 주변에 있으면서도 자신을 고칠 수 있는 전문 사역자가 그리 많지 않다는 것을 절실히 느끼게 되어 당황하게 됩니다. 저에게 오는 사람들을 보면 그런 사실을 분명하게 확인하게 됩니다. 병을 조기에 발견하면 쉽게 고칠 수 있는데 치료시기를 놓치면 의사는 천지에 널려 있지만, 자신의 병을 고칠 실력 있는 의사를 만나는 것이 하늘에서 별 따기 만큼이나 어려운 문제라는 사실을 절감하게 되는 것과 흡사합니다. 문제를 가지고 10년 이상씩 고통을 당하다가 해결 받는 경우도 적지 않습니다. 그 기간 동안 가정은 그야말로 황폐해지고 가족들은 그늘진 삶을 살게 되어 삶에 지치고 찌들어 웃음이 사라져 버립니다.

여기에는 직분이나 지위가 상관없습니다. 장로, 권사, 집사는 물론 심지어 목회자 가정마저 이와 같은 심각한 문제로 가정이 거의 파탄 직전에 이르러 있습니다. 그분들이 이런 문제를 해결하려고 시도해보지 않은 것이 없을 정도입니다. 그럼에도 불구하고 문제의 해결 실마리를 전혀 찾지 못한 것입니다. 그만큼 영적인 문제를 해결하기란 쉽지 않다는 사실입니다. 단순히 한 가지 문제만이 있는 것이 아니라, 여러 가지가 복잡하게 얽혔을 때 문제 해결을 위한 방법을 선택하는 실마리를 찾기가 상당히 어렵기 때문입니다.

여러 가지 병이 겹치면 이 약은 이 병에는 좋지만 저 병에는 나쁜 영향을 주기 때문에 약물 투여도 할 수 없는 경우 의사는 심각하게 고민할 수밖에 없는 이치와 같습니다. 이렇게 문제가 심각해지는 것은 영적인 무지로 인해서 문제를 자꾸 키워온 것입니다. 문제를 해결하겠다는 방법이 하나님의 뜻에 어긋나고 그래서 자꾸 문제를 키우게 된 것입니다. 영적 지식이 무지하여 소경 코끼리 다리 만지는 식으로 적당하게 문제를 다루다 보면 이렇게 심각한 지경에 이르는 경우가 많습니다.

지금 당장에는 자신에게 별로 유익하지 않고 필요도 많지 않다고 해서 건성으로 무시하지 마십시오. 영에 대한 이해의 폭을 넓히는 계기가 되기를 바랍니다. 그리고 주변에 이런 어려운 문제로 고민하고 갈등하는 분들에게 도움이 되어주기를 바랍니다. 물론 심각한 병중에 있는 경우는 전문 사역자의 도움을 받도록 해야 합니다. 육체의 질병은 의사의 도움을 받습니다. 마찬가지입니다. 영적 질병은 능력 사역자의 도움을 받아야 합니다. 이것을 부끄럽게 여기지 마십시오.

병원에 가서 의사의 진단을 받을 때 부끄러워합니까? 물론 자신이 건강관리를 제대로 하지 못한 점은 부끄럽지만, 그것이 그렇게 수치스럽거나 자존심 상하는 문제는 아닙니다. 영적 질병도 마찬가지입니다. 전문 사역자의 도움을 받아서 고침을 받고, 그리고 그런 부분에 대해서 지식을 얻어 다시는 그런 실수를 하지 않으면 되지 않습니까? 영적 상담을 받는 것을 마치 자존심이 상하거나 수치스러운 일로 여기는 어리석음을 떨치기 바랍니다. 목회자도 영적으로 병들 수 있습니다.

목회자라고 해서 영적인 문제에는 자신 있다고 생각하지 마십시오. 같은 의사라도 병들면 다른 의사의 도움을 받아야 합니다. 자신이 전문하지 않는 부분의 병은 자신이 다룰 수 없듯이 목회자도 그렇습니다. 고집 부려보았자 자기만 손해입니다. 성도들이 주일마다 교회에서 목회자의 말씀을 듣습니다. 그렇게 하는 까닭은 믿음을 기르기 위해서입니다. 그런데 능력 사역자에게 자주 가서 자신의 영적 상태를 점검하는 일을 마치 잘못된 것처럼 비난하는 까닭이 도대체 무엇입니까? 믿음을 키우기 위해서 목회자의 말씀을 듣는 것은 올바르고, 영적 상태를 점검하기 위해서 능력 사역자의 도움을 받는 것은 잘못된 일이라는 말씀에 증거가 있습니까? 도움을 받아서 빨리 치유하는 것이 중요합니다. 성령치유를 전문으로 하는 교회와 자신의 교회와 양다리 걸치지 말아야 합니다.

이는 마치 교사가 학생들은 학교에서 공부만 하면 되지 의사한테 갈 필요가 없다고 가르치는 것과 다를 바가 없습니다. 학교에도 생물선생님이 있으니까 다른 데 가지 말라고 하는 말과 다를 바가 없는 것입니다. 능력 사역자는 성도들을 잘못 인도한다는 편견이 있습니다. 사람의 실수를 빙자해서 하나님의 하시는 일을 제한하지는 말아야합니다.

목사가 실수한다고 해서 교회에 가지 말라는 말과 같지 않습니까? 이런 태도를 취하는 근본적인 것은 영역 싸움에 기인합니다. 말씀 사역자와 능력 사역자가 서로 협력하는 기본이 자리잡지 못한 한국교회는 이들 두 집단이 서로 협력하지 못하고 경쟁하는 관계가 되었기 때문입니다. 그렇다고 해서 하나님의 진리를 이렇듯 왜곡해서야 되겠습니까? 이제까지는 알지 못해서 서로 경쟁관계였지만 이제는 그런 잘못된 관계에서 돌이켜 서로 협력하는 바른 관계가 이루어져야 합니다. 잘못된 사역자 몇 때문에 신실한 능력 사역자 전체를 거부하는 어리석음에서 벗어납시다.

우리는 서로서로 도우면서 살아가는 공동체의 일원입니다. 능력 사역자는 성도들의 영적 트러블을 고치고 바로잡아주어 주님에게 올바르게 나아가도록 돕는 일을 하게 하기 위해서 하나님이 불러 세운 일꾼입니다. 이런 일꾼이 우리 곁에 있다는 것은 병원이 우리 곁에 있는 것과 마찬가지입니다. 자주 이용한다고 해서 잘못될 것도 없습니다. 오히려 자주 이용하여 자신이 미처 발견하지 못한 자신의 영적 실수를 조기에 찾아내서 고치면 그만큼 주님에게 더 쉽게 다가갈 수 있는 것입니다.

전문가는 전문가의 교육을 받습니다. 평범한 사람이 그런 전문가 교육을 다 받다가는 다른 일을 하지 못합니다. 몸에 병을 고치려고 누구나 다 의과대학에 가지 않습니다. 건강에 대한 기초지식을 가지고 건강에 유의하면서 살아갑니다. 그래서 대부분의 사람은 의사의 도움을 별로 받지 않고 일생을 건강하게 살아갑니다. 조그만 상식만 있어도 건강하게 살아갈 수 있는 것처럼 영적 지식도 조금만 있으면 능력 사역자의 도움이 없이 건강한 신앙생활을 할 수 있는 것입니다. 성도들은 영적지식의 폭을 넓히려고 노력을 해야 합니다. 성도들이 영적지식을 넓히라고 제가 체험한 바를 책으로 써서 전파하고 있는 것입니다.

61장 권능은 숙성되어야 사용할 수 있지요

하나님은 반드시 영육으로 다듬어진 성도를 사용하십니다. 하나님의 능력을 우리가 소유하고 그것을 사용함에 있어서 거의 반드시라고 할 정도로 이 숙성기간을 거치게 하십니다. 이 기간은 이미 주어져 있는 능력을 보다 더 유효하게 사용할 수 있기 위해서 훈련하십니다.

세부적인 기능들을 익히는 기간을 포함해서 능력이 더욱 강화되게 하기 위해서 영적 준비를 갖추는 기간을 더하기 위해서 숙성 기간을 거치게 합니다. 이 기간을 넓은 의미로 해석하면 능력을 사모하고 바라보는 기간까지 포함한다고 볼 수 있습니다.

하나님은 사모하는 영에게 은혜를 베푸십니다(시 107:9). 또한 구하고 구한 것은 받은 줄로 믿어야 합니다(막 11:24). 이런 말씀에 의지해서 우리는 하나님의 능력을 구하고 그것을 받은 줄로 믿고 기다리는 숙성 기간을 지내야 합니다.

하나님은 우리에게 어떤 능력을 주시면 그것이 내 안에서 내 것으로 자리를 잡을 기간을 거치게 합니다. 이 기간은 마치 여인이 아이를 임신해서 몸속에 열 달을 품어두는 것과 같다 할 것입니다. 이 기간 동안 여러 가지 임신증상들을 경험하게 됩니다.

무지막지하게 둔한 산모도 있듯이 영적 증상에 관해서도 무지막지하게 둔한 사람이 있습니다. 이런 사람들은 자신에게 이미 능력이 임해 있음에도 불구하고 전혀 알지 못하는 것입니다. 능력은 임신하는 것과 같아서 하나님의 능력을 우리 몸속에 품고 있으면 그에 따르는 증상이 반드시 나타나기 시작합니다.

예언의 능력이 임하면 타인에 대한 중보기도가 시작됩니다. 기도할 때 자신의 기도보다도 타인을 위한 기도 시간이 더 많아지고, 타인을 위해서 기도할 때 더 집중이 잘 되고 깊은 기도에 들어갈 수 있게 됩니다. 기도할 때 전혀 생각하지 않았던 기도 내용이 입에서 술술 나옵니다.

때로는 배에 힘이 들어가면서 담대하게 선포하기도 합니다. 방언이 자주 바뀌고 방언으로 기도할 때 때로는 환상이 보이고 때로는 어떤 의미가 깨달아지기도 합니다. 그런데 이런 일들이 집중적으로 나타나지 않고 간헐적으로 경험되기 때문에 마음에 깊이 담아두지 못하는 실수에 빠지기 쉽습니다.

신유의 능력이 임하면 몸이 뜨거워지기도 하고 차가워지기도 합니다. 온 몸에 전류가 흐르는 것과 같은 전율감을 느낍니다. 마치 권투 글러브를 낀 것과 같은 느낌을 체험하기도 합니다.

여성들이 폐경기에 느끼는 것과 같은 열감을 느껴 한 겨울에도 몸이 후끈거립니다. 몸 안에서 힘이 밖으로 나가거나 들어오는 것과 같은 에너지의 흐름을 느낍니다. 환자에게 가까이 가면 통증이 심해지고 때로는 환자가 앓고 있는 환부가 눈에 스치듯이 보입니다. 아주 짧은 순간에 상대방의 몸에 있는 이상이 스치듯이 환상으로 지나가기 때문에 처음에는 의미를 찾지 못하고 넘기기가 일수입니다.

축사의 능력이 임하면 방언에 힘이 들어가고 거칠고 강력해집니다. 소름이 자주 끼치고 귀신들린 사람 곁에 가면 온몸에서 소름이 돋습니다. 머리가 어지럽고 가벼운 현기증이 자주 일어나며, 눈에 순간적으로 스치듯이 검은 물체가 지나가는 것이 보입니다. 때로는 느낌으로 자기 뒤에 누군가 알 수 없는 존재가 서 있는 것 같고 인식하는 순간 소름이 끼쳐 뒤를 돌아보게 됩니다. 이때 역시 이런 증상들이 자신의 몸이 약해서 헛것이 보이는 것이 아닐까 하는 생각으로 넘어가고 맙니다.

알지 못하는 사람과 마주하면 고약한 냄새가 나기 때문에 주변을 두리번거리게 되며, 가벼운 소름이 끼치기도 합니다. 상대방이 귀신들렸거나 귀신의 영향을 받는 정도에 따라서 그 현상의 강도가 차이가 나지만, 초기에는 자신이 미약하기 때문에 가벼운 느낌이 스쳐지나가듯 합니다.

이런 증상들은 개인에 따라서, 그리고 능력의 성향에 따라서 다양합니다. 이런 현상들을 통해서 자신에게 능력이 임했음을 발견하게 되는 것입니다. 그러나 전반적으로 대부분의 사람들은 관심을 가지고 집중하기 보다는 일시적인 현상으로 여기고 마음에 담지 않습니다.

이런 외적 증상들이 전혀 없는 시기에도 우리는 능력에 대해서 사모하여야 합니다. 이 기간도 숙성기간에 포함된다고 보기 때문입니다. 은사를 사모하고 열정적으로 구하는 기간이 필요한 까닭은 이론과 실제를 온전히 갖추게 하기 위함입니다. 오늘날까지 교회 지도자들의 무지로 인해서 능력에 관한 한 지식이 전무 했고, 따라서 가르침도 없었습니다. 완전히 주먹구구식으로 자기가 알아서 해야만 했고, 그 비난을 고스란히 능력을 행하는 사람이 받아야만 했습니다. 학문 없는 의사를 우리는 돌팔이라고 부릅니다. 이런 결과에 대해서 교회는 깊은 반성을 해야 할 것입니다.

하나님이 능력을 주고자 하는 사람에게 일정기간의 숙성기간을 거치게 함은 그 능력에 따른 지식을 함께 얻게 하기 위함입니다. 이 과정을 통해서 겸손하게 하기 위함입니다. 지식이 없는 능력은 자칫 교만해질 수 있습니다. 지도자를 통해서 배우지 않으면 자기 의가 나타나기 쉽습니다. 이런 부분은 고린도 교인들이 경험한 것인데, 혼자 능력을 받고, 혼자 그것을 사용해야 하는 오늘날의 우리 교회의 현실에서 능력을 받은 사람들이 교만해진 것은 어쩌면 당연한 결과인 것입니다.

영적 교만의 가장 두드러진 증상은 협력하지 않는다는 것입니다. 자신에게 임한 능력에 대해서 다른 사람들에게 공개하려고 하지도 않습니다. 비슷한 능력을 가진 사람들과 합력하려고도 하지 않습니다. 이런 외톨이 사역은 목회에서도 역시 마찬가지입니다. 단독목회를 고집하는 현실에서 볼 때 영적 사역의 외톨이 현상은 교회 현실을 그대로 반영하는 바람직하지 못한 결과입니다.

하나님이 오늘날 사도와 선지자를 세우는 까닭은 이런 단독목회의 단점을 고치려는 뜻이 있습니다. 단독목회는 독단적인 가르침을 만들어내며, 조화와 균형을 심각하게 방해하기 때문입니다. 숙성기간은 이와 같은 독단에 빠지는 것을 방지하기 위한 하나님의 뜻이 있습니다. 이 기간에 지도자를 만나야 하고 동역자를 구해야 합니다. 능력에 따른 외적 증상이 나타나지 않는 사모하는 기간에 들어와 있는 사람이라고 할지라도 역시 지도자를 구하고 동역자를 찾는 노력이 필요합니다.

바람직한 사역자 학교나 건전한 영성 훈련 프로그램을 시행하는 단체에 등록해서 배울 필요가 있는 것입니다. 지식은 능력을 실제로 받기 전에 갖추는 것이 바람직합니다. 지식이 없는 상태에서 능력이 임하게 되면 원하지 않지만, 불행하게도 외톨이가 될 가능성이 높아집니다.

성령으로부터 배우는 과정은 크게 두 가지 측면을 포함합니다. 사람을 통해서 배우는 것과 영의 느낌을 따라 배우는 것입니다. 이 두 가지는 동전의 양면과 같아서 어느 한 쪽이라도 소홀히 하면 결코 건강한 사역자가 될 수 없습니다.

동역자를 구하는 일을 거창하게 생각할 필요는 없습니다. 일반적인 성도들은 영적인 일에 관심을 가지고 서로 은혜를 나누며 함께 기도할 수 있는 작은 공동체를 구성할 정도면 됩니다. 이렇게 구성한 공동체가 균형을 유지하게 하기 위해서 전문 사역자의 주기적인 멘토링을 받을 수 있는 조직을 갖춘다면 가장 바람직할 것입니다.

오늘날 등장하는 사도와 선지자는 이런 공동체를 유기적으로 네트웍하는 일을 감당하는 기능을 부여받은 사람들입니다. 아직 사모하는 단계에 있는 사람은 이미 능력을 받아 사역하는 선배들 아래로 들어가 가르침을 받아 성장해서 세포 분열을 하듯이 분열된 공동체의 리더가 되어야 할 것입니다.

능력을 사용하기에 앞서 반드시 거쳐야 할 숙성기간의 의미를 모르기 때문에 아무런 역할도 하지 못하는 속칭 '건달성도'가 되어버린 것입니다. 오늘날 대부분의 성도가 영적 능력에 관해서는 사각지대에 방치되어 있고, 주변인이 되어서 방황하는 건달(浪人)이 되어버렸습니다. 건달이란 무엇입니까?

아무것도 할 줄 모르면서 그냥 폼만 잡으면서 건들거리는 사람이 아닙니까? 우리 교회가 바로 그렇지 않습니까? 그렇다고 인정한다면 오늘부터 사모하는 마음을 가집시다. 이 마음을 품는 것은 아주 쉬운 일입니다. 마음을 품고 기다리면 주님이 능력을 채워주십니다. 당신은 그 증상만 정신 차려 챙기면 됩니다.

권능이 왔다면 사용하면서 숙성해야 합니다. 될 수 있는 한 실습 대상을 많이 만들어서 임상적인 경험을 많이 해야 합니다. 저는 병원전도를 다니면서 많은 환자들을 안수하여 치유한 후에 자신감이 생겼습니다. 그 후에 성령치유 집회를 지속적으로 하면서 권능의 숙성 기간을 거쳤습니다. 이렇게 실제적으로 체험하니 자신감이 생기고 성령의 권능이 강하게 나타났습니다.

62장 영적인 민감성을 개발하시오

사람에 따라서 감성이 풍성하거나 신경이 예민한 사람이 있습니다. 특히 감각적으로 예민해서 다른 사람들이 느끼지 못하는 세밀한 부분들을 놓치지 않고 잘 느끼는 사람이 있습니다. 이 기능은 천부적인 것이기 때문에 노력해서 얻는 것이 아니라고 봅니다. 물론 자신에게 주어진 기능들은 훈련을 받으면 그것이 지닌 능력을 최대한으로 사용할 수 있다는 점에서 배우고 훈련하는 것이 중요합니다. 그러나 그 기능이 미약하거나 전혀 없는 사람에게는 배우고 훈련하는 일이 별로 도움이 되지 않습니다. 세상의 모든 기능을 다 소유한다는 것은 불가능하듯이 자신에게 전혀 없는 것이 분명히 있습니다.

잠재되어 있는 능력이 얼마나 크고 강한지는 당사자도 모르는 경우가 많습니다. 그러므로 그 능력과 기능이 서서히 표면으로 들어나기 시작하며 때가 이르면 더욱 강력하게 나타나기 시작하는 것입니다. 이때에 그것에 대한 지식이 부족하면 제대로 개발이 되지 않고 다시 침체되고 마는데 특히 영적 민감성의 부분에 있어서 이 원리는 중요합니다. 누구나 차이는 있지만 거듭나게 되면 그 민감성이 표면으로 들어나기 시작하는 것입니다.

특별히 그 민감성으로 인해서 사역하게 되기로 작정되어 있는 소수의 사람들에게는 어릴 적부터 서서히 그 증상이 드러나기 시작합니다. 하나님이 주신 직임은 어려서부터 그 증거들이 들어나는 것은 때가 이르면 그 사람이 이를 인식하게 하기 위함입니다.

본격적으로 그 직임에 사용될 시기에 자신에게 그런 능력이 임해 있었다는 것을 확신하게 하기 위해서 어려서부터 그 기능을 부분적으로 경험하게 하는 것입니다. 이것이 천부적인 기능인데 그렇기 때문에 어려서 이런 부분을 찾아내어 바로 교육하는 것이 중요합니다. 그러나 일반적인 평범한 사람들에게 있어서 이 특성은 좀처럼 드러나지 않고 잠재되어 있거나 특별한 계기가 아니면 찾기가 쉽지 않습니다.

그것은 특별한 한 부분의 일을 행하도록 확정되어 있지 않고 폭넓게 쓰일 수 있는 일반적 성향을 지니고 있기 때문입니다. 특수한 일에 쓰임을 받을 사람은 오로지 그 기능 이외는 별로 다른 기능이 없으며, 그래서 일찍부터 그 기능을 전문적으로 익힐 필요가 있지만 보편적인 일을 행할 사람은 그럴 필요가 없는 것입니다.

영적으로 특별히 민감한 사람은 영적인 일에 관여할 기회를 많이 얻게 됩니다. 다른 사람들이 느끼지 못하는 부분을 느낀다는 것은 당사자에게 괴로운 일이 될 수도 있습니다. 늘 환상이 보이거나 영적 증거들이 몸으로 느껴지거나 영적 에너지의 흐름이 느껴진다면 그것을 경험하지 못한 사람들은 호기심에 좋을 것이라고 생각하지만 당사자는 괴롭습니다. 이것은 마치 날마다 꿈을 꾸는 사람이 그 꿈의 내용이 별로 유익하지도 못한 속칭 개꿈이라면 그 꿈 때문에 깊은 잠을 자지 못해서 항상 피곤합니다. 그래서 꿈을 꾼다는 것이 괴로운 일입니다. 꿈을 꾸지 않고 깊이 잠드는 것이 그 사람에게는 소원이 됩니다. 이처럼 의미 없이 나타나는 영적 증상들은 당사자에게 혼란을 일으키고 괴로움을 주는 것입니다.

자신이 원하지도 않는데도 불구하고 그런 증상들을 수시로 경험하고 있다면 다른 사람들에게 말할 수도 없고, 말하면 오히려 이상한 사람으로 여기거나 어딘가 잘 못된 사람으로 취급하기 때문에 더욱 괴로운 것입니다. 영적으로 탁월한 민감성을 지닌다는 것은 참으로 귀한 일이지만 그 의미를 모른다면 그것은 오히려 괴로운 일이 됩니다. 요셉은 형제들에 비해서 꿈을 지나칠 정도로 자주 꾸었습니다. 그렇기 때문에 형제들로부터 놀림을 받았고 마침내 그 일로 인해서 인신매매를 당하고 맙니다. 어린 나이에 형제들로부터 팔려가게 되었다는 그 사실은 요셉에게 무척 충격적이었을 것이 분명합니다. 타고난 선함으로 이 불행을 극복해낼 수 있었지만 일반적이라면 그의 마음에는 씻을 수 없는 깊은 상처를 만들어내는 꿈을 다시는 꾸려고 하지 않았을 것입니다.

요셉은 꿈에 대한 탁월한 민감성으로 인해서 결국 총리에 오를 수 있었습니다. 한때 자신을 불행으로 몰아갔던 그 꿈의 기능이 결국 자신과 가족을 구원하는 중대한 요소가 된 것입니다. 요셉은 꿈을 떼어놓고는 생각할 수 없는 사람입니다. 이렇듯 영적 민감성은 천부적인 것이며, 그 기능을 제대로 알고 있다면 매우 유익할 수 있는 것입니다. 영적인 일의 대부분은 영적 민감성을 필요로 합니다. 이것이 없이는 사실 영적인 일을 할 수 없습니다.

제사장적인 일은 책에 기록되어 있고 선배들이 있기 때문에 그들로부터 배우면 됩니다. 그렇기 때문에 영적 민감성이 없어도 능히 해낼 수 있는 것입니다. 그러나 선지자의 일은 민감성이 없으면 절대로 해낼 수 없는 특별한 일입니다. 개별적이고 특수하기 때문에 구체적인 전례가 없는 것입니다.

제사장적인 일에 속하는 오늘날의 목회의 일은 영적으로 민감하지 않아도 할 수 있는 일입니다. 선배들이 있고 신학교에서 그 절차와 과정들을 배우고 다른 목회자들과 수시로 정보를 교류하기 때문에 능히 행할 수 있습니다. 엄격히 말해서 이런 일들은 영적이라기보다는 육적입니다. 학문적인 배경과 노력으로 잘 감당할 수 있습니다. 이런 수준을 벗어나지 못한 목회자는 육체의 일이상은 할 수 없으며, 그런 목회는 세속적일 수밖에 없습니다. 그러나 선지자가 행했던 것과 같은 일들은 영적 민감성이 탁월하지 않고는 결코 감당하기가 쉽지 않습니다. 이것은 다른 사람을 흉내 내서 될 일도 아니며, 자신의 노력으로 되는 것도 아닙니다. 더욱이 성경을 열심히 상고한다고 되는 일은 더더욱 아닙니다. 이스라엘 사람들이 성경을 열심히 상고했지만 주님이 오실 때는 정작 아무런 도움이 되지 않았습니다.

영적 민감성은 하나님의 계시하심을 받아들이는 중요한 기능입니다. 이것이 없으면 특별히 단회적으로 하나님의 주권적인 역사는 경험할 수 있지만 일상에서 하나님의 계시하심을 지속적으로 파악하고 이해할 수는 없습니다. 일반적 수준을 넘어서는 특별한 영적 민감성은 개발하여 얻을 수 있는 것이 아니라, 선천적으로 하나님이 정한 사람에게 특별한 목적으로 주시는 것이므로 민감성을 지닌 사람은 그 목적이 무엇인지를 알아내야 합니다. 그런데 하나님은 이 부분에 있어서 우리에게 이미 주어진 기능들을 사용하시게 하는 원칙을 가지고 계십니다. 하나님은 특별한 사람 가운데 아주 특별한 경우(사도와 선지자)를 제외하고는 직접적으로 계시하시는 일을 행하지 않으신다는 것입니다.

하나님은 이스라엘에 수많은 선지자들을 불러내셨습니다. 셀 수도 없이 많은 선지자들은 모두 특별한 사람들입니다. 그런데 그 모든 선지자들을 다 특별한 방법으로 인식시키신 것이 아닙니다. 우리가 성경에서 만나는 일부 선지자들의 경우 그들에 대한 기록의 서두에서 "여호와의 말씀이 모년 모월 모일에 선지자 모모에게 임하니라"라고 기록하였음을 보아 그 선지자를 하나님이 개별적으로 불러내셨음을 알 수 있습니다.

그리고 그런 부르심을 받은 선지자는 즉각 순종해서 선지자의 길로 나갔습니다. 그러나 그 밖의 대부분의 이름 없는 선지자들은 그런 개별적인 부르심이 없이 선지자의 일을 행하였습니다. 특별히 엘리사의 경우는 스승을 통해서 부르심을 받아 사역을 행한 선지자입니다. 이처럼 개별적인 부르심의 증거도 없이 사역을 행하는 사람이 대부분이었고 이들은 선지자 학교에서 자신에게 주어진 기능들을 배우고 익혔습니다.

영적 민감성을 지녀 남들이 경험하지 못하는 부분을 집중적으로 보거나 느끼는 사람은 반드시 그 목적을 이해해야만 자신에게 유익하고 하나님의 뜻을 이루어낼 수 있는 것입니다. 그러므로 영적 민감성은 영적인 일에 자신이 쓰임을 받을 수 있는 가능성이 풍부한 사람이라는 사실부터 이해해야 합니다. 자주 꿈을 꾸는 사람이거나 자주 환상을 보는 사람이거나 자주 소리를 느끼는 사람이라면 영적 민감성이 있는 사람입니다. 자신의 몸에 수시로 어떤 에너지가 흘러 들어오거나 나가는 것을 느낀다면 역시 그렇습니다. 낯선 장소에 가거나 사람을 대할 때 에너지의 흐름을 느끼고 그 기분이 어떠한지를 느낄 수 있다면 자신은 영적인 일을 해야 하는 사람이라고 보아야 합니다.

일반적인 목회의 일은 평범한 신앙의 열정을 지닌 사람이면 누구나 할 수 있는 일입니다. 그러나 능력 사역은 그렇지 않습니다. 물론 목회의 일도 능력을 갖추면 더 잘 할 수 있습니다. 그러나 일반적으로 언급하면 지식만 풍성해도 잘 할 수 있는 배경이 만들어져 있습니다. 그것이 올바르냐 아니냐는 여기서 언급할 대상이 아닙니다. 영적 민감성은 하나님의 영을 느끼기 위해서 특별한 사람에게 주어진 특별한 기능입니다. 물론 모든 사람들에게 이런 기능이 있습니다. 그러나 그 수준에 있어서 엄청난 차이가 있습니다. 모든 그리스도인이 다 질병을 치유할 수 있습니다. 그러나 그 일을 집중적으로 행할 수 있는 사람은 아주 소수입니다. 이렇듯이 영적 민감성이 특별한 사람은 결코 많지 않으며 이 기능을 개발하기 위해서는 지혜가 필요하고 훌륭한 지도자가 필요합니다.

63장 영적인 현상을 두려워하지 말아야 해요

영의 눈을 뜨기 시작하면 즉 거듭나면 우리가 경험하는 것은 알 수 없는 영적 현상이라는 것입니다. 누구도 자세하게 설명해 주지 않을 뿐만 아니라, 그런 경험을 자주 하면 처음에는 신기하게 여기던 사람들도 차츰 이상한 눈으로 보기 시작합니다.

처음에는 이해해주던 분들이 차츰 이상하게 여기기 시작하면서 거리를 두는 것을 느낍니다. 목회자는 절제하라고 하고 그런 것에 너무 연연하지 말고 말씀에 뿌리를 두는 신앙생활을 하라고 권면합니다. 그래서 대부분의 사람들은 여기서 주춤하고 물러서게 됩니다.

성령의 하시는 일이 왜 이렇게 우리가 이해할 수 없는 이상한 현상으로 나타나는 것입니까? 우리가 어렸을 적에는 세상의 일들이 모두 신기하고, 그 이치를 알지 못하기 때문에 어른들이 하는 일이 모두 이상하기만 했습니다. 왜 싫어하는 공부를 그렇게 하라고만 하는지 이해가 되지 않았습니다.

그러나 세월이 흐르면서 성장하자 이런 세상의 이치가 이해되고 궁금증이 사라집니다. 이상하게 느껴지는 것은 우리가 그 세계의 질서를 모르기 때문입니다. 성령께서 우리에게 환상과 꿈과 이상으로 정보를 제공하는 것은 영의 세계의 통상적인 의사소통의 방식입니다. 우리는 그런 영의 법칙을 이해하려고 하지 않고 우리의 이성으로만 생각하려고 하는 것입니다.

우리가 육신으로는 성인일지라도 영으로는 어린아이이며 세상의 지식으로는 고학력이라도 영의 세계의 지식은 유치하다는 것을 인정해야 하는 것입니다. 그럼에도 불구하고 우리는 많은 것을 알고 있는 것으로 여기기 때문에 영의 지식을 갖추려고 하지 않는 것입니다. 상징과 현상과 느낌 등의 신호는 하나님의 언어 방식입니다. 그 언어를 이해하고 배우는 노력은 하지 않고 피하려고만 합니다. 다양한 영적 현상들이 의미하는 바를 이해하지 못하면 우리는 여전히 성령의 인도에 낯설게 되고 혼란과 갈등만 깊어지는 것입니다. 하나님은 하나님의 방식으로 우리를 인도하십니다. 그 인도하심에 우리는 신실하게 따르고 배워야 할 의무가 있는 것입니다. 구약의 이스라엘을 인도하시는 하나님을 통해서 우리는 하나님의 손길을 익힙니다. 이제 신약의 영으로 우리 가운데 오신 분의 손길을 우리가 배우고 익혀야 합니다.

처음은 모든 것이 낯설고 이상하게 느껴지는 것입니다. 생소한 일을 경험하는 것은 경이롭고 호기심을 만들어내지만 익숙해지면 새로울 것도 경이로울 것도 없이 평범해지는 것입니다. 처음 방언을 말하면 모든 것이 신기롭고 놀랍습니다. 그러나 얼마 지나면 평범하고 일상으로 돌아갑니다. 처음 기도해서 병자가 고침을 받으면 정말로 신기하고 세상이 새롭게 보입니다. 그러나 그 일도 얼마 지나면 시큰둥해지는 것입니다. 이처럼 신기한 일도 이해하고나면 더 이상 신기한 것이 되지 않습니다. 모르면 두렵고 신기하지만 알면 과학이 되고 상식이 되는 것입니다. 그렇기 때문에 영의 일은 배워야하고 경험해야 합니다. 그럴수록 우리는 막연한 두려움에서 벗어나 담대해지고 주님께 더욱 가까이 갈 수 있게 되는 것입니다.

성령의 가르침은 말로 하는 것이 아니라 보여주고 그것을 이해하고 받아들이기까지 거듭 같은 현상을 보여주시는 것입니다. 우리는 지혜를 사용해서 그 사실을 바르게 이해하도록 노력해야 하는 것입니다. 거듭되는 훈련을 통해서 우리는 그 의미가 무엇인지를 깨닫게 되지만 민감하지 못하면 그 의미하는 바를 제대로 이해하지 못할 수 있는 것입니다. 자신이 이해한 것이 다른 사람들과 어떤 공통성을 지니고 있는지를 파악하는 일을 빼놓을 수 없습니다. 개인적인 경험이 그리스도 공동체에서 무리 없이 받아들이기 위해서는 다른 사람들이 경험한 것과 유사성을 지녀야 합니다. 서로 인정할 수 있는 내용이어야 하며 그러기 위해서 우리의 경험은 검증을 거쳐야 하고 교회에서 공인되는 절차를 갖추어야 하는 것입니다. 이것이 없이는 개인적인 경험에 머물 뿐입니다.

그러므로 지도자가 되는 사람은 더욱 이 점을 분명히 해야 하며, 많은 사람들에게 적용되어야 하는 책임을 지고 있는 사역자에게는 거듭되는 경험을 통해서 확정해야만 합니다. 오랜 시간이 걸리는 검증과 확정의 절차를 거치게 되며 많은 사람들에게 적용되어 원하는 결과를 얻어내는 증거가 따라야 합니다. 그래야 다른 사람들에게 가르칠 수 있고 그 방법을 원리로 적용할 수 있게 되는 것입니다. 성령의 방법은 우리가 알지 못할 때는 이상한 것이지만 그 의미를 제대로 알면 절대로 이상할 것이 없는 것입니다. 이상한 일이 적을수록 그 사람은 지도자의 자격이 있는 것입니다. 평범한 사람은 의미를 몰라 고민하는 일을 사역자는 그 의미를 알기 때문에 당황하지 않으며 그 문제를 다룰 수 있게 되는 것입니다.

누구든지 처음에는 자신에게 나타나는 현상들을 나름대로 해석하고 이해하려고 합니다. 그러나 비슷한 경험들을 많이 함으로써 그 의미가 더욱 선명해지는 것입니다. 그리고 경험이 풍부한 지도자의 도움을 받아서 좀더 분명하게 그 의미를 깨닫게 되는 것입니다. 의미를 알지 못하면 적용이 되지 않고 문제를 다룰 수 없게 되는 것입니다. 우리는 지금까지 기록된 말씀을 깨닫고 이해하는 것으로 만족했습니다. 기록된 말씀의 그 너머로는 마치 금단의 구역에 들어가는 것처럼 두려워하고 못 들어가게 제한했습니다. 그러나 성숙한 그리스도인은 이 영역에 도전해야 합니다. 실상 그것을 배우기 위한 기초로 말씀을 배우고 신앙생활을 하는 것입니다.

우리의 신앙의 목적은 다른 사람들을 섬기는 것에 있습니다. 그러기 위해서 자신을 세우고 그 터 위에 다른 사람들을 섬기는 집을 짓는 것입니다. 우리는 육체로 영으로 타인을 섬깁니다. 육체로 섬겨야 할 경우가 있고 영으로 섬겨야 할 경우가 있습니다. 이 모든 것에 제대로 부응할 수 있는 상태가 바람직하고 건강한 영성인 것입니다. 어느 한 쪽만으로 섬기는 것은 완전하지 못한 것이며, 기형입니다. 그럼에도 불구하고 그것을 느끼지 못합니다. 영으로 섬기는 일을 위해서 우리가 영적 의미를 제대로 알아야 하는데 그러기 위해서 경험하는 것이 처음에는 이상하고 기이하게 느껴지는 것들입니다. 하나님은 알아들을 수 있는 우리의 방법으로 하지 않고 알 수 없는 하나님의 방법으로 하시는 것을 먼저 이해해야 합니다. 그리고 그 언어와 행위를 이해하는 법을 배워나가야 합니다. 하나님에게는 하나님의 방법이 있는 것입니다. 그분은 영이시기 때문입니다.

제대로 알지 못하는 어설픈 지도자들은 이런 사실을 부인하고 받아들이려 하지 않기 때문에 그 속에 들어가지 못합니다. 모험이 없이는 하나님에게 나아갈 수 없습니다. 우리는 무궁하신 하나님의 능력의 세계로 나아가기 위해서 모험이 필요합니다. 이런 용기 있는 선구자들로 인해서 하나님의 비밀은 하나씩 우리 가운데 그 모습을 드러내어 상식이 됩니다. 이런 용기 있는 많은 도전자가 나와야 우리는 주님의 풍성한 세계로 들어가는 일이 쉬워질 것입니다. 기도하면서 경험하는 일들을 이상한 일 만난 것처럼 기이하게 여기지 마십시오. 그 의미를 곰곰이 묵상하십시오. 그리고 기억해 두십시오. 하나님은 다시 그런 현상을 경험하게 하심으로써 그 의미를 확정하십니다. 그러나 그 일이 마치 물체를 자르듯이 선명하게 이루어지는 것이 아닙니다. 예민하지 않으면 흘려보낼 수도 있는 그런 모호함이 항상 동반됩니다. 그래서 정신을 차려야 하는 것입니다.

64장 담대한 성도가 하나님을 만나지요

한국교회는 오래 전부터 영적 체험과 능력에 대해서 거부감을 가지고 있었고 지금까지 대부분의 사람들이 막연한 지식과 정보를 가지고 오해를 하고 있는 것이 현실입니다. 우리 교회가 급격한 사회적 성장과 맞물려 지난 30년간 뒤도 돌아볼 겨를도 없이, 무엇이 옳고 그른지도 살필 여유도 없는 고속 성장을 해오는 과정에서 차분하게 살피고 가르치고 배우는 그런 과정을 제대로 행하지 못한 까닭에 많은 부작용들을 만들어냈습니다.

우리는 많은 실수를 통해서 온전해집니다. 목사가 되기 전에 전도사, 강도사를 거치면서 얼마나 많은 실수를 하고 사람들에게 상처를 줍니까? 교회를 개척했다고 해서 다 성공하는 것이 아닙니다. 10여년이 지나도 개척교회 수준을 벗어나지 못해서 갈등에 휩싸인 목회자가 얼마나 많습니까? 강남의 다단계 사무실에 가보면 대부분이 목사요, 장로들이라고 합니다. 세상 사람들이 해도 비난을 받을 그런 불법적인 일들을 버젓이 행하고 있습니다.

깊은 영의기도의 경험도 없고, 능력을 행하여 본 경험조차 없는 사람들이 막연한 정보와 미숙한 사역자들이 행하는 실수를 가지고 마치 능력을 행하면 모두 그렇게 되는 것처럼, 강한 거부감을 가지고 비난하거나 그렇게 되는 것이 두려워서 영성에 관심을 가지려 하지 않습니다. 세상의 모든 일은 동전의 양면처럼 긍정적인 면과 부정적인 면을 동시에 지니고 있는 것입니다. 하나님은 빛과 어두움을 동시에 창조하신 분입니다. 어두운 면은 우리가 지혜를 모아서 극복해야 할 부분이지, 이런 것이 두려워서 자체를 거부하는 것은 마귀에게 철저히 속는 어리석은 일입니다.

정말로 하나님을 사랑하고 능력이 귀한 것인 줄 인정한다면 부정적인 것을 극복하고 온전하게 세우기 위해서 자신의 삶을 바쳐 그 일에 뛰어들어 자신으로 말미암아 온전한 모습을 보여 교회가 오해하고 있는 부분들을 고쳐나가는 일을 해야 하지 않겠습니까? 부정적이라고 해서 피한다면 누가 그 일을 바로 세우겠습니까? 부족하고 흠이 많다고 해서 날마다 정죄하고 따돌리고 무시하고 피한다면 언제 온전한 것이 우리 가운데 들어오겠습니까? 이런 태도는 책임 있는 지도자와 성숙한 그리스도인이 취할 태도는 아닙니다.

우리 속담에 '구더기 무서워 장 못 담그랴'라는 말이 있습니다. 언제까지 이렇게 멀리하고 자신만 깨끗하면 된다는 방관자적인 생각으로 살아갈 것입니까? 교회가 능력을 소유한 사람을 온전히 교육하고 그 일을 대비해서 성도들에게 깊이 있는 영성 교육과 능력 교육을 한 적이 있습니까?

솔직히 이야기하면 지도자들의 무지 때문입니다. 자신들이 모르는 일이 일반 성도들 가운데 일어나는 것이 지도자로서는 감당하기에 벅찼던 것입니다. 신학교에서도 배운바 없고 자신도 경험해 보지 못한 능력이 평범하다 못해 초신자 티를 제대로 벗어나지도 못한 성도에게서 나타나는 것에 대해서 놀라고 당황했던 것입니다. 그래서 가르치지 못했고, 배우지 못한 어설픈 그들은 자신들의 생각대로 행동할 수밖에 없었고 그것이 문제가 되었던 것입니다. 수많은 영적 변화와 경험들에 대해서 정확한 설명을 할 수 없었던 교회가 취할 방법이라고는 고작 신비주의로 몰아붙이거나 문제를 일으키는 분열주의자로 취급해서 교회로부터 추방하는 일과 성도들을 단속하는 일이 고작이었습니다. 이런 일은 중세에 교회가 마녀 사냥으로 수많은 영성가들을 죽였던 그 일과 다를 바가 없는 일입니다.

이런 일들을 적극적으로 연구해서 진실을 밝혀내야 하는 책임을 가진 지도자들은 논리와 이성으로 이해하려고만 합니다. 깊은 영성으로 나아가는 길은 이성적이고 논리적인 것과는 오히려 반대되는 것임에도 불구하고 합리주의와 과학주의적인 접근법으로 다가가려고 합니다.

그 가는 길이 다름에도 불구하고 겸손히 그것을 받아들이려 하지 않고 학구적인 방법으로 접근하려고 합니다. 유대인들이 하나님을 알려고 날마다 성경을 상고했지만, 현실 가운데 오신 주님을 바르게 알지 못했습니다. 우리 가운데 육으로 오신 하나님은 현실에서 만나야 했던 것입니다.

이처럼 우리에게는 하나님의 현존을 경험하고 만나는 방법들이 다양하다는 사실과 그런 하나님을 만나기 위해서 때로는 광야에서 때로는 삶에서 때로는 성경책에서 다양하게 만나지는 것입니다. 주님이 광야로 나오라면 나와야 하고, 삶 속으로 들어오라면 들어와야 합니다. 한 가지 방법만 고집하면서 그곳에서만 만나겠다고 떼를 쓰는 어린아이처럼 고집만 부리면 손해를 보는 쪽은 우리입니다. 하나님은 그런 고집에 따라 뜻을 바꾸시는 분이 아닙니다. 우리의 고집으로는 하나님을 이해할 수는 없는 것입니다.

우리에게는 아직도 우리와 다르면 따돌리는 잘못된 악습에 젖어있습니다. 특히 '신비주의'라는 말이 교회처럼 남용되는 곳은 없습니다. 영성과 신비는 결코 떼어놓고 생각할 수 없는 것은 하나님을 신비와 떼어놓을 수 없기 때문입니다. 하나님은 신비 그 자체입니다. 우리는 그런 하나님을 하나씩 알아가는 것입니다. 신비였던 것이 상식이 되어 우리의 믿음의 핵심이 되도록 찾아가는 것입니다.

그러므로 우리의 신앙생활은 신비를 추구하고 그것을 믿음으로 받아들여 현실이 되게 하는 것입니다. 이 노력을 통해서 하나님의 신비가 우리의 삶의 본질임을 깨닫는 것입니다. 우리는 하나님의 신비로 인해서 살아가는 존재입니다. 말씀이 육신이 되는 이 놀라운 신비를 제대로 이해하기까지 우리는 수많은 세월이 흘러야 했습니다.

삼위일체의 신비를 이해하기까지 교회는 수많은 고통을 치러야 했습니다. 부활의 신비를 이해하기까지 우리는 가현설과 싸워야 했습니다. 우리가 드러내야 할 하나님의 신비는 무궁무진합니다. 귀신과 그 존재가 우리에게 끼치는 나쁜 해악들을 이해하기 위해서 우리는 얼마나 많은 영적 싸움을 싸워야 하는지 모릅니다. 질병이 치유되는 과정을 제대로 이해하기 위해서 우리는 그저 의사들의 손에만 맡겨야 합니까? 그리고 그 불신자들이 하는 말을 그대로 맹종합니까? 그들이 하는 대로 내버려 두면 어떤 결과가 올 것인지에 대해서 하나님은 우리에게 좋은 본을 주셨습니다. 찰스 다윈의 '진화론'이 그것입니다.

예수를 믿고 성령으로 거듭난 우리가 신비를 잃게 되면 우리는 모든 것을 잃습니다. 신비주의라는 말을 들을까 두려워서 우리는 신비를 찾으려는 노력조차 하지 않습니다. 이것은 심각한 마귀의 궤계이며, 속임수입니다. 어린 아이에게 칼은 무서운 것이고 해로운 것이기 때문에 절대로 만지거나 가까이 해서는 안 된다고 가르친다면 정당한 것이겠지요. 그러나 어른이 되었는데도 그대로 가르친다면 얼마나 어리석은 일이겠습니까?

어리석은 차원을 떠나 그 아이의 삶 전체를 망하게 하는 잘못된 가르침입니다. 물론 칼은 위험합니다. 그 사용법을 모르면 그렇습니다. 그러나 사용법을 배우면 우리에게서는 없어서는 안 될 소중한 도구가 됩니다. 이렇듯 하나님의 능력은 칼과 같습니다. 좌우에 날이 선 양날 칼입니다. 위험하기 짝이 없는 흉기가 될 수 있습니다. 그러나 그 칼을 제대로 사용하면 얼마나 좋은 도구입니까? 이처럼 좋은 도구를 날마다 위험하니까 피해야 한다고 가르치고 있다면 그런 가르침을 주는 사람이 더 위험하지 않겠습니까?

우리는 이와 같은 어리석은 사람들의 어리석은 가르침에 속아서 귀중한 것을 귀중한 것으로 알지 못할 뿐만 아니라, 오히려 홀대하고 있는 것은 아닌지 이제는 겸손하게 되돌아보아야 할 시점에 들어와 있는 것입니다. 정말로 하나님과 교회를 사랑하고 성도들을 사랑한다면 더 이상 방관자의 자리에 있어서는 안 될 것입니다. 당신의 그 좋은 머리와 열정으로 하나님의 신비를 하나씩 깨닫고 이해하여 사람들에게 전해야 하지 않겠습니까? 사도들과 주님이 행한 그 능력을 소중하게 생각해야 합니다. 성경은 온통 그 이야기로 가득합니다. 성경의 핵심인 4복음서에서 능력과 기적을 빼 버리면 남는 것은 아무것도 없습니다. 하나님의 신비를 빼버리면 우리는 성경을 버려야 할 것입니다. 아무 기록도 없는 백지책을 누가 읽겠습니까?

우리는 주님을 닮아가고 싶어 합니다. 주님처럼 살고 싶어 합니다. 물론 우리의 바람대로 되지는 않지만 어쨌든 우리가 추구하는 바는 주님을 닮는 삶입니다. 그럼에도 불구하고 왜 능력 있는 주님은 닮으려고 하지 않는 것인지 저는 도무지 이해할 수 없습니다. 능력은 신비 속에 감추어져 있습니다. 능력을 부인하면서 어떻게 능력 있는 삶을 살 수 있다고 하는 것입니까? 범을 잡으려면 호랑이 굴을 찾아가야 한다는 속담처럼 하나님을 알기 위해서는 부득불 하나님의 신비 속으로 들어가야 합니다.

65장 육신의 행동에서 빨리 돌아서야지요

갈라디아서는 우리가 성령이 인도하시는 대로 살아가라고 말합니다. 그러면 육체의 욕망을 채우려 하지 않을 것이라고 합니다(갈 5:16). 그런데 이 말씀에서 언급하고 있는 '성령의 인도하는 대로'라는 말은 알지만, 그것이 구체적으로 자신 속에서 어떻게 이루어지는지를 모르기 때문에 이 말씀대로 살아가지 못하는 것입니다. 우리의 모든 일에는 처음과 끝이 있습니다. 처음을 제대로 시작하면 모든 일이 쉽습니다. 그러나 그 시작을 바르게 하지 못하면 모든 일이 꼬이고 어려워집니다.

성령의 인도하는 대로 살아가는 첫 단추는 우리의 육신적 삶을 시작하는 것과 다르지 않습니다. 우리가 지금 성인이 되어 이런 삶을 살기까지 우리는 수많은 어려운 과정을 거쳐서 지금에 이른 것입니다. 걸음마를 시작하면서 우리는 수도 없이 넘어지고 다쳤습니다. 친구들과 어울리는 법을 배우는 과정에서도 수많은 다툼과 상처를 주고받았습니다. 서로 피해를 주고 피해를 받으면서 이렇게 성장했습니다. 학교 교육을 받는 과정에서도 얼마나 많은 어려움이 있었습니까? 이 모든 것이 생소하기 때문입니다. 이런 과정을 다 겪은 사람들에게는 쉬운 일이 처음 하는 사람에게는 어렵기만 합니다.

성령의 인도하는 대로 살아가는 삶 역시 이런 과정이 필수적입니다. 우리는 성령 안에서 어린 아이입니다. 이제 걸음마를 시작한 사람입니다. 육체적으로 보면 어른이지만 영으로 보면 어린 아이입니다. 그러므로 어린 아이로 보아주는 주변의 배려가 있어야 합니다. 못하는 사람에게 못한다고 책망만하고 잘 하는 사람과 비교한다면 그 사람은 모든 일에 위축되어 그 일에 자신감이 없어지고 겁부터 냅니다. 그 길로 가려고 하지 않습니다. 영의 일에도 이와 같습니다. 그런데 영의 일에는 주변의 환경이 그리 쉽게 자신을 도와주지 않는다는 것입니다. 오히려 생각하지 못한 방해가 있게 됩니다.

그러므로 성령의 인도하는 대로 살아가기 위해서는 부득불 얼굴에 철판을 깔아야 하는 시기가 반드시 필요합니다. 유아기를 벗어나기까지 우리는 실수하고 사람들에게 원치 않는 상처와 피해를 줄 수 있습니다. 이것은 불가피한 과정입니다. 모든 영적 거인들도 이런 과정을 통과했습니다.

이것을 두려워하기 때문에 영적인 사람이 되지 못하고 육체에 얽매여 사는 것입니다. 영적 성장을 이루는 학교 과정에 '배척의 학교', '고립의 학교', '따돌림의 학교' 등이 있는 까닭이 바로 이런 연유 때문입니다.

올바른 지도자를 만나면 이런 부작용을 줄일 수는 있지만 전혀 없이 할 수는 없습니다. 시행착오는 우리가 성령의 본성을 파악하는 과정에서 거치는 필수 과정입니다. 이것을 거치지 않고는 성령은 우리의 머리에만 머뭅니다. 자신에게 향한 하나님은 자신이 경험하지 않고서는 절대로 알 수 없습니다. 각 사람에게 향하신 하나님의 인도하심은 그 사람의 고유한 것이기 때문에 누구도 대신할 수 없는 것입니다. 갈라디아서 5:16에서 성령의 인도하는 대로 살아갈 것을 요구하면서 육체에 속한 사람들의 특성을 열거합니다. 그리고 이런 일들에서 벗어나 영에 속한 사람이 되면 나타나는 열매들을 언급하면서 결론으로 25절에 다시 성령의 인도해 주심을 따라 살아가자고 권합니다.

성령이 초보자에게 사용하시는 수단은 주로 느낌입니다. 그러므로 느껴지는 대로 행동하기부터 시작합니다. 어떤 사람들은 이런 행위는 매우 위험하다고 말합니다. 마귀가 우리를 속이기 때문에 함부로 느낌대로 행동하면 안 된다고 말합니다. 물론 일리 있는 말입니다. 그러나 우리가 경험하지 않으면 무엇이 마귀인지, 무엇이 성령인지 전혀 알 수 없습니다.

그런 것을 두려워하기 때문에 아무런 진보가 없는 것입니다. 이런 말들이 우리를 얼마나 무능하게 만들고 있습니까? 그러므로 느껴지는 대로 행동하십시오. 이것이 육체를 벗고 성령을 따르는 삶을 사는 첫 단추입니다.

우리가 사는 세상에는 많은 법이 있습니다. 가장 상위법인 헌법은 모든 법을 구속합니다. 그리고 그 아래 민법, 형법, 소송법 등 다양한 법들이 있습니다. 그러나 세상을 사는 소시민들에는 이런 법보다는 법규나 조례나 규칙이나 명령과 같은 하위법이 더 중요합니다. 이런 것들이 우리에게 직접 적용되고 있기 때문입니다. 그럼에도 불구하고 이런 모든 법칙들은 헌법의 구속을 받습니다. 모든 다툼은 최고법인 헌법의 판결에 복종하듯이 우리의 영적 삶에서도 성경은 모든 삶을 구속하지만 실질적으로 우리에게 가까이 있는 것은 성령의 법입니다. 즉 성령의 인도하심을 받는 삶이 가장 중요하고 실제적이라는 말입니다.

느낌대로 떠오르는 생각대로 행동함으로써 우리는 우리 마음에서 떠오르는 생각들 가운데 다양한 출처의 생각들이 있다는 사실을 발견하게 되고 구분하는 기술이 생깁니다. 이런 저런 환경에서 부닥쳐 보아야 요령이 생깁니다. 성령의 인도하심에 따라 사는 것은 이론이 아니고 현실입니다. 즉 생활입니다.

우리들이 사는 삶에 정답이 있습니까? 어떤 커다란 원칙은 있지만 정답은 없습니다. 자신들이 살아가고자 하는 계획대로 살아집니까? 원칙대로 살 수도 없고 설계한 대로 살아지지도 않습니다. 성령의 인도하심을 따라서 사는 삶도 삶이므로 계획한 대로 이론대로 살아지는 것이 절대로 아닙니다. 우리의 삶은 모르면서 사는 것입니다. 결과도 모르고 방향도 모르면서 마치 모든 것을 안다는 착각 속에 살아가고 있습니다.

영적 삶은 이런 우리의 삶과 다르지 않은 삶입니다. 그러므로 원칙은 있으나 정답이 없는 삶입니다. 그러므로 과감한 행동이 필요합니다.

초보일 때는 많은 실수도 하고 미숙함으로 당하는 어려운 문제들이 많습니다. 이런 부분들을 속히 통과하고 성숙한 사람이 되기 위해서 많이 배워야 합니다. 그러나 주변에서는 우리를 미숙하다고 생각하지 않습니다. 육체적으로 성장한 사람이기 때문에 영적인 일도 그런 기준으로 봅니다. 그러므로 이런 주위의 반응에 너무 신경을 쓰면 아무것도 할 수 없게 됩니다. 육체에 속한 사람을 벗고 영에 속한 사람이 되기 위해서는 자신이 영적으로 어리다는 사실을 인정하고 어린 아이처럼 행동하는 것입니다. 부끄러워하지 말고 과감히 행동에 옮기는 것입니다. 성령이 내 마음에 지시하는 것 같은 느낌이 들면 행동하기 바랍니다. 먼저 자신에 관여된 일에만 행동하십시오.

의사가 되기 전에 학생으로 배울 때는 많은 임상시험을 거칩니다. 실험실에서 실험대상을 가지고 배우듯이 우리는 먼저 자신과 주변의 사물들을 통해서 성령의 인도를 배워나갑니다. 처음에는 하나님은 주로 자신의 신변에 얽힌 것들을 사용하여 가르치십니다. 다른 사람에게 피해가 가지 않는 내용들을 주로 사용하시며, 이 과정을 지나면 사람들을 상대로 하는 훈련으로 들어갑니다. 우리의 목표는 사람이기 때문입니다.

어느 정도 자신감이 생기면 실전적 훈련으로 들어가 사람을 상대로 합니다. 이 과정에서 문제가 생기지만, 이 모든 것은 자신을 다듬는 하나님의 계획된 훈련입니다. 이 과정은 여러 해가 걸릴 경우도 있습니다. 어쩔 수 없이 사람들에게 피해를 주고 상처도 주게 됩니다. 여기서 주눅이 들면 안 됩니다. 실수하게 된 사람에게는 미안한 일이지만 이런 과정을 겪어야 성령의 인도하심을 제대로 파악하게 됩니다.

8부 권능의 개발

66장 왜 성도에게 권능이 필요한가요

권능 받은 사람에게 나타나는 표증은 무엇이며 어떤 사람에게 임하는 것일까요? 예수님께서는 백부장의 믿음을 보시고 그 즉시 하인의 질병을 치료해 주셨으며, 12년 동안 혈루증을 앓던 여인이 믿음을 갖고 예수님의 옷에 손을 대는 순간 깨끗이 치료해 주셨습니다. 하나님께서는 오늘날도 권능 받은 주의 종이나 일꾼들을 통해 수많은 기사와 표적, 희한한 능과 기이한 일들을 나타내시며 무수한 사람들을 구원의 길로 인도하고 계십니다. 그러면 권능이란 무엇이며 어떠한 사람들을 통하여 나타나는 것일까요?

첫째, 권능이란 무엇인가? 권능은 '권세 있는 능력'이라고 말할 수 있습니다. 여기서 능력이란 사람으로서는 할 수 없지만, 하나님으로는 능치 못할 일이 없으신 믿음의 힘입니다. 또한 권세란 하나님의 정하신 엄위 있고 영광스러운 힘이요, 영계에서는 죄가 없는 것이 힘이기 때문에 성결 그 자체라고도 말할 수 있지요. 따라서 모든 악과 비진리를 버리고 성결된 하나님의 참자녀가 되면 영적인 권세를 받을 수 있는 것입니다.

그러면 능력, 권세, 권능은 어떻게 다를까요? 비유를 들면, 가정에서 돈을 잘 벌 수 있는 능력이 출중한 아들이 있다 해도 가장으로서의 권세는 아버지에게 있습니다. 그래서 질서가 잡힌 가정이라면 아들이 벌어온 돈을 아버지가 요구할 수 있고, 아들의 입장에서는 순종하게 됩니다. 그러나 아버지의 권세가 있으면서 돈을 벌 수 있는 능력도 있다면 권능이 있다고 말할 수 있습니다.

둘째, 권능은 어떠한 사람에게 임하는가? 성경을 상고해 보면 하나님께 권능을 받은 사람들은 마음에 악이 없는 사람 즉 성결된 사람이었으며 무조건 하나님의 말씀에 '아멘'하고 순종하는 사람들이었습니다. 어제나 오늘이나 동일하신 하나님께서는 오늘날도 얼마든지 하나님을 지극히 사랑하기에 하나님의 계명들을 온전히 지키는 사람들에게 놀라운 기사와 표적을 행할 수 있는 권능을 주시는 것을 볼 수 있습니다.

물론 온전한 권능을 행하려면 하나님을 지극히 사랑하는 단계를 넘어 하나님을 기쁘시게 해 드리는 차원의 믿음을 소유해야 합니다. 하지만 악을 버리고 성결된 사람이 되면 성령으로 불같은 기도를 쌓는 만큼 권능이 나타나게 됩니다. 또한 아직 성결에 이르지 못하여 스스로 권능을 행할 만한 차원에는 이르지 못했다 할지라도 하나님께서 권능으로 보장하는 사람의 기도를 믿음으로 받을 수 있는 사람이라면 권능의 역사가 따를 수 있습니다. 예수님께서 이 땅에서 사역하시는 동안 제자들을 안수하여 보내었을 때 표적이 따랐던 것과 같은 이치이지요(마 10:1).

셋째, 권능은 하나님께 속한 것이다. 예수님께서는 죽어 나흘

된 나사로를 살리셨으며, 베드로나 바울 사도도 죽은 사람을 살리는 등 갖가지 역사를 행하였습니다. 이렇게 무에서 유가 창조되는 놀라운 일들은 창조주 하나님을 통해서만이 나타날 수 있으며 오늘날도 권능 받은 하나님의 종들과 일꾼들을 통하여 증거 되고 있습니다.

그러므로 권능은 하나님께 속한 것으로(시 62:11), 마치 하나님께 속한 고유상표와 같아서 아무나 흉내낼 수 있는 것이 아닙니다. 만일 누군가 권능을 행하고 있으며 그것이 하나님만이 하실 수 있는 영역에 속한 것이라면 그는 분명히 하나님께 속한 사람이라는 사실을 알아야 합니다. 하나님께 속한 권능은 영혼들을 구원에 이르게 하며 하나님께 영광을 돌리게 하지만, 거짓으로 꾸며낸 권능은 사람들을 미혹하여 사망에 이르게 할 뿐 아니라 개인의 유익을 취하거나 스스로 영광을 받고자 하므로 열매를 보아 분별할 수 있습니다.

넷째, 권능을 받은 사람에게 나타나는 표증들은 이렇다.

1) 표적(表蹟)이 따릅니다. 표적이란 사람이 행할 수 있는 한계를 넘어선 하나님의 능력이 눈에 보이게 나타나는 경우를 말합니다. 예를 들어, 소경이 눈을 뜨고 벙어리가 말을 하며 들리지 않던 귀가 들리는 것은 물론, 앉은뱅이가 일어나고 짧았던 다리가 길어지며, 굽었던 허리가 펴지며 소아마비나 뇌성마비가 온전해지는 역사 등이 이에 속하지요. 마태복음 4:23을 보면 "예수께서 온 갈릴리에 두루 다니사 저희 회당에서 가르치시며

천국 복음을 전파하시며 백성 중에 모든 병과 모든 약한 것을 고치시니"라고 하여 병과 약한 것이 구분되어 기록되어 있습니다. 여기서 약한 것이란, 가벼운 질병이 아니라 불의의 사고나 부모나 자신의 실수로 신체의 어떤 기관이 마비되거나 퇴화되어 정상적인 활동이 불가능한 경우를 말합니다. 이런 약한 것을 고치는 능력 행함은 병 고치는 은사를 받았다고 할 수 있는 것이 아닙니다. 병 고치는 은사 즉 신유의 은사를 받으면 성령의 불의 역사로 아픈 부위나 질병의 균을 태워 병을 낫게 할 수는 있으나, 그런 병들은 겉으로는 드러나지 않으므로 표적에 해당하지는 않는다는 사실입니다.

2) 희한한 능(能)과 기이한 일이 따릅니다. 희한한 능의 예로는 사도행전 19:11-12에 기록된 사건을 들 수 있는데, 사람들이 바울의 몸에서 손수건이나 앞치마를 가져다가 병든 사람에게 얹으면 그 병이 떠나고 악귀도 나갔다고 했습니다. 또한 베드로 사도의 경우, 그림자만 스쳐도 치료의 역사가 나타났다는 사실을 알 수 있습니다(행 5:15-16). 기이한 일에 대한 예로는 모세가 애굽에서 행했던 열 재앙과 예수님께서 중풍으로 꼼짝도 못하던 사람을 치료하신 것(눅 5:17-26)을 들 수 있습니다. 이처럼 성경에 기록된 것 이 외에도 희한하고 기이한 일은 얼마든지 다양하게 일어날 수 있습니다.

3) 기사(奇事)가 따릅니다. 기사란 하나님의 역사 가운데 천기를 움직이는 것에 해당하는 일들로 주로 기상 현상과 관계되

어 있습니다. 예를 들면, 구름을 움직인다든가 비를 오게 하거나 멎게 하는 것, 천체를 움직이는 것 등이 이에 속하지요. 성경상에서 예를 들면, 사무엘이 기도하자 하나님께서 우뢰와 비를 보내 주신 일이 있었고(삼상 12:18), 또한 이사야 선지자가 하나님께 간구하자 해 그림자가 10도 뒤로 물러간 일이 있었습니다(왕하 20:11). 또한 엘리야 선지자는 비가 오지 않기를 간절히 기도한즉 3년 6개월 동안 땅에 비가 아니 오고 다시 기도한즉 하늘이 비를 주셨다고 했습니다(약 5:17-18).

이처럼 하나님 앞에 합당한 사람들의 간절한 믿음의 간구와 기도를 통해 하나님의 놀라운 기사가 나타날 수 있는 것입니다. 그러므로 하나님께서는 그의 자녀들이 성결을 이루며 불같이 기도하여 표적과 기사를 행하는 권능의 차원에 들어오기를 원하신다는 사실을 깨달아야 하겠습니다.

다섯째, 권능을 사용해야 한다. 마귀가 삶이나 가족이나 사랑하는 사람들의 삶 가운데 어디에 있든지 예수를 믿는 자들은 마귀를 대적할 권능을 가지고 있습니다. 이것을 깨달을 때 마귀의 권능을 부셔 버릴 수 있습니다. 믿는 자들은 그럴 권능을 가지고 있습니다. 믿는 자들은 마귀에 대해서 권능을 행사할 권리가 있으므로 적으로부터 자유할 수 있습니다. 야고보서 4:7에 "마귀를 대적하라 그리하면 너희를 피하리라"고 말씀합니다.

성경은 마귀가 예수님을 보면 도망간다고 말하지 않고, 자신이 예수 이름을 사용할 때 마귀가 도망갈 것이라고 말하고 있습니다. 마찬가지로 예수님께서 병자에게 손을 얹어줄 것을 기도하는 것이 아니라, 자신의 손을 얹어야 합니다. 자신이 권능을 가지고 있다는 사실을 깨달아야 합니다. 영적 권능이란 자연적인 권능과 매우 비슷합니다. 오직 중보기도를 통해서만 다른 사람의 가족 가운데 영적 권능을 행사할 수 있습니다.

바울은 에베소서 4:27에서 "마귀로 틈을 타지 못하게 하라"고 말하고 있습니다. 자신 안에 마귀에게 장소를 내어주지 말아야 합니다. 마귀는 당신이 허락하지 않는 한 어떤 자리도 차지할 수 없습니다. 주님은 우리에게 마귀를 능가하는 권능을 위임하셨습니다. 그러나 우리가 마귀에 대하여 아무것도 행하지 않으면 아무 일도 일어나지 않을 것입니다. 이제 왜 일이 그렇게 되어가고 있는지 이해할 수 있을 것입니다. 우리가 그런 일들이 일어나도록 허락했기 때문이지요. 우리의 권능을 알지 못하고서는, 우리가 할 수 있는 바를 알지 못하고서는, 우리는 아무 것도 하지 못합니다.

우리는 귀신들에 대하여 권능을 가지고 있으므로 우리의 삶이나 가족들의 삶에 권능을 사용하여 귀신들을 통제할 수 있습니다. 그러나 다른 사람이 관계될 때에는 항상 귀신들을 통제할 수 있는 것이 아닙니다. 왜냐하면 인간의 개인 의지가 작용하기 때문입니다. 사람들이 그 상태를 원하고 있을 때, 우리는 그런 사람들을 그냥 내버려두고 그들을 떠나야 합니다. 그들이 자유를 원하지 않는 한 예수님이나 그 누구도 그들을 자유하게 할 수 없습니다. 권능이 있어야 하나님에게 쓰임을 받습니다.

67장 권능은 어디에서 나오나요

예수 이름의 권능은 성령으로 세례를 받고 성령의 임재 안에서 나타나게 됩니다. 성령으로 세례를 받지 않고, 성령을 이론으로 아는 성도가 예수 이름으로 사용하면 권세가 나타나지 않습니다. 반드시 성령으로 세례를 받고 성령의 임재 하에 예수 이름으로 명령할 때 기적이 일어나는 것입니다.

많은 성도들이 오해하는 것이 나는 왜 예수 이름으로 기도해도 역사가 나타나지 않을까? 하는 의구심입니다. 예수 이름으로 기도해도 역사가 나타나지 않는 것은 자신 안에 계신 성령으로부터 권능이 나오지 않기 때문에 역사가 나타나지 않는 것입니다. 예수를 영접하면 성령께서 믿는 사람의 영 안에 좌정하십니다. 자신의 영 안에 성령은 좌정하여 계시지만 여러 가지 육의 장애로 밖으로 나타나지 못합니다. 이렇게 임재하신 성령은 성령이 역사하는 장소에 가서 뜨겁게 기도할 때 비로소 자신의 전인격을 장악합니다.

자신의 전인격을 장악하는 현상이 바로 성령의 세례입니다. 이때부터 성령께서 자신의 안에서 밖으로 나타나기 시작을 합니다. 이 성령은 먼저 자신을 치유하기 시작을 하십니다. 자신의 의지가 성령의 역사에 순종하는 데로 하나하나 장악을 해가십니다. 그러므로 성령으로 세례를 받는 것으로 만족하지 말고 성령의 인도에 따라 뜨겁게 기도하면서 성령으로 충만하게 되려고 의지적인 노력을 해야 합니다. 성령이 자신을 장악하면 할수록 권능은 강해지게 됩니다.

이때부터 예수 이름으로 기도하면 기도하는 성도의 믿음에 따라 성령께서 눈에 보이는 역사를 일으키는 것입니다. 기적을 날마다 체험하려면 이렇게 해야 합니다.

첫째, 자신 안에 성령님이 임재하여 역사하고 계신다고 믿어야 합니다. 성령으로 세례를 받으면 자신 안에 성령께서 좌정하고 계시는 것입니다. 이를 믿을 때 효력이 발생하는 것입니다.

둘째, 자신 안에 성령님이 주인이라는 것을 인정해야 합니다. 아주 중요한 것입니다. 내가 하는 것이 아니고 내 안에 성령님이 하신다는 것을 믿는 것입니다.

셋째, 성령님은 초자연적인 권능(불)이라는 것을 알고 믿어야 합니다. 일부 목회자와 성도들이 가시적인 현상이 일어나야 자신이 권능이 있는 줄로 압니다. 이게 아니고 내 안에 계신 성령님이 권능(불)이라는 것을 믿을 때 권능으로 역사하십니다.

넷째, 자신이 성령의 감동을 받아 말할 때 성령의 권능(불)이 나온다고 믿어야 합니다. 실제로 성도가 성령의 임재 가운데 말을 하면 성령의 권능(불)이 나옵니다. 이를 성령의 나타남이라고 합니다(고전12:7). 이 성령의 권능(불)이 문제와 질병을 치유하는 것입니다. 당신이 예수 이름으로 권능 있는 삶을 살아가려면 항상 이렇게 생각을 하세요. "내가 성령의 임재 가운데 말할 때 성령의 권능(불)이 나온다." 문제는 자신이 성령이 충만한 가운데 예수 이름으로 명령하면 성령의 권능(불)이 나온다는 말을 이해하지 못하는 분들도 있습니다. 또, 정상이 아니라고 생각하거나 이단이 아닌가 의심하는 사람이 있습니다. 이런 분들은 아직 성령의 나타남을 바르게 이해하지 못한 결과입니다. 말씀을 영적으로 해석하면 맞는 말입니다. 성령은 믿는 사람의 마음 안에 임재하여 계시기 때문입니다. 이 성령이 밖으로 나타나기 때문에 권능(불)이 자신 안에서 나오는 것입니다.

다섯째, 예수 이름으로 기도할 때 문제나 질병을 사역자 자신이 치유하는 것이 아니라는 것을 알아야 합니다. 성령께서 자신을 이용(통)해서 치유하시는 것입니다. 하나님은 사람을 통하여 일을 하시기 때문입니다.

여섯째, 자신이 문제나 질병을 향해서 예수 이름으로 기도할 때 성령님이 치유하신다는 확실한 믿음이 있어야 합니다. 일곱째, 문제나 질병을 향하여 담대하게 예수 이름으로 대적하며 기도하는 것입니다. "내가 예수 이름으로 명하노니 가난은 떠나갈지어다." "내가 예수 이름으로 명하노니 심장병은 치유될지어다." "내가 예수 이름으로 명하노니 혈기 나게 하는 귀신은 떠나갈지어다." 이렇게 성령의 임재 가운데 직설화법으로 담대하게 명령하면 성령께서 반드시 기적을 일으키십니다.

권능이 있는 것은 권세와 능력이 있다는 것입니다. 자신이 예수 이름으로 명령할 때 반드시 성령께서 역사하신다는 것을 믿어야 합니다.

68장 능력자에게 안수한번 받으면 되지요

제가 성령치유 사역을 하면서 안타까운 경우를 많이 겪습니다. 다름 아닌 영적이고, 정신적인 문제로 고통을 당하는 분들입니다. 바른 복음을 받지 못하고 바른 치유를 알지 못하고, 바른 치유를 받지 못해서 불필요한 시간과 정력과 물질을 낭비하고 있기 때문입니다. 너무나 많은 성도들이 영적인 면에 무지하여 불필요한 고통을 당하고 있습니다.

이렇게 영적이고 정신적인 문제로 고통을 당하는 분들은 이미 자신의 내면에 잠재하여 있던 요소들이 드러난 것입니다. 이런 유형의 사람들의 가계력을 조사해 보면 조상 중에 무당이 있다든지, 남묘호랭객교를 믿었든지, 절에 스님이 있다든지, 우상을 지독하게 섬겼다든지, 절에 재물을 많이 시주 했다든지, 영적이고 정신적인 질병으로 고생하다가 돌아간 사람이 있다든지, 등등의 원인이 반드시 있었습니다. 이런 사람들은 태아시절에 귀신이 침입을 하기도 합니다. 유아시기에도 침입을 합니다. 그러니까, 영적정신적인 문제 보균자들입니다.

이렇게 잠재하여 있던 영적정신적인 문제들이 사업파산, 결혼실패, 직장해고, 학교공부 스트레스, 충격적인 상처, 놀람 등 자신이 감당할 수 없는 충격을 받거나 장기간 스트레스를 받아 체력이 급속이 저하되었을 때 밖으로 나타납니다. 그래서 저는 균형잡힌 영성이 되어야 한다는 말을 많이 합니다. 영-혼-육이 균형이 잡혀야 정상적인 생활을 할 수가 있다는 말입니다.

우리가 스트레스를 받으면 체력의 소모가 많이 됩니다. 체력이 떨어지니 자신 속에 잠재하여 있던 영육의 문제가 드러나는 것입니다. 정상적으로 지내던 사람이 갑자기 불안하고, 초조하고, 두려워서 잠을 자지 못하고, 가위눌림을 당하고, 헛것이 보이기도 하고, 간질을 하고 발작을 하면서 괴성을 지릅니다. 머리가 깨질 것과 같이 아프기도 합니다. 정상적인 생활을 할 수 없는 지경에 이르게 됩니다. 그래서 영적인 문제라고 단정하고 축사만 받으려고 합니다. 유명하다는 목사를 찾아가 안수를 받습니다. 한번에 쉽게 해결을 받기 위해서 돌아다닙니다. 이렇게 이리저리 돌아다니다가 치유의 시기를 놓치는 경우가 허다합니다.

그러다가 영적인 분야를 잘 알지 못하는 사역자를 만나 금식도 합니다. 그러나 금식은 금물입니다. 체력이 소진되어 문제가 발생했는데 금식을 하면은 기름 탱크에 불을 붙이는 것과 마찬가지입니다. 더 악화된다는 것입니다. 이때에는 당황하지 말고 환자를 안정을 시키고 우선 체력을 보강해야 합니다. 빠른 시간에 체력을 보강할 수 있는 보약이나 다른 보양 식품을 먹여야 합니다. 그래서 체력을 회복시켜야 합니다. 안정을 취하게 해야 합니다.

그러면서 정신적인 문제를 바르게 전문으로 치유하는 사역자에게 가서 말씀과 성령으로 치유를 받으면 바로 정상이 됩니다. 치유는 무조건 축귀만 한다고 치유가 절대로 되지 않습니다. 비전문가의 축귀는 오히려 더 악화될 수가 있습니다. 주의해야 합니다. 영적, 정신적인 문제 치유가 그렇게 쉽고, 단순하지 않습니다. 환자 스스로 말씀 듣고 기도를 하도록 해야 합니다. 본인이 영의 힘으로 일어서게 해야 합니다. 환자가 영적 자립을 해야 하므로 시간이 걸립니다. 급하게 생각한다고 빨리 치유되는 것이 절대로 아닙니다. 축사만 하면 당시에는 치유가 된 것 같은데 시간이 지나면 재발을 합니다. 영적 자립능력이 없기 때문입니다.

그런데 이와 같은 전문적인 치유를 일반 성도들이나 목회자는 잘 이해하지 못합니다. 그래서 영적치유를 받겠다고 1년 이상 돌아다니면서 이 사람 저 사람에게 안수와 축귀만 받으면서 돌아다니게 됩니다. 이러다가 치유의 시기를 놓쳐서 환자가 사람 노릇을 못할 정도로 심각해 질수가 있으니 주의 하지 않으면 안 됩니다.

제일 좋은 것은 사전에 예방하는 것입니다. 이런 가계력이 있다면 미리 성령이 충만한 교회에 가서서 전문적인 치유사역자의 도움을 받아가며, 성령의 역사로 문제의 잠복된 요소들을 배출하는 것입니다. 아무 교회나 다닌다고 예방되는 것은 절대로 아닙니다. 살아계신 성령의 역사가 있고, 생명의 말씀이 증거 되는 교회라야 사전에 영적인 진단을 하여 치유될 수가 있습니다.

침입한 귀신은 나이에 상관없이 정체를 드러냅니다. 초등학교 1-2학년, 중학교1-2학년, 17살(고1)에 제일 많이 드러냅니다. 학업에 스트레스가 심하기 때문입니다. 20살에 드러냅니다. 24살에 드러냅니다. 결혼하여 잦은 부부불화가 있을 때 드러냅니다. 27살, 32살, 36살, 38살 43상 등등 한번 침입한 귀신은 인내하며 기다리다가 취약한 시기가 되면 반드시 정체를 드러냅니다. 말씀과 성령의 역사로 정기적인 영적 진단과 내적치유와 축귀하는 예방 신앙이 중요합니다.

상처가 있고 영적으로 깔끔하지 못한 가계력을 가진 분들은 교회를 잘 정해야 합니다. 성령의 역사가 강한 교회에서 신앙생활을 하면서 미리 영적 진단하여 치유해야 하기 때문입니다. 예방신앙이 중요합니다. 숨어있던 귀신은 자신들이 원하는 시기가 되면 반드시 정체를 드러내기 때문입니다. 그럼 영적, 정신적인 문제로 고생하는 분들이 어떻게 치유를 받느냐 입니다. 1년 이상 15년까지 영적, 정신적인 문제로 고생을 했다면 이미 귀신이 전 인격을 장악한 상태입니다. 그러므로 능력이 있다는 사람에게 찾아가서 안수한번 받아서 해결하려는 생각을 아예 버리는 것이 좋습니다. 절대로 안수 한번 받아서 치유되지 않습니다.

저희 충만한 교회에서 치유하는 비결을 소개하면 이렇습니다. 먼저 환자가 치유 받고자하는 의지가 있어야 합니다. 보호자가 적극적이어야 합니다. 정기적인 집회(화-수-목)와 예배(주일)에 참석을 하여 말씀 듣고 기도를 하면서 안수를 받습니다. 이렇게 집중적인 치유를 하지 않으면 치유가 되지를 않습니다. 기도 시에는 제가 하라는 대로 순종(따라야)해야 합니다. 따라서 하지 못하면 자연스럽게 치유 기간이 길어집니다. 초기에는 모두 잘 따라하지 못합니다. 왜냐하면 귀신이 의지를 잡고 있어서 환자가 의지를 제대로 할 수 없기 때문입니다. 그러나 시간이 흐르면 따라하게 되어 있습니다. 저(강요셉 목사)가 직접 기도 시간마다 지속적으로 안수를 하면서 귀신의 묶임이 풀어지게 합니다. 그러면 제가 하라는 대로 환자가 따라합니다. 그러면서 서서히 성령께서 장악을 하십니다. 성령께서 장악을 하기 시작하면 치유가 되기 시작하는 것입니다.

치유는 전적으로 성령께서 하시는 것입니다. 어찌하든지 저 (강요셉목사)는 환자를 성령께서 장악을 하실 수 있도록 합니다. 전문적인 기술이 필요합니다. 저는 이런 유형의 환자를 많이 치유해 보았기 때문에 제가 하라는 대로 순종만 하면 모두 100% 치유 받을 수 있습니다. 문제는 순종하지 않기 때문에 치유되지 않습니다. 치유하는데 시간이 많이 소요가 됩니다. 환자의 유형에 따라 3개월-6개월-1년-2년이 걸립니다. 3년 이상이 걸리는 경우도 있습니다. 마음을 느긋하게 먹어야 환자를 살릴 수가 있습니다. 절대로 순간 치유는 불가능합니다. 어떤 경우는 4-5년이 걸리기도 합니다. 이렇게 치유가 되더라도 치유 후에 관리가 중요합니다. 지속적으로 주일 마다 관리해야 합니다. 어쩌면 치유 보다도 관리가 더 중요하다고 보아야 합니다. 성령하나님의 은혜 가운데 머물러 있어야 하기 때문입니다. 이유는 환자가 육을 가지고 있기 때문입니다.

영적, 정신적인 문제로 고통당하는 환자와 보호자는 단번에 치유 받으려는 생각을 접어야 합니다. 전문적인 사역자를 만나 지속적이고 장기적인 치유를 받아야 합니다. 이런 마음 상태만 되면 영적, 정신적인 문제로 15년을 고생했더라도 치유는 됩니다.환자나 보호자는 사전에 강요셉목사하고 대화를 한 후에 치유를 시작하시기를 바랍니다.

치유사례입니다. 저의 가계는 외할머니도 우울증으로 젊은 나이에서부터 고생하시며 사셨습니다. 그렇게 지내시다가 늙으셔서는 치매에 걸려 10여 년간 고통당하시다가 돌아가셨습니다. 저희 어머니도 지금 우울증으로 고생을 하며 지내고 계십니다. 저 역시 나이 스물에 우울증이 생겨서 7년 동안 정신 신경과 약을 먹었습니다. 그래서 정신이 멍하고 사람 노릇을 못하고 지냈습니다. 정신신경과 의사 선생님의 말로는 평생 정신신경과 약을 먹으며 살아야 한다고 했습니다. 결혼해도 결혼 생활도 힘이 들것이고 아이의 출산도 어려울 것이라고 했습니다.

그러다가 국민일보 광고를 보고 충만한 교회를 알게 되었습니다. 광고에 우울증이 치유가 되었다는 간증을 보고 충만한 교회를 찾게 되었습니다. 어머니와 함께 찾아가서 치유집회에 참석했습니다. 처음에는 정신 신경과 약의 영향으로 목사님의 말씀에 집중하지 못했습니다. 설교 말씀이 하나도 들리지 않았습니다. 잡념이 많이 생기고 졸려서 도저히 말씀이 들리지를 않았습니다. 그러나 강 목사님은 저에게 꼭 치유된다는 의지를 가지고 계속 다니라고 하시면서, 기도 시간에는 숨을 들이쉬고 내쉬면서 주여! 주여! 주여! 하며 소리를 내라고 하셨습니다. 기도 시간에 자주 저에게 오셔서 주여! 를 하는지 확인을 자주 하셨습니다.

그러면서 저에게 목사님을 따라서 주여! 를 하라고 주여! 를 계속하게 하셨습니다. 그래서 저도 의지를 가지고 주여! 를 계속 했습니다. 그러기를 한 4주 동안 했습니다. 처음에는 주여! 소리가 잘나오지 않았습니다. 그런데 자꾸 의지를 가지고 주여! 를 하니까 잘되었습니다. 그러다가 성령 체험을 했습니다. 막 기침이 나오고 몸이 흔들리고 온 몸이 뜨겁고 방언이 터지는 성령을 체험했습니다. 그 뒤로는 기도가 잘되고 말씀도 잘 들렸습니다. 머리도 많이 맑아 졌습니다. 이제 주일날도 충만한 교회에 가서 예배를 드리고 치유를 받았습니다. 3개월 정도 지난 것 같습니다.

목사님이 이제 약을 반으로 줄여 먹어보라고 하셨습니다. 그래서 반으로 약을 줄였습니다. 일주일이 자나도 생활하는데 아무런 불편이 없고 잠도 잘 오고 문제가 없었습니다. 그래서 의사 선생님에게 상황을 말씀드렸더니 약을 약하게 지어주셨습니다. 그약을 이틀에 한 번씩 약 한달 정도 먹었습니다. 아무런 문제가 없었습니다. 그래서 의사 선생님에게 가서 말씀을 드렸더니 약을 일주일동안 먹지 말라고 하셨습니다. 그래서 약을 먹지 않고 일주일을 아주 기분 좋게 지냈습니다. 병원에 갔더니 의사 선생님이 약을 먹지 않고 한 달을 지나고 오라고 하셨습니다. 만약 중간에 증상이 좋지 못하면 바로 오라고 하셨습니다.

한 달을 잘 지냈습니다. 이상이 없었습니다. 그리고 의사 선생님에게 갔더니 이제 완전히 우울증이 치유가 되었다는 진단을 받았습니다. 충만한 교회 와서 5개월이 지난 후의 결과입니다. 하나님 정말 감사합니다. 제 우울증을 치유하신 주님 감사합니다. 여러분 대물림은 무섭습니다. 그러나 성령의 역사를 체험하면 완전 치유가 됩니다. 지금 대물림되는 우울증으로 고생하는 여러분 희망을 가지고 대물림의 치유를 받으시기를 바랍니다. 그리하여 저같이 평안을 찾으시기를 바랍니다. 예수님은 살아 역사하고 계십니다. 믿으면 치유를 받습니다. 그동안 기도를 열심히 해주시며 돌보아 주신 강요셉 목사님에게도 감사를 드립니다.

69장 권능은 세 가지 차원이 있지요

상당수의 그리스도인들은 예언(prophesy)은 하나님이 주신 계시를 말하는 것이며, 신유(divine healing)는 치유의 능력을 받아서 환자에게 손을 얹고 기도하는 것이며, 축사(exorcism)는 귀신을 꾸짖고 나가라고 명령하는 것이라고 단순하게 생각합니다. 성령으로부터 그런 능력을 받았기 때문에 그냥 하면 된다고 생각합니다. 실제로 우리가 해야 할 일이라고는 특별히 없는 것이라고 가르쳤고, 그것이 은사이기 때문에 우리의 어떤 노력이나 수단이 필요하지 않다고 생각합니다.

영적 은사는 받은 만큼 나타나는 것이기 때문에 많이 받은 사람은 강력하게 나타나고 적게 받은 사람은 적게 나타나는 것이라고 생각하였습니다. 이런 생각은 은사라는 말을 제대로 이해하지 못했기 때문입니다. 예언, 신유, 축사 이 세 가지는 화려한 은사 가운데 가장 핵심이 되는 것입니다. 그리고 이 능력은 또한 세 가지 특성(성도, 사역자, 전도자)을 지니고 있습니다. 외형적으로는 같은 은사처럼 보이지만, 결코 같지 않은 세 가지의 특성을 포함하고 있기 때문에 이를 혼동해서는 안 됩니다.

능력은 모든 그리스도인이 죄를 이기고 믿음을 굳게 하기 위해서 거듭나면 주님으로부터 하나님의 자녀가 된 증거로 받게 되는 권세가 있습니다. 이 권세 속에 능력이 포함되어 있는 것입니다. 누구나 예언할 수 있고, 병을 고칠 수 있으며, 귀신을 쫓을 수 있습니다. 다만 그런 능력이 나타나는 횟수가 빈번하지 못하며, 여러 가지 부담과 조건들이 있다는 것입니다.

성령께서 필요할 때 그리스도인에게 주어서 이를 사용하게 하는 한시적인 성격이 강합니다. 그러므로 평소에는 이런 능력들이 나타나지 않다가 성령의 기름부음이 임하면서 나타나게 되는 것입니다. 예언의 영이 임하면 예언하게 되고, 신유의 능력이 임하면 병을 고치며, 주님의 임재가 일어나면 귀신이 쫓겨나갑니다.

하나님의 자녀가 된 모든 그리스도인들은 성령의 도구가 되어 언제든지 성령의 뜻에 따라서 권능을 보일 수 있지만, 그 선택은 절대적으로 주님께 있다는 사실입니다. 그러므로 평범한 그리스도인들은 일시적으로 주님의 뜻에 따라서 성령의 선택을 받게 되며, 그로 인해서 기름부임이나 임재가 일어납니다. 이런 의미에서 최초의 기름부음에 의한 능력의 나타남은 우리들의 어떤 노력의 결과가 결코 아닙니다.

그러나 이런 기초적이고 기본적인 단계를 지나게 되면 우리는 영적으로 성숙하게 되며, 기름부음과 임재에 대해서 깨닫게 되는 것입니다. 여기서 중요한 것은 이런 사실을 구체적으로 배워서 정리가 되어야 한다는 것입니다. 조직신학이란 그리스도를 체계적으로 이해할 수 있도록 구체적으로 구분해서 설명하는 학문입니다. 그리스도에 관한 조직신학적인 이론의 정립처럼 능력에 관해서 이론을 체계적으로 구성하여 정리함으로써 우리는 자주 그리고 의도적으로 기름부음과 임재를 경험하게 됩니다.

"땅에서 매면 하늘에서 매이고 땅에서 풀면 하늘에서 풀린다"(마 18:18)는 말씀은 우리들에게 어떤 부분에서 우선권이 있다는 사실을 지적하는 내용입니다. 우리가 먼저 할 때 주님은 그 다음을 하시는 것입니다. 즉 시동권(始動權)이 우리들에게 있기 때문에 우리의 판단과 결정에 의해서 주님이 역사하시는 경우가 많이 있는 것입니다. 이런 시동권을 확보하기 위해서는 우리들이 해야 할 많은 부분의 지식과 경험이 필요한 것입니다.

은사로서 능력을 행하는 사람들을 우리는 사역자라고 부릅니다. 하나님이 각 사람에게 능력을 골고루 나누어주시는 것이 아니라 차등을 두어서 주시는 것입니다. 이 사실은 달란트 비유에서 잘 드러난 사실입니다. 이 역시 하나님의 일방적인 결정에 의해서 되는 일이므로 우리는 어떤 이의도 제기할 수 없습니다. 그러나 여기에는 충성이라는 조건이 있는 것입니다. 하나님의 뜻대로 잘 행하였을 경우에는 그 능력이 증대될 수 있다는 사실이며, 그렇지 못할 경우에는 잃어버릴 수 있다는 엄격함이 있습니다.

사역자는 평범한 그리스도인이 아니라 하나님의 이름을 드러내야 하는 의무가 있는 사람입니다. 그러므로 하나님의 영광을 구체적으로 적극적으로 나타낼 수 있도록 노력하지 않으면 안 되는 것입니다. 이런 조건 역시 배우고 개발해야 하는 요소들이 있는 것입니다. 개인적으로는 감당할 수 없는 부분이므로 학자들이 해야 할 몫임에도 불구하고 우리 교회는 여기까지 손이 닿지 못하는 실정입니다. 그래서 주먹구구식으로 해오고 있고, 그

책임 전체를 사역자에게 돌리는 무책임함을 보여주고 있는 것입니다.

신학자가 무엇 때문에 있는 것입니까? 교회를 돕기 위해서가 아닙니까? 그래서 신학을 교회의 시녀라고 정의하지 않습니까? 수많은 영적 능력 사역자가 나오고 있습니다. 그들 대부분이 여성들입니다. 남성들이 교권에 집착하는 가운데 주님은 여성들을 사용해서 능력 사역을 행하도록 불러냈습니다. 목회자를 위해서는 신학이 존재하지만 능력 사역자들을 위해서는 그 어떤 것도 마련되어 있지 않은 것입니다.

그런 가운데 야전을 치르는 초급 장교들처럼 그들은 몸으로 이 능력 사역을 해왔습니다. 그런 세월이 반세기가 지났지만 신학은 아직까지도 이 부분을 외면하고 있는 것입니다. 신학 없는 목회자가 있을 수 없듯이 신학 없는 능력 사역자 또한 있을 수 없습니다. 초기에는 그럴 수밖에 없지만 세월이 흐르면 당연히 조직신학을 구성해야 합니다. 그래야 질서가 잡히고 부작용이 감소되는 것이 아닙니까?

그리고 아주 독특한 사역자인 복음전도자가 있습니다. 이들에게는 강력한 권세와 능력이 주어집니다. 기사와 이적을 나타내는 것입니다. 주님은 복음을 전하기 위해서 불러낸 종들에게 하늘과 땅의 권세를 주신다고 약속했습니다. 70인의 제자들을 파송했을 때 그들에게 주어진 권세로 그들은 모든 것을 할 수 있었습니다. 전대도 없이 전도의 길에 올랐습니다. 이는 그들이 자원한 것이 아니라 주님의 명령이었기 때문입니다.

복음전도자에게 주어진 아주 특별한 기사와 이적의 능력은 '공수의 조건'이 달려있습니다. 전대도 없고 두 벌 옷도 없어야 하는 이 조건은 전도자를 전도자로 인정하는 절대적인 기준입니다. 바울이 자신의 사도성에 관해서 정의할 때 주의 직접적인 부르심과 오래 참음과 기사와 이적을 나타내는 많은 능력(고후 12:12)이라고 말합니다. 기다림은 그에게 있어서 사도로서 인치는 중대한 조건이었습니다. 이렇듯이 복음전도자에게 있어서 공수의 조건은 전도자로서의 인증마크입니다. 이것은 전도자 스스로가 지켜 나가야 할 정체성인 것입니다.

이와 같이 예언을 비롯한 각종 능력을 행함에 있어서 우리가 해야 할 의무와 책임이 있고 알아야 할 지식이 있는 것입니다. 이는 세월이 흐르고 교회가 성장할수록 그 지식들은 더욱 세분화되고 복잡해질 수밖에 없습니다. 초기에는 이런 지식이 없어도 행할 수 있었고 용납이 되었습니다. 그러나 성숙기에 접어들도록 지식을 축적하지 못하고 알려고 하지 않으며 조건들을 외면하면 엄중한 심판을 받을 수밖에 없는 것입니다.

이 일은 능력 사역을 행하는 당사자뿐만 아니라 교회도 공동으로 그 책임을 질 수밖에 없습니다. 그러므로 지식을 전하고 가르치는 일에 지도자들이 소홀히 해서는 안 될 것입니다. '아는 것이 힘'입니다. 아는 것만큼 우리는 더 성숙할 수 있기 때문입니다.

70장 마귀가 공격하기 좋아하는 사람

마귀가 우는 사자처럼 두루 다니면서 삼킬 사람을 찾습니다. 그러므로 우리는 마귀가 삼킬 대상이 어떤 사람인지를 안다면 우리는 훨씬 잘 마귀를 물리칠 수 있을 것입니다. 마귀가 선호하는 사람은 먼저 여성입니다. 이것은 태초에 마귀가 하와를 유혹한 데에서도 그렇습니다. 여성이 마귀에게 약한 까닭은 감성적이기 때문입니다. 감성은 잘 교육되고 다듬어질 때에는 감성이 되지만 이것이 교육되지 않은 자연 상태로 있거나 거친 상황에 놓이면 감정이 됩니다. 감성은 이성의 다른 측면이지만 감정은 본능에 가깝습니다. 다듬어지지 않은 우리의 본성은 죄로 물들어 있기 때문에 감정은 죄의 유혹에 약할 수밖에 없습니다.

여성은 감성적이기 때문에 감정에 쉽게 휘말릴 수 있습니다. 생각을 깊이 하지 못하고 상황에 따라 즉흥적으로 행동하기 쉬운 것입니다. 마귀는 우리에게 조급하게 결정하고 행동할 것을 충동합니다. 하나님과의 친밀함은 느낌을 통해서 이루어진다는 사실을 우리는 알고 있습니다. 예언을 비롯해서 하나님의 말씀은 갑작스럽게 떠오르는 느낌(spontaneous thoughts)으로 우리에게 전달되기 때문에 감성적인 사람이 하나님과의 친밀함을 이루는데 더 유리할 수 있습니다. 이런 측면에서 여성은 남성보다 더 은혜를 잘 받을 수 있습니다. 그런데 이 장점이 마귀에게는 더 없이 좋은 유혹의 수단이 될 수 있다는 사실입니다.

즉흥성은 우리에게 행동마저 즉흥적으로 해야 하는 것을 의미하지는 않습니다. 구약의 예언자들은 즉흥적으로 받은 예언을 전하기 위해서 여러 날 동안 말씀을 간직하고 곰곰이 그 의미를 되새겨야 하는 시간적 간격을 갖도록 하나님이 배려하신 것을 봅니다. 이것은 하나님의 말씀을 감정적으로 다루지 않게 하려는 것입니다. 우리는 하나님의 은혜를 크게 받으면 뛸 듯이 기쁘고 흥분됩니다. 이런 감정이 고무된 상태에서는 하나님의 뜻을 제대로 파악할 수 있는 이성의 작용이 정지될 수밖에 없습니다. 감정이 감성의 작용으로 인해서 이성적 판단을 이끌러낼 수 있어야 하는데 이런 부분이 여성에게는 부족합니다. 특히 신체적 구조로 인해서 여성에게는 위치 파악 능력이 남성에 비해서 현저하게 떨어집니다. 이런 약점은 상황 판단을 하는 부분에서도 역시 그렇습니다.

여성은 이성의 작용보다는 감성의 작용이 강하므로 자칫 본능에 강하게 이끌릴 수 있습니다. 현실을 현실 상황으로 이해하기 보다는 본능에 이끌려 감정으로 행동하게 됩니다. 남성은 논리로 상황을 파악하지만 여성은 감성으로 대응하기 때문에 분위기를 많이 타는 것입니다. 남성은 실질적이고 현실적인 것을 먼저 생각하지만 여성은 분위기를 더 중요하게 여깁니다. 그래서 남성은 꽃 한 송이보다는 그 돈 액수만큼의 빵이 더 소중합니다. 많은 부분에서 남성과 여성이 차이를 보이는데 그 대부분이 감성에 연관된 것에서 현저하게 차이를 보이는 것입니다. 감정이 감성으로 성숙하지 못하면 여성은 결국 본능에 얽매이게 되는 것입니다. 이혼하는 경우 여성은 자녀를 포기하지 못합니다. 자녀가 있으므로 여러 가지로 불리하다는 것을 알지만 감성이 그것을 극복하게 하는 것입니다. 이것이 본능의 작용이고 이 본능에 이끌린다는 점을 마귀는 이용하는 것입니다.

여성은 실제보다는 환상을 더 중요하게 여깁니다. 그래서 축구경기보다는 드라마가 더 소중합니다. 실제를 실제로 보기 보다는 할 수만 있다면 환상으로 보기를 원합니다. 이것은 마귀의 실체 없는 허상을 현실로 착각하여 그 올무에 걸리기 쉬운 것입니다. 남성은 현실에 살지만 여성은 꿈속에 살기 원합니다. 그래서 종교적이며, 5차원적입니다. 실제적인 것과 꿈을 구분하는 능력이 현저하게 약하기 때문에 단순한 믿음에 휘말리기 쉽습니다. 7~80년대의 부흥사들이 주로 이용한 것이 이런 감정적 대응을 이끌어내기 위해서 터무니없는 행동들을 많이 했습니다. 이런 부흥회는 남성들에게는 유치하고 어리석어 보이지만 여성들에게는 일시적으로 착각에 빠지게 하기에 충분했습니다.

마귀가 선호하는 사람은 회개하지 않는 사람입니다. 이런 사람은 대체로 고집이 강하거나 자존심이 강해서 남에게 얕보이는 것을 무척 싫어합니다. 이런 유형의 사람은 완벽주의자가 많습니다. 자신이 하는 행위는 늘 올바르다는 생각을 가지고 있습니다. 그래서 남에게 피해도 주지 않고 피해를 받는 것도 싫어합니다. 그렇기 때문에 자신은 늘 올바르다고 생각합니다. 남에게 구체적이고 직접적인 피해를 주지 않는다면 죄가 되지 않는다는 생각을 가지고 있기 때문에 자신으로 말미암아 간접적으로 타인에게 상처를 준다는 사실에 대해서 알지 못합니다. 구체적이고 물리적인 행위가 아니면 죄가 되지 않는다고 생각하기 때문에 소극적인 죄에 대해서는 전혀 생각하려고 하지 않는 것입니다. 그러나 성경은 우리에게 해야 할 것을 하지 않는 것이 죄가 됨을 가르치고 있습니다.

즉 선한 사마리아인의 비유에서처럼 강도 만난 행인에게 우리는 아무런 위해를 가하지 않았지만 그를 적극적으로 돌아보지 않고 지나친 바리세인들에 대한 죄를 언급하고 있습니다. 우리가 이웃이 되어주지 않고 방관자의 자리에 있는 것 역시 그 범행과 다를 바가 없는 것입니다. 행동해야 할 자리에서 행동하지 않은 소극적인 죄에 대해서 우리가 죄로 여기지 않음으로써 우리는 죄의 유혹을 이길 수 없게 됩니다. 이것을 마귀가 이용하여 우리를 소극적인 사람으로 남게 하는 것이며, 이 속임수에 걸려 우리는 하나님의 나라에 방관자로 머무르게 되는 것입니다.

바리세인들은 스스로 의롭다고 생각했습니다. 이들은 자신들이 하는 행위를 늘 자랑했고 정당한 것으로 여겼습니다. 종교적 규율을 엄격하게 지켰으며, 의무에 철저하였지만 이 모든 것은 실상 마음에서 우러나온 것은 아니었습니다. 그리스도인으로서 그저 당연히 해야 하는 것으로만 생각하고 의무적으로 행동하는 사람에게 있어서 죄의 회개는 반가운 것이 아니며, 이런 태도를 지닌 사람을 마귀는 좋아합니다. 저는 사람들에게 죄를 회개해야 한다고 말하면 이상하게 생각합니다. 이미 죄를 회개했는데 무슨 죄를 또 회개해야 하는가 하고 의아해합니다. 많은 경우 하나님이 원하는 수준의 회개를 하지 못하고 살아갑니다. 일방적으로 고백하고 죄가 다 처리되었다고 생각합니다.

우리는 죄를 고백하면 하나님은 미쁘셔서 다 용서하신다는 이 말씀에만 관심을 둡니다. 이 말씀은 원론적인 하나님의 용서하심의 본성을 언급하신 것이고 그 용서하심에 이르기 위한 여러 가지 수준이 있다는 점을 제대로 이해하지 못하는 것입니다. 우리는 죄가 처리되면 하나님과의 관계가 원상으로 회복되어 친밀함 속에 들어가게 됩니다. 그런데 죄를 고백하였을 때 원상으로 회복되는 느낌을 받습니까?

구약에서 죄를 처리하기 위해서 갖추어야 할 제물의 내용이 죄 마다 다르다는 것을 아실 것입니다. 이것은 하나님이 죄를 보시는 비중이 다르다는 것을 의미합니다. 죄마다 일률적으로 다루어서는 안 된다는 점을 우리에게 일깨워주고 있습니다. 죄의 처리의 깊이가 다릅니다. 자신은 죄가 다 처리되었다고 믿고 있는 사람에게 제가 하나님이 원하는 수준의 죄의 처리를 일깨워주고 실행하게 하면 그 때 비로소 죄의 용서가 이루어져서 그 기쁨을 누리고 영의 자유함과 하나님의 은혜를 얻게 되는 것을 봅니다. 이렇기 때문에 영적 지도가 필요한 것입니다.

답답함과 얽매임이 풀리지 않다가 지도를 받고 그렇게 행하게 되자 영의 속박이 풀리고 기쁨이 넘치게 됩니다. 이것이 죄의 온전한 처리이며 이후에 그 죄로 인한 악습을 떨치는 노력은 당사자의 몫으로 남게 되는 것입니다.

여성은 감정에 이끌리는 어리석음을 깨닫고 감정이 감성이 되도록 배워야 합니다. 남성은 고집을 부리지 말고 자신의 죄를 철저하게 회개해야 합니다. 수준 이하의 목회자들의 이기주의로 말씀을 외곡시키는 경우가 많습니다. 바울은 이런 사람들을 '뜨네기 장사꾼'(peddler)라고 했습니다. 성도의 영혼 보다는 교인수와 교회 건물에 더 관심이 많은 장사꾼들이 여전히 있습니다. 이런 사람들을 마귀가 너무도 좋아합니다.

일시적으로 사람들의 관심을 끌려고 감정을 자극해서 웃기고 울리는 코미디언 같은 사람들을 조심하십시오. "예수의 말씀을 듣고 많은 사람들이 웃더라"라는 말씀은 어느 곳에도 없습니다. 말씀을 들으면 영혼의 깊은 곳에서 샘솟듯이 솟아나는 기쁨이 있을 뿐입니다. 육체적 감정을 자극해서 웃게 하는 일은 참으로 위험합니다. 이런 일은 우리를 더욱 감정적인 사람으로 만들어가니까 위험합니다. 마귀가 좋아하는 사람이 있습니다. 감성적인 사람입니다. 감성적인 사람은 말씀의 비밀을 많이 깨달아야 마귀를 이길 수가 있습니다. 우리는 말씀과 성령으로 충만하여 마귀의 계략을 사전에 알고 대비하여 자신의 귀중한 영을 지켜야 할 것입니다. 마귀는 죄를 회개하지 않는 사람을 좋아합니다. 감정적인 사람도 좋아합니다. 자신의 취약점을 알고 보강해야 합니다.

71장 권능의 개발을 위해 멘토를 만나야 해요

영적 능력을 개발하는 일도 그렇습니다. 자신에게 주어진 능력이 개발되기 위해서는 자신 보다 앞선 지도자의 도움이 필요합니다. 지도자는 제자에게 있는 능력을 개발하고 드러나게 하는 역할을 하는 중요한 매개가 됩니다. 개발되지 않은 재능은 결코 소용이 없는 원석과 같습니다. 능력의 개발은 영적 유대를 통해서 모양을 갖추게 되고 멘토의 영적 색깔을 덧입어 구체적으로 표현되게 되는 것입니다.

이미 어느 정도 자리를 잡은 멘토를 통해서 보다 더 나은 기능들이 추가 되고 잠재되어 있는 능력이 더욱 향상되는 것이지요. 90% 이상의 사람들은 지도자를 통해서 자신의 재능을 개발하게 됩니다. 훌륭한 지도자를 만나기 위해서 좋은 학교에 들어가려고 하지요. 그런데 하나님의 능력을 개발하는 일에는 그런 신경을 쓰지 않는 것이 우리의 현실입니다.

최근에 들어와 능력 있는 지도자들이 등장하기 시작하고 있지만 예전에는 능력에 대한 이해조차 제대로 되어있지 않아서 모두들 주먹구구식으로 스스로 개발하고 사용하였기에 문제가 많이 생긴 것입니다. 이제는 그런 시행착오를 거쳐 많은 부분이 정리되고 있지만 여전히 지도자를 찾는 일에 어려움이 많습니다. 지도자를 만나면 빠르게 그리고 정확하게 자신의 능력을 개발할 수 있다는 장점이 있으며, 불필요한 시행착오를 겪지 않아도 됩니다. 디모데가 바울을 만남으로써 자신에게 주어진 능력들이 불이 일어나는 것같이 되었고, 훌륭한 목회자로 세워지게 된 것입니다. 자신에게 주어진 기능들이 발견되고 개발되며, 어느 한 부분도 소홀함이 없이 전체적으로 균형을 얻게 됩니다.

능력은 주된 것과 부수적인 것이 있는데 지도자의 교육을 받지 못하면 주된 것은 인식하지만 보조적인 것은 알아차리지 못하는 경우가 많습니다. 그래서 사역의 폭이 좁고 능력도 한계를 느끼게 됩니다. 예를 들어 '예언자'로 세워질 사람은 단순히 예언하는 능력뿐만 아니라 '영분별의 능력' '치유의 능력' '지식과 지혜의 말씀' '꿈과 환상을 해석하는 능력' '중보기도의 능력' '축사의 능력' 등의 관련된 능력들이 개발되어야 합니다.

이 부분에 대해서 전문가의 수준으로 향상되어야 예언 사역을 제대로 할 수 있는 것입니다. 그래서 이런 부분에 대해서 지도자가 잠재되어 있는 기능들을 이끌어내어 인식시키는 것입니다. 지도를 받는 멘토리는 이런 부수적인 기능의 연관성을 제대로 알지 못하기 때문에 처음에는 의심하기도 하고 그 많은 것들을 어떻게 감당할 수 있을까 하는 두려움도 가지게 됩니다.

멘토리가 가장 두려워하는 것은 지도자가 겪은 고난을 자신도 겪어야 할 것이라는 막연한 걱정이 있습니다. 고난은 통과해야 하는 것이지만 엄청난 고난을 감당할 자세가 되어 있지 못하기 때문입니다. 그러나 이것은 경우일 뿐입니다. 바울이 당한 고난은 이루 말할 수 없습니다. 그러나 그의 제자들은 이런 고난을 일시적으로 또는 부분적으로 맛보는 정도로 경험하게 되었습니다. 디모데는 늘 몸이 좋지 않아서 고통을 당했습니다. 그러나 바울이 겪는 다양한 고난은 결코 당하지 않았습니다. 그럴 필요가 없었던 것입니다. 지도자를 통해서 배우는 유익이 그런 것입니다. 부분적으로 한두 가지 고난은 경험하게 되지만 그것도 수준이 낮습니다. 그러므로 고난을 걱정할 필요는 없습니다. 지도자가 이미 겪은 것이기 때문에 그 의미를 잘 알고 있고 그 바탕에서 가르치기 때문입니다.

스승이 없이 홀로 배우려고 하는 사람들이 있습니다. 고집이 세거나 남에게 배우려고 하지 않는 자존심이 강한 사람이 있는데 이는 실로 어리석은 행동입니다. 배울 수 있는 지도자가 없거나 배울 환경이 되어있지 못해서 어쩔 수 없이 홀로 배워나가야 하는 개척자의 경우가 아니라면 훌륭한 지도자를 찾아 배우는 것이 좋습니다.

그 과정에서 겪어야 할 갖가지 고난을 겪지 않고 그 의미하는 바를 바로 깨달을 수 있기 때문입니다. 하나님이 우리에게 고난을 주시는 것은 그 의미를 가슴 깊이 새겨서 제대로 사용할 수 있게 하기 위함입니다. 그러므로 바른 이해가 이루어진다면 굳이 고난을 모두 겪을 필요는 없는 것입니다. 배움에서 오는 위험을 겪지 않아도 좋은 것입니다.

마리 퀴리는 방사능의 위험을 알지 못했기 때문에 방사능 피폭이 되어 암에 걸려 죽었습니다. 그러나 그의 제자들은 그런 위험을 당하지 않게 되었습니다. 스승 때문입니다.

스승은 제자에게 주어진 기능 전부를 이끌어내어 개발할 수 있는 능력이 있는 사람입니다. 자신이 모르는 것을 스승은 알기 때문에 잠재되어 있는 재능을 충분히 개발하여 훌륭한 능력 사역자로 세워주게 됩니다. 헬렌 켈러는 설리반이라는 훌륭한 지도자를 만남으로써 비로소 어두운 터널에서 벗어날 수 있었습니다. 반대로 지도자는 훌륭한 제자를 만남으로써 그 이름이 드러나게 됩니다. 제자와 스승은 독립된 개체이면서도 결코 독립적이지 않습니다. 이 둘은 동전의 양면과 같습니다.

목회자이든 성도이든 영적인 전문인이 되려는 사람은 멘토를 잘 만나게 해달라고 기도해야 합니다. 하나님은 하나님의 사람을 통하여 역사하시기 때문입니다. 사람을 통하여 영적인 전이가 이루어지기 때문입니다. 그러므로 사람을 잘 만나는 것은 하나님의 복입니다. 사람잘 만나게 해달라고 기도하시기를 바랍니다. 자녀들의 머리에 손을 얹고 "예수 이름으로 사람 잘 만나는 축복을 받을지어다" 기도하시기를 바랍니다.

더 많은 영적인 비밀을 깨닫기를 원하시면 저희 교회 홈페이지 www.ka0675.com 에 들어가시면 많은 영적인 지식과 교재와 CD에 대한 정보를 얻을 수 있습니다.

이 책을 통해 예수님이 땅끝까지 전파 되기를 소원합니다.
(출판으로 인한 이익금은 문서선교와 개척교회 선교에 사용합니다.)

영적인 눈이 열리는 신비한 비밀

발 행 일 | 2014.07.17초판 1쇄 발행

지 은 이 | 강요셉

펴 낸 이 | 강무신

편집담당 | 강무신

디 자 인 | 강은영

교정담당 | 원영자

펴 낸 곳 | 도서출판 성령

신고번호 | 제22-3134호(2007.5.25)

등록번호 | 114-90-70539

주   소 | 서울 서초구 방배천로 4안길 20(방배동)

전   화 | 02)3474-0675/ 3472-0191

E-mail | kangms113@hanmail.net

유   통 | 하늘유통. 031)947-7777

ISBN | 978-89-97999-24-8 부가기호 | 03230

가   격 | 18,000원